四川省地方标准

高速公路施工标准化技术指南

Standard Technical Guide of Highway Construction

DB51/T 2428—2017

主编单位：四川省交通运输厅工程质量监督局
四川公路桥梁建设集团有限公司
批准部门：四 川 省 质 量 技 术 监 督 局
施行日期：2 0 1 7 年 1 0 月 0 1 日

西南交通大学出版社
·成 都·

图书在版编目（CIP）数据

高速公路施工标准化技术指南 / 四川省交通运输厅工程质量监督局，四川公路桥梁建设集团有限公司主编. —成都：西南交通大学出版社，2018.11（2021.4 重印）
（四川省地方标准）
ISBN 978-7-5643-6565-3

Ⅰ. ①高… Ⅱ. ①四… ②四… Ⅲ. ①高速公路 - 道路施工 - 标准化管理 - 四川 - 指南 Ⅳ. ①U415.1-62

中国版本图书馆 CIP 数据核字（2018）第 243709 号

四川省地方标准
高速公路施工标准化技术指南

主　编　四川省交通运输厅工程质量监督局
　　　　四川公路桥梁建设集团有限公司

责任编辑　杨　勇
助理编辑　王同晓
封面设计　原谋设计
出版发行　西南交通大学出版社
（四川省成都市二环路北一段 111 号
西南交通大学创新大厦 21 楼）
发行部电话　028-87600564　028-87600533
邮　　编　610031
网　　址　http://www.xnjdcbs.com
印　　刷　成都蜀通印务有限责任公司
成品尺寸　185 mm × 260 mm
印　　张　13.25
字　　数　265 千字
版　　次　2018 年 11 月第 1 版
印　　次　2021 年 4 月第 2 次
书　　号　ISBN 978-7-5643-6565-3
定　　价　68.00 元

前 言

《高速公路施工标准化技术指南》是由四川省交通运输厅工程质量监督局和四川公路桥梁建设集团有限公司会同有关单位共同完成。编制组通过对省内外在建高速公路项目进行了调查研究，并广泛征求了相关高速公路从业单位的意见，认真总结了我省高速公路施工实践经验，并参考借鉴了省外高速公路建设施工的相关标准，结合四川省高速公路地理位置复杂的特点，综合考虑了四川省平原、丘陵、高原等不同地理位置因素，编制本指南。

本指南共6章和2个附录，主要技术内容为：总则、工地建设、桥梁工程、隧道工程、路基工程。

本指南由四川省交通运输厅提出并负责归口管理。四川省交通运输厅工程质量监督局和四川公路桥梁建设集团有限公司负责具体技术内容的解释。执行过程中如有意见或建议，请联系四川公路桥梁建设集团有限公司（联系人：邓运祥；地址：四川省成都市高新区九兴大道12号；邮编：610041；电话：028-85144778；邮箱：srbg85126080@sina.com）。

本指南由四川省质量技术监督局批准。

本指南主要起草单位：四川省交通运输厅工程质量监督局
四川公路桥梁建设集团有限公司

本指南主要起草人：孙　云　陈乐生　熊国斌　刘孝明　杨如刚
曾　宇　邓运祥　陈先国　董武斌　汪捍东
李青芸　李凌姜　李晓明　王福成　谭举鸿
高艳龙　卢　伟　邹　南　姜　云　万鸿翔
王学武　袁三发　江　凌　包　杰　邸月龙
于志兵　王　芳　缪月华

目　　录

1　总　则 ······ 1
2　工地建设 ······ 2
　2.1　驻地建设一般规定及选址 ······ 2
　2.2　场站建设 ······ 3
　2.3　临时工程 ······ 6
　2.4　文明施工 ······ 6
3　桥梁工程 ······ 8
　3.1　准备工作 ······ 8
　3.2　通用技术 ······ 13
　3.3　桥梁基础 ······ 19
　3.4　下部构造 ······ 29
　3.5　上部构造 ······ 35
　3.6　桥梁附属工程 ······ 47
4　隧道工程 ······ 52
　4.1　施工准备 ······ 52
　4.2　洞口及明洞工程 ······ 56
　4.3　洞身开挖 ······ 61
　4.4　初期支护 ······ 66
　4.5　仰拱与铺底施工 ······ 72
　4.6　防水与排水 ······ 75
　4.7　二次衬砌 ······ 78
　4.8　附属设施工程 ······ 80
　4.9　瓦斯隧道施工 ······ 81
　4.10　高海拔隧道施工 ······ 86

4.11 岩溶隧道施工 …… 90
4.12 斜井施工 …… 96
4.13 竖井施工 …… 97
4.14 隧道超前地质预报和监控量测 …… 98
4.15 隧道施工设备标准化配置 …… 103
4.16 施工安全 …… 104
4.17 文明施工 …… 108
4.18 环境保护 …… 109

5 **路基工程** …… 112
5.1 准备工作 …… 112
5.2 一般路基施工 …… 114
5.3 特殊路基施工 …… 121
5.4 冬、雨季路基施工 …… 127
5.5 涵洞工程 …… 128
5.6 路基防排水施工 …… 130
5.7 路基防护与支挡 …… 131
5.8 路基安全施工 …… 137
5.9 环境保护 …… 138

6 **路面工程** …… 140
6.1 准备工作 …… 140
6.2 石料开采、集料加工与储运 …… 144
6.3 垫层 …… 145
6.4 底基层 …… 148
6.5 基层 …… 150
6.6 透层、下封层、黏层 …… 158
6.7 热拌沥青混合料面层 …… 161
6.8 水泥混凝土面层 …… 169
6.9 水泥混凝土桥面沥青铺装层 …… 183
6.10 隧道路面 …… 187
6.11 安全施工 …… 192
6.12 环境保护 …… 195

附录 A …… 203

附录 B …… 205

1 总 则

1.0.1 为适应四川省高速公路的桥梁、隧道、路基路面建设施工标准化、规范化、精细化的需要，提升工程项目管理水平和行业文明施工形象，确保工程质量，特制定本技术指南。

1.0.2 本技术指南主要依据交通运输部等工程建设主管部门发布的标准、规程、指南和文件，以及行业内采取的成熟和先进的施工工艺和管理办法编制。对交通运输部发布的《高速公路施工标准化技术指南》中的具体指标进行了进一步细化和强化，并结合四川省特殊的地形地貌、水文地质情况等，确定了适宜的施工方法及指标要求；其中未尽事宜也进行了补充完善。并对四川省交通运输厅质监局编制的《四川省高速公路施工标准化技术指南（试行）》，做了进一步提炼和强化。

1.0.3 本技术指南适用于新建、改（扩）建高速公路项目的工地建设管理，桥梁工程、隧道工程、路基路面工程施工管理。

2 工地建设

2.1 驻地建设一般规定及选址

2.1.1 驻地选址应远离地质自然灾害区域，用地合法、无污染源，离集中爆破区 500 m 以外，不能占用规划区域。路面项目部应尽量与拌合楼保持一定距离，以免粉尘、噪声影响生活和工作。

2.1.2 办公、生活用房可自建或租用，自建房屋最低标准为活动板房，搭建不超过两层，宜选用阻燃材料。房间净高不低于 2.6 m，栋与栋之间距离不小于 4 m。宜为独立式庭院，四周设围墙，有固定出入口，设门卫。

2.1.3 办公、生活区、食堂应分开布置，合理布置停车区、文娱活动区等。场内地面硬化，排水设施完善，适当绿化。道路路面采用不低于 15 cm 厚 C20 混凝土。生活、生产污水和垃圾应集中收集处理。

2.1.4 驻地内应按现行国家标准《建设工地施工现场消防安全技术规范》GB 50720 的有关规定设置消防设施并配备消防安全器材。电器设备及临时用电设施应符合现行施工标准《施工现场临时用电安全技术规范》JGJ 46 的相关规定。

2.1.5 各参建单位办公用房应按管理需要设置，生活用房应实用、通风、防潮，面积不低于表 2.1 中规定，并配备适宜的办公、生活设施、设备。

表 2.1 办公生活用房

各室名称	配备标准/m^2	备 注
办公室	6	人均面积
会议室	100（建设单位）、60（监理、施工单位）	具备多媒体功能
档案资料室	60（建设单位）、40（监理单位）、20（施工单位）	
试验室	180	各操作室合计面积
宿舍	3.5	人均面积
食堂（含餐厅）	0.8	人均面积
浴室	0.3	人均面积，总面积不小于 20 m^2
厕所	0.3	人均面积，总面积不小于 20 m^2

2.2　场站建设

（1）场站选址应满足用地合法，远离自然灾害区域，推行集约化管理、工厂化生产，实现“三个集中”，即混凝土集中拌制，钢筋集中加工，构建集中预制，充分发挥集约化施工优势。拌和站和预制场条件受限需设置于红线范围内时，需经业主、监理单位批准。

（2）场站临时用电应符合现行行业标准《施工现场临时用电安全技术规范》JGJ 46 的相关要求。场站消防设施应满足现行国家标准《建设工地施工现场消防安全技术规范》GB 50720 的有关要求，配置相应的标识和器材，设备并经常检查、维护和保养。

2.2.1　拌和场

（1）实行集中封闭管理，四周设置围墙，入口设值班室。合理划分拌和作业区、材料计量区、材料库、运输车辆停放区、试验区、集料堆放区、生活区。设洗车池（台）、多级污水沉淀池、排水系统，禁止将污水直排。拌合场面积原则上不低于表 2.2 中规定。场地应硬化，运输道路采用不小于 20 cm 厚 C20 混凝土硬化，基础不好的道路增设碎石掺石屑垫层。场内排水按不小于 1.5% 设置排水坡度，四周应设砖砌排水沟，并用 M7.5 砂浆抹面。罐体要喷涂成统一颜色，并绘制高速公路项目名称及施工单位简称，如图 2.1。罐体应连成整体并锚固在地基中，还应设置避雷设施，罐顶设除尘装置。必要时，加设抗风设施，以保证安全。控制室应设置信息化系统。定期清理场内卫生，污水排放应达标。高寒、高海拔地区冬季施工时，应设加温、保温设施。

表 2.2　拌和站建设标准

拌和站类型	场地面积/m^2	每个站机组最低配置
水泥混凝土拌和站	5 000	2 台（每台至少 3 个水泥罐、4 个集料仓）
沥青混凝土拌和站	35 000	1 台（每台至少 3 个沥青罐、2 个矿料罐、冷热仓各 5 个）
水稳拌和站	15 000	1 台（每台至少 3 个水泥罐、4 个集料仓）

注：对条件困难地区，可适当调减、优化。

（2）原材料堆放：储料场采用 40 cm 厚混凝土或 60 cm 厚 7.5 号砂浆浆砌片石（砖）隔墙并抹面，高度为 2.5 m，走向与集料仓一致。水泥混凝土、沥青路面面层储料场应用 20 cm 厚 C20 混凝土进行硬化处理，路面基层储料场可用水稳材料进行硬化处理。水泥混凝土、路面面层储料场必须搭设顶棚，采用轻型钢结构搭设顶棚，起拱高度采用 7 m，满足受力、防风、防雨、防雪要求。料场底面修筑成 3%的向外顺坡，料场口道路横坡不应朝向料仓方向，且横坡坡比不小于 1.5%，防止料场积水。集料仓应设置防雨棚及不小于 1 m 高的分仓隔板，防止串料。

图 2.1 拌和场涂装

（3）设备要求应符合表 2.3 的规定。

表 2.3 设备要求

设备类别	制式	生产能力	计量要求
混凝土拌和设备	强制式	每小时不低于 90 m^3	质量法自动计量，电脑控制，水、外加剂全自动电子称量法计量。
水稳拌和设备	强制式	每小时不低于 400 t	自动计量
沥青混凝土拌和设备	间歇式	不低于 4000 型	自动计量，电脑控制

2.2.2 钢筋加工场

（1）钢筋加工场应采用全封闭式管理。场地内合理设置原材料堆放区、钢筋下料区、加工制作区、半成品堆放区、成品待检区、合格成品区、废料处理区、气瓶存放区等，标识清晰，功能明确。场地硬化及排水同拌合场，加工规模及面积标准应符合表 2.4。

表 2.4 加工规模及面积标准

规模	加工总量 T / t	场地面积/m^2
大	T > 10 000	3 500
中	6 000 < T < 10 000	2 000
小	3 000 < T < 6 000	1 500

（2）加工场构架应采用钢结构搭设，顶部采用固定式拱形防雨棚，起拱高度为 7 m，并设置防风措施。

（3）场内吊装设备应采用桥式吊机或龙门桁车，并配备数控钢筋弯曲设备。桩基数量较多的项目宜配备钢筋滚焊机。桩基、墩柱等直径大于 25 mm 以上主筋应当采用机械连接工艺。工作台设置要合理，应当在危险场所设置相应禁止或警告标识，标示安全操作规程，加工区还应悬挂大样设计图。

（4）场内应设置照明设施，照明电路与工作用电电路分开，电路架设应科学合理。各种气瓶应分类存放，氧气、乙炔作业时间距不得小于 5 m，距明火不得小于 10 m。加工废料应及时回收利用或处理，有毒有害作业时应配备相应防护用品。

2.2.3 预制梁场及小型构件预制场

（1）预制梁场选址应以方便、合理、安全、经济及满足工期要求为原则，并结合预制梁板的尺寸、数量、架设要求以及运输条件等情况进行选址。

（2）预制梁场应实施封闭管理，场内应合理规划构件加工区、制梁区、存梁区和废料处理区。预制场内应做硬化处理，主要运输道路应采用不低于 20 cm 厚 C20 混凝土路面，基础不好的道路还应增设垫层。

（3）场内不允许集水，四周设置砖砌排水沟并用 M7.5 水泥砂浆抹面。小型构件预制场应尽量使用既有钢筋加工场、拌合场。

（4）预制梁板钢筋骨架应统一采用定位胎膜进行加工，并设置高强度砂浆垫块确保钢筋保护层强度达到要求，砂浆垫块的间距不得大于 100 cm。

（5）梁板预制应采用刚度较大的大段整体钢模板或高分子模板。小型构件应采用钢模或高强度塑料模具。应建立自动喷淋养生系统，预制梁板采用土工布覆盖喷淋养生，养生水应循环使用。冬季养生可增设蒸汽养生设施。

（6）预制台座和存梁区台座的强度不得低于 C20。采用先张法施工的张拉台座应采用框架式钢筋混凝土结构或钢结构，不得采用重力式台座。底模宜采用通长钢板、不锈钢板，厚度不低于 6 mm。存梁台座的枕梁设置在离梁端 50 ~ 80 mm 处，支垫采用枕木等软质材料。空心板叠层不得超过三层，箱梁和 T 梁堆叠存放不得超过两层，且应采取支撑措施以确保安全稳定。

（7）场内起重设备及轨道使用前应进行试吊、试运行，并经法定单位验收合格满足要求后方可正式使用。

（8）预应力张拉应采用智能张拉、循环压浆系统。相应设备应在使用前和使用一段时间后按相关规定配套标定。

（9）库房应标识清晰、分区堆放管理，账、卡、物相符。火工品库、危险品库、油库等应符合现行的《爆破安全规程》GB6722、《中华人民共和国民用爆破物品管理条例》、《危险品化学安全管理条例》、《油库安全管理规程》等现行法律、法规和相关规章的有关规定。

2.3　临时工程

2.3.1　临时用电

（1）施工临时用电应符合现行行业标准《施工临时用电安全技术规范》JGJ 46的规定，并尽量与营运期永久用电相结合。施工前应编制《施工现场临时用电方案》，并经相关部门审核批准后实施。

（2）施工现场临时用电应采用 TN-S 接地、接零保护系统，采用“三相五线制”和“三级配电三级保护方式”。

（3）用电设备实行“一机一闸一漏一箱”制，漏电保护器复核现行国家标准《剩余电流动作保护电器（RCD）的一般要求》GB 6829 的规定，并与用电设备相匹配。

2.3.2　施工便道、便桥

（1）施工便道、便桥应充分利用既有道路和桥梁，尽量结合地方道路规划进行专项设计，完工后尽量保留继续使用。新建道路应尽量不占农田、少开挖山体。

（2）便道、便桥应满足施工机械、材料进场要求。便道路基宽度不小于 4.5 m，路面宽度不小于 3 m，原则上每 100 m 范围设置一个长度不小于 20 m，路面宽度不小于 5.5 m 的错车道，急弯、陡坡处适当加宽、硬化。

（3）便桥结构应专门设计，同时满足排洪要求。人行便桥宽度不小于 2.5 m，人车混行便桥宽度不小于 4.5 m。桥头应设置相关交通安全标识。

（4）在特大桥、隧洞洞口、拌和站、预制梁场等大型作业区进出便道 200 m 范围应采用不低于 20 cm 厚 C20 混凝土硬化，其余便道至少应采用泥结碎石或级配碎石路面，也可采用洞渣或矿渣填筑路面。便道两侧应设置排水系统。

2.4　文明施工

2.4.1　工地应做到文明施工，保证场地规范、整洁，尽量减少施工污水、废油、废气、粉尘等污染物的排放，应采取相应措施避免对环境的破坏。

2.4.2 施工现场应设置机动车冲洗设施、排水沟及沉淀池，严禁将废水、废油直接排放。

2.4.3 各类机械设备停放位置应合理规划、分区布置，摆放整齐。

2.4.4 驻地及试验室标示标牌按“附录 A”设置。

2.4.5 场站标示标牌按“附录 B”设置。

3　桥梁工程

3.1　准备工作

3.1.1　一般要求

（1）施工单位应按招标文件的要求配齐人员、机械设备和测量、试验、检测仪器，建立相应的施工管理机构，制定现场管理的各项规章制度。人员和机械设备如需更换，应按合同约定的办法和程序办理。

（2）施工单位进场后，应及时将人员的联系信息报送监理工程师和建设单位，主动与建设单位、监理工程师、地方征拆机构及其他相关部门进行沟通联系，熟悉项目管理的基本程序，及时交换信息，对现场存在的问题进行沟通解决。

（3）应充分考虑施工过程对水上和陆上交通的影响，不得随意中断主航道和陆上主要交通线。在跨越等级公路、航道以及铁路时，应事先与主管部门沟通，按规定办理相关手续。

（4）桥梁工程施工应当实行首件工程认可制。对桥梁的基础、立柱、墩台身（帽）、梁板预制安装、梁板现浇、桥面整体化及调平、伸缩装置安装、护栏等分项工程，第一个成品或半成品完成后，应由监理工程师组织施工单位对首件工程的各项技术、质量、安全指标和措施等进行总结和综合评价，并经监理工程师批准后方可进行批量施工。

3.1.2　技术准备

1）技术文件编制。

（1）开工前，施工单位应当组织技术人员熟悉设计图纸，复核图纸及工程数量，全面核对坐标、高程和关键构造尺寸，并实地放样复核实际地形地貌与设计是否相符。对图纸中存在的问题及对设计的建议应及时上报，并接受设计单位的设计交底。

（2）施工单位应根据合同明确的工期和关键节点工期的控制要求，尽快完成实施性施工组织设计文件的编制和审核，并按规定报监理工程师审批。按有关规定组织对项目施工进行风险评估并形成风险评估报告，报监理工程师审批。

（3）桥梁工程中的深基坑、水中基础、高墩、支架施工、梁、拱、柱等危险性较大的分部分项工程施工，应当按照交通运输部公路工程施工安全技术规范相关规定编制专项施工方案。超过一定规模的危险性较大的分部分项工程的专项施工方案，还应组织专家评审，并经施工单位技术负责人签字确认后报监理工程师审批。施工单位应严格按照批准的专项施工方案实施，施工过程中如需调整或修改方案，应重新履行报批手续后才能实施。

（4）施工单位应在开工前对本合同段的单位工程、分部工程和分项工程进行划分，明确危险性较大的分部分项工程和超过一定规模的危险性较大的分部分项工程，并报监理工程师。施工过程中应及时对相关资料进行整理、归档，并按建设单位要求的时限提交交（竣）工文件，经审核合格后，存放到指定地点。

（5）施工单位应在开工前对施工作业人员进行岗前安全、技术培训并考试，特别是对关键工序和特种作业等人员进行教育培训。

2）施工测量。

（1）测量仪器在使用之前应经有资质的计量检定机构检定，施工过程中应加强维护、定期核查，使其始终保持完好状态 。

（2）施工单位在接受交桩后应对导线控制点、水准点进行复测和加密工作，并与相邻合同段进行联测。加密点位现浇混凝土底座的平面尺寸宜为 300 mm × 300 mm，深度不宜小于 600 mm，加密点宜高出原地面 30 mm，预埋钢筋的外露高度应不大于 5 mm，顶部应锯十字丝。施工过程中每隔 3 个月应对桩点进行一次检查与维护，直至工程交工验收。

（3）复测及加密控制点的测量成果应报监理工程师，监理工程师应对施工单位提交的复测、加密结果进行核对，并应进行独立平行的复核测量。

（4）施工单位应每隔半年对导线控制点、水准点进行复测，并与相邻合同段进行联测，发现问题应查明原因，确认无误后再施测。

（5）施工放样测量前，应对桥梁各墩台的控制性里程桩号、基础坐标、设计高程等数据进行复核测量，确认无误后再施测。

（6）施工测量应严格执行复核制度，减少或避免测量过程中的人为错误，最大限度地防止出现差错。

3）试验检测。

施工单位工地试验室在开工前应登记备案，并在取得公路工程工地试验室备案通知书后，方可从事该项目的试验检测工作。对工地试验室不能开展的特殊试验项目，应委托有资质的检测单位进行试验。

（2）工地试验室的组建应符合本指南“第 2 章　工地建设”的规定。

4）技术交底。

（1）施工单位应根据工程内容和批准的实施性施工组织设计、专项施工方案，由项目总工组织编写专项技术交底文件。主要内容应包括：分部分项工程专项施工方案；质量、职业健康、安全、环境保证措施及应急预案；关键工程与交叉作业工程如何协作配合，土建施工与设备安装工艺如何衔接；采用的新技术、新工艺、新材料、新设备等。

（2）项目经理部应由项目总工对各部门负责人、技术人员、施工班组长进行技术交底，监理工程师应参加，交底过程应形成记录，交底双方应在交底记录上签字。

（3）班组施工人员应由项目经理部主管技术人员进行技术交底。班组技术交底的主要内容应包括：分项工程的施工方法、施工工序与工艺管理要求及注意事项、安全防控措施；关键工程的具体部位、高程和尺寸，预埋件、预留孔洞的位置及规格；流水和交叉作业施工阶段划分；模板安拆方法、拆模时间；钢筋及预应力筋的规格、品种、数量和施工要求；混凝土、砂浆、防水、防腐等材料的配合比，试件的取样、养护方法，焊接程序和工艺控制，质量标准等。

（4）两个以上施工班组或工种配合施工时，项目经理部工程技术主管部门应组织按工程进度交叉作业进行联合交底。

（5）项目经理部应建立班前会制度，每天上班前应向作业人员明确当日作业的相关技术要求。

3.1.3　机具准备

1）机具进场与停放。

（1）进入施工现场的机具设备的规格和数量应满足工程质量、安全、环保和进度的要求，停放位置应合理规划、分区布置、摆放整齐。

（2）工程所使用的锅炉、压力容器、电梯、起重机械等特种设备，使用前应具有法定机构出具的检验检测合格证明，安装、拆卸应由有资质和从业人员资格的队伍进行。

（3）施工机械的其他要求应符合本指南“第 2 章　工地建设”的规定。

2）设备安装调试。

（1）工程所使用的锅炉、压力容器、电梯、起重机械等特种设备，使用前应具有法定机构出具的检验检测合格证明，安装调试、拆卸应具有经审批的专项施工方案，并应由具备安装、拆卸资质和从业人员资格的队伍进行。气瓶应有安全条码及有效仪表。

（2）所使用的机械设备，应在显著位置悬挂操作规程牌，表明机械名称、型号种类、操作方法、保养要求、安全注意事项及特殊要求等。

（3）施工单位应定期对设备进行检查维修和保养清洁，并建立特种设备检修、维护台账，保证设备安全可靠、正常运转，严禁设备带病作业。

3.1.4 材料准备

1）原材料、半成品采购与存放。

（1）施工单位进场后应对施工中涉及的工程材料、半成品及成品进行市场调查，结合工程规模施工进度计划确定仓储规模，择优选择供应商和生产商。

（2）桥梁使用的钢筋、水泥、外加剂、钢绞线、高强钢丝、伸缩装置、支座、锚具等主要材料应实行资格备案制，并加强进场质量检验。

（3）施工单位应建立工程材料管理台账，记录材料的生产厂家、出厂日期、进场日期、数量、规格、批号及使用部位。

（4）材料验收合格后，应根据材料的性能和用途分类堆码存放，并做好防火、防盗、防潮等措施。

2）原材料、半成品试验。

（1）所有材料、半成品、成品应在自检和监理工程师抽检合格后方可使用，外委试验项目应事先报经监理工程师同意。

（2）原材料、半成品应按检验状态和结果、使用部位等进行标识。记录台账应记录取样送检日期、代表数量、检测单位、检测结果、报告日期以及不合格材料的处理情况等内容。

（3）钢材、水泥、钢绞线、高强钢丝、支座、锚具、外加剂等工程主要材料的质量证明书和试验检验报告与交（竣）工资料一起存档备查，作为对工程质量终身负责的证据。

3.1.5 作业条件准备

（1）桥梁工程开工前应完成“四通一平”，即临时用水、用电、通信和施工便道（便桥），并做好场地平整、硬化和排水等工作。

（2）桥梁施工现场应统筹规划，合理布局，并绘制桥梁施工平面布置图。

（3）应按照“混凝土集中搅拌，构件集中预制，钢筋集中加工”的原则，重点做好混凝土拌和站、构件预制场、钢筋加工场的建设工作，具体要求按本指南“第2章　工地建设”的规定执行。

3.1.6 安全施工准备

（1）施工单位在编制施工组织设计和施工技术方案时，应包含保证施工安全的技术措施及组织措施。危险性较大的分部分项工程开工前，应编制专项施工方案，超过一定规模的危险性较大的分部分项工程的专项施工方案还应组织专家评审。

（2）施工单位应建立健全安全生产管理制度，保证安全生产条件和资金投入，严禁安全资金挪作他用，并设置安全管理职能部门，配备相应的专职安全管理人员，明确管理职责和安全职责。

（3）工程作业前应由工程技术负责人或方案编制人向施工作业人员进行安全技

术交底。分部分项工程作业前，应由主管技术人员向全体作业人员进行安全技术交底。工班长每天班前会布置任务时，应对易发生安全事故进行提醒、警示。

（4）施工单位应提前为生产管理和作业人员配齐符合国家或行业标准的安全防护用品。进入施工现场的人员应按规定佩戴、使用劳动安全防护用品，安全监察人员应佩戴袖标（牌）。

（5）施工单位应做好施工作业人员的安全教育培训。特种作业人员应经过专业培训，持证上岗。

（6）施工作业所使用的机械、设备和工具应符合国家有关标准规定，并应定期检查和检验，特种设备应符合其安装、维护、使用和检验等管理制度的规定。各种机电设备操作和各种危险作业，应在施工现场设置安全操作规程牌进行明示，其内容应包括操作要点、安全事项、工前检查、工后保养、日常维护等。

（7）施工单位应在施工组织设计中根据现行行业标准《施工现场临时用电安全技术规范》JGJ46 的要求编制临时用电方案。

（8）对施工作业区域内所有的临边、洞口和可能发生高处坠物的区域，应设置安全防护设施；对可能存在某种危险性的区域，应设置醒目的警戒、警告、警示标识；夜间施工时，应设有保证施工安全要求的照明和警示设施。

（9）施工单位应按国家有关规定配置消防设施和器材，并设置消防标识。

（10）桥梁工程施工应采取封闭式管理，做到办公与生活区域隔离，施工与非施工区域隔离，危险与非危险区域隔离。跨越公路、航道、铁路应编制专项施工方案并取得相关主管部门同意，施工时应设专人做好防护工作，保证既有公路、航道、铁路畅通及人员安全。

（11）施工单位应编制安全生产应急救援预案，建立应急救援组织机构，配足应急救援人员、机具、物资、器材，并定期组织开展有针对性的演练。

（12）施工单位应为施工现场从事危险作业的人员购买意外伤害保险。

3.1.7 环境保护准备

（1）施工单位在编制桥梁工程的施工组织设计和施工方案时，应根据工程特点编制具体的环境保护方案。工程作业前，应对作业人员分级进行环境保护交底，强化作业人员的环保意识。

（2）现场液态、固态废弃物，应按规定进行处理，严禁擅自掩埋、焚烧或排放。施工现场应根据需要设机动车辆冲洗设施、排水沟及沉淀池，生产、生活污水应经处理达标后排放。

（3）施工现场宜经常洒水，减少扬尘污染。

（4）临近居民区施工应将噪声控制在现行《建筑施工场界环境噪声排放标准》GB 12523 之内。施工作业人员在噪声较大的场所作业时，应采取有效防护措施。施工产生的振动对邻近建筑物或设备会产生有害影响时，应采取相应的措施并进行监测。

（5）应节约用地，少占农田。不得随意破坏施工现场周边道路、植被、公共场所及设施。

（6）施工过程中，应加强环境监测，做好事故预防工作，尽量减少对原有自然环境的破坏。

（7）桥梁工程交工前，应对临时辅助设施、临时用地和弃土等进行处理，满足环保验收要求。

3.2 通用技术

3.2.1 钢筋

1）一般规定。

（1）开工前应认真核对设计文件，对钢筋布置图与钢筋数量表及工程数量表进行核对。

（2）应选择信誉良好、管理规范的大中型企业生产的符合现行国家标准的钢筋，严禁使用废旧钢筋。

（3）钢筋进场后，施工单位应对钢筋进行检验，监理工程师应按频率进行抽检，检验合格后按规定分类存放。

（4）钢筋应集中加工，钢筋的成品、半成品应采用平板车或专用运输车运输。

（5）钢筋在运输、储存过程中应避免锈蚀、污染、机械损伤等，加工完成后应分类存放，挂牌标明钢筋的规格、使用部位等。

2）钢筋加工。

（1）钢筋加工前应将表面的油渍、漆皮、鳞锈等清除干净，除锈后如发现钢筋表面有严重麻坑、斑点等应剔除不用。

（2）钢筋下料前应进行配料，以满足接头位置要求，减少浪费。

（3）钢筋应平直、无局部弯折，成盘和弯曲的钢筋应采用调直机调直。

（4）钢筋弯曲加工应按设计一次弯曲成型，严禁采用热弯成型。应采用数控钢筋弯曲机、数控弯箍机加工钢筋。

3）钢筋连接。

（1）钢筋下料前应先确定好钢筋的连接方式，并以此计算下料长度。

（2）钢筋直径小于 25 mm 时，如采用闪光对焊连接，应经过焊接工艺评定。当作业条件受限，只能采用电弧焊时，应满足现行施工技术规范要求。

（3）钢筋直径大于或等于 25 mm 时应当采用滚轧直螺纹等机械连接方式。

4）钢筋绑扎与安装。

（1）钢筋骨架的焊接拼装应固定在工作平台上进行，钢筋笼骨架制作应采用钢筋定位模具或模架。桩基数量较多时，钢筋笼加工宜采用数控滚焊机。

（2）预埋钢筋宜增设临时定位钢筋等辅助措施定位，必要时应采用劲性骨架，保证其定位准确、牢固。混凝土浇筑后，外露时间过长的预留钢筋，应选择合适的防锈处理进行保护。

（3）钢筋骨架的保护层控制应使用圆饼形、梅花形高强砂浆垫块，其强度不得低于混凝土强度，垫块布置每平方米应不低于 4 个。桩基础钢筋笼的保护层应采用圆饼形混凝土垫块，垫块的厚度应不小于 40 mm，应采用不小于 10 mm 的穿心钢筋焊接在主筋上，纵向间隔不大于 2 m，每道沿圆周对称设置应不少于 4 块。

3.2.2 模板、支架

1）一般规定。

（1）模板应进行专门设计，并应具有足够的强度和刚度。外露混凝土面模板表面应光洁平整。

（2）模板的结构应简单，安拆方便。板面之间应平整，接缝严密，不漏浆。

（3）钢模板进场前应先进行试拼装，验收合格后才能使用。使用前应抛光打磨，清除污垢后涂刷脱模剂。应采用专用脱模剂或经试验优选效果较好的脱模剂，同一结构应选用同一种脱模剂。不得使用废机油及其混合物。

（4）支架应按受力状态验算其强度、刚度和稳定性。

（5）支架宜采用碗扣式、门式及其他定型钢支架，支架在预压及施工过程中应安排专人加强观测，发现问题立即停止浇筑，查明原因并采取措施后方能继续浇筑。

2）模板、支架设计。

（1）模板、支架应根据桥梁结构形式、设计跨度、荷载大小、地基土壤类别及相关规范进行设计，支架和分配梁设计时应考虑预压的超载系数。

（2）支架应为几何不变体系，支架纵、横、平方向应按相关规范设置剪刀撑增加支架的整体刚度和稳定性。支架较高或处于弯道部位时，横向应加密剪刀撑，必要时还应增设抗风。

（3）支架上的梁体有纵坡或梁体倾斜时，应根据梁体重量通过计算增加斜撑杆。

3）模板制作与安装。

（1）模板面板宜采用钢板、高分子模板、竹（木）胶合板，背楞采用型钢或木背楞。尽量采用大块模板，减少模板拼缝。

（2）模板制作完成后应进行试拼，检查合格后才能使用。

（3）模板应尽量减少使用对拉杆，确需加设对拉杆时，对拉杆应外套 PVC 管，并应采用机械钻孔，且布置规则，排列整齐，不得采用氧割或焊割。

（4）安装模板时，应为操作人员提供安全操作平台。

4）支架制作与安装。

（1）支架应采用标准化、系列化、通用化的钢构件拼装，如碗扣式、扣件式钢管脚手架或其他定型钢支架。支架应进行施工图设计，并应验算其强度、刚度和稳定性。支架进场后应进行质量检查，检查钢管壁厚、直径、外形、扣件等，不得使用不合格材料。

（2）支架基础的地基承载力应符合设计要求，并做好排水设施，避免雨水浸泡。

5）模板、支架拆除。

（1）支架的拆除顺序和方法应按设计和施工方案进行。设计未规定时，应遵循先支后拆、后支先拆的原则，自上而下进行，且应先拆非承重模板，后拆承重模板。

（2）模板、支架应按拟定的程序卸落，纵向应对称均衡，横向应同时一起卸落。简支梁、连续梁的模板应从跨中向支座一次循环卸落，悬臂梁结构的模板应从悬臂端开始按顺序卸落。卸落模板支架时应轻拿轻放，不得野蛮拆除。

3.2.3 混凝土工程

（1）采购水泥应选择信誉良好、生产能力强、管理规范的大中型企业的散装干法旋窑水泥，出厂时附有厂家的合格证明文件，其特性不会对混凝土强度、耐久性及使用条件等产生不利影响。水泥进场后，应按其品种、强度等级以及出厂时间等情况分批进行检查验收。当对水泥质量有怀疑或存放时间超过 3 个月，应重新取样检验，并按其复检结果使用。

（2）细集料宜采用级配良好、质地坚硬、颗粒洁净且粒径小于 5 mm 的河砂，也可采用硬质岩加工的机制砂。

（3）粗集料应采用坚硬的卵石或碎石并采用连续级配。施工前应对所用的碎石或卵石进行碱活性检验，原则上不得使用有碱活性反映的粗集料。粗集料应按规格分隔堆放并标示，采取措施保持集料的颗粒均匀、洁净。

（4）混凝土拌合、养护用水应符合现行行业标准规定。

（5）应根据使用目的、外加剂的特点确定外加剂的品种。外加剂应与水泥、矿物掺和料之间具有良好的相容性，其用量应通过配合比试验确定。外加剂宜为减水剂，且应采用专用储存罐避光储存，并加设循环搅拌泵。外加剂必须检验合格后方可使用，不同品种的外加剂应分别存储，做好标识。

（6）掺和料应保证质量稳定，出厂时应附带产品质量合格证书，使用前应进行质量复试。粉煤灰、硅粉等矿物掺和料的掺量应通过试验确定。

（7）混凝土的配合比应通过计算和适配选定，配置的混凝土拌和物应满足和易性、凝结时间等施工技术条件，制成的混凝土应满足强度和耐久性（抗冻、抗渗、抗侵蚀）等质量要求。

（8）混凝土应采用带有自动计量、进料、记录和控制搅拌时间的强制式搅拌机进行拌制。计量器具应按相关规定定期检定，并建立检定、检修台账。混凝土最短搅拌时间应满足搅拌机出场说明书和现行行业标准《公路桥涵施工技术规范》JTG/T.F50 的要求。

（9）混凝土的运输能力应满足混凝土凝结速度和连续浇筑的需要，应采用搅拌运输车运送混凝土并使运到浇筑地点时仍保持均匀性和规定的坍落度。

（10）混凝土浇筑。

① 浇筑混凝土前应将模板内的杂物、积水以及钢筋上的污垢等清理干净，同时应对支架、模板和预埋件等进行检查，符合设计要求后方可浇筑混凝土。

② 应根据浇筑条件采取相应措施防止混凝土离析。

③ 混凝土应按一定厚度、顺序和方向分层浇筑。必须在下层混凝土初凝或能重塑之前浇筑上层混凝土。

④ 混凝土浇筑应连续进行，因故必须间断时，应按现行行业标准《公路桥涵施工技术规范》JTG/T F50 的要求进行处理。

⑤ 新旧混凝土结合面应进行凿毛处理，根据面积大小选用手持电动凿毛机、风镐、抛丸机等。

⑥ 严禁对混凝土进行随意修饰，确因混凝土表面存在缺陷且不影响主体结构质量时，应报监理工程师同意后方可进行修饰。

（11）混凝土收浆后应尽快采用透水土工布或塑料薄膜覆盖保湿养护，有条件时应采用喷淋养护。

（12）大体积混凝土应在浇筑前制订专项施工技术方案进行温控设计和温控监测，有效控制混凝土内外温差。应根据水泥品种和气温、浇筑方式等因素计算水化热，确定降温措施。

3.2.4 预应力混凝土工程

（1）预应力筋、管道、锚具、夹具及连接器等应在仓库内存放。仓库内应干燥、通风良好、无腐蚀气体和介质。进场后存放时间不应超过 6 个月，并采取枕木支垫、油布覆盖等防潮手段。

（2）预应力筋的加工应在专用的操作平台上进行，预应力筋的切割应采用砂轮锯，严禁使用电弧切割。

（3）预应力孔道可以采用预埋在混凝土中的刚性或半刚性管道形成，也可以采取钢管或橡胶管抽拔形成。应采取有效措施保证管道空间位置的准确性，波纹管应用 U 形卡或井字形定位筋固定，直线段每 0.8 m 设置一道，曲线段每 0.4 m 设置一道。所有管道均应在每个顶点设排气孔。波纹管与普通钢筋发生冲突时，普通钢筋应避让波纹管。

（4）根据不同的结构形式选择合适的振捣设备，优先选用附着式振捣器进行振捣，尽量避免振捣器碰撞预应力筋。

（5）应采用预应力智能张拉系统进行预应力筋的张拉。张拉设备及仪表应由专人使用和管理，并定期维护和校验。千斤顶与压力表、油泵应配套校验、使用，标定应在经国家授权的法定计量检定机构定期进行。

（6）后张法预应力筋应在混凝土浇筑之后穿入孔道，当混凝土采用蒸汽养护时，严禁在养护结束前穿入预应力筋。当混凝土强度符合设计规定或大于设计强度的80%时方可进行张拉。张拉前应采用高压空气吹除积水并检查管道是否通畅。按照设计规定的顺序，分批、分阶段、对称地进行张拉。采取应力、应变“双控”控制张拉，如预应力筋张拉伸长值偏差超过±6%或发生异响时，应立即停止张拉并查找原因。

（7）预应力筋张拉完后48 h内应完成压浆。预制梁、板应采用智能压浆系统压浆，其余结构可采用真空辅助压浆系统压浆。压浆材料应采用专用压浆料或专用压浆剂配置的浆液进行压浆，不得采用以铝粉为膨胀剂或总碱量0.75%以上的高碱膨胀剂。真空辅助压浆施工流程见图3.1。

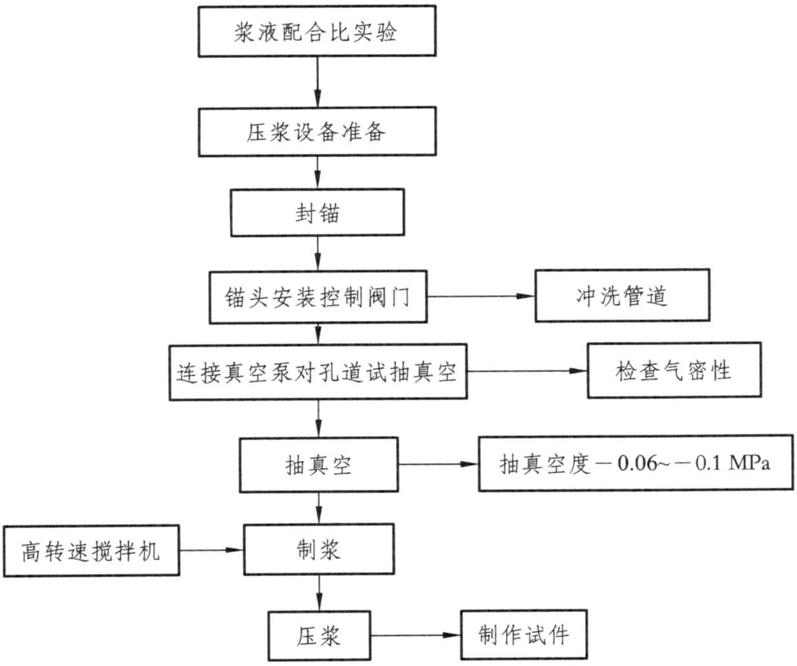

图3.1 真空辅助压浆施工流程图

（8）封端施工应在封端前清理梁端面锚具，并凿毛梁端面，按设计绑扎钢筋、立模浇筑混凝土。混凝土浇筑完后应静置1天以上，浇水养护不少于7天。

（9）先张法施工的台座应进行专门设计，应具有足够的强度、刚度和稳定性。锚固横梁应具有足够的强度、刚度和稳定性，受力后挠度应小于2 mm。先张法张拉前应先调整单根初应力，然后采取整体张拉方式。混凝土强度达设计规定或达设计强度的80%以上后放张预应力筋，切断预应力筋应由放张端开始向另一端进行。

3.2.5 安全施工

（1）钢筋加工机械的安装应坚实、牢固，符合出厂说明书中的安装要求。室外作业应设置机棚。

（2）加工较长的钢筋时应有专人帮扶。作业后应分类堆好成品、清理现场、切断电源、锁好开关箱。

（3）电焊作业棚应采用防火材料搭设，配备灭火器材，棚内严禁堆放易燃易爆物品。电焊作业人员应持证上岗，按规定穿戴防护用品。

（4）各种气瓶应有标准色，气瓶间距应不小于 10 m 且采取隔离措施。

（5）模板的安装或拆除应按施工方案规定的方法、程序进行，严禁抛扔。操作人员上下应走人行梯道，严禁利用模板支撑攀爬上下。不得硬敲模板，防止作业人员失稳坠落。模板作业现场硬设警戒区，专人监护。

（6）支架基础应平整、坚实、不积水，满足支架荷载设计值的要求。支架下方宜设方木垫板或现浇混凝土。

（7）支架拆除应由上而下逐层拆除，严禁上下多层交叉作业。应保证未拆除部分支架的稳定，必要时应加设临时支撑，确保拆除安全。碗扣式和扣件式钢管支架搭设和拆除应满足现行行业标准《建筑施工碗扣式钢管脚手架安全技术规范》JGJ 166、《建筑施工扣件式钢管脚手架安全技术规范》JGJ 130 的要求。

（8）混凝土浇筑现场应有专人指挥，分工合作，作业人员之间协调配合。混凝土浇筑过程中应密切注意模板、支架情况，发现问题及时处理。

（9）高处张拉作业的平台应符合有关安全标准和要求，张拉设备不正常时应立即停止张拉，检修完好并检校后方能继续张拉作业 。

（10）张拉作业时，千斤顶后方应设置挡板，应同时具备消能和阻挡功能，挡板应距离张拉预应力筋端部 1.5 ~ 2.0 m，高出最上一层预应力筋 0.5 m，宽度距离预应力筋外侧各不小于 1 m。千斤顶后方严禁人员滞留、穿行。先张法梁板张拉时严禁任何人员横跨台座。

（11）先张法梁板预应力张拉后，后续施工时应采取措施保护预应力筋。已张拉的预应力筋上严禁站人，尽量不使用电焊和氧割，特殊情况使用时应采取保护措施。

（12）压浆作业人员应穿雨鞋，戴防护眼镜、口罩和安全帽等防护用品。

3.2.6 环境保护

（1）千斤顶、油泵等机械设备应定期保养，防止油污泄漏污染环境。

（2）混凝土拌和站内应按规定设沉淀池，场内污水汇集到沉淀池经处理达标后排放。

3.3 桥梁基础

3.3.1 灌注桩

1）一般规定。

（1）灌注桩应由专业队伍进行施工。

（2）施工前完成测量放样工作，并经监理工程师检验合格。

（3）施工前应了解并分析现场的地质、水文等相关资料和环境，排查施工区域内的地下管线等。

（4）施工场地平整应满足钻机就位、吊放钢筋笼以及混凝土运输要求。

（5）泥浆制备材料已进场，钻孔前应完成泥浆循环系统的设置。为加快成孔进度，宜配置泥浆处理器。

（6）浅水区域在征得当地河道、水务部门同意后可采用筑岛法施工。较深水域的灌注桩施工平台应专门设计，可采用打入钢管桩平台或直接利用钢护筒连接成整体平台。平台应高于施工期间最高水位 1 m 以上，并应保证其具有足够的强度、刚度和稳定性。对汛期水流冲击较大的河段，应采取措施增强平台的抗冲能力。

（7）对于岩溶地区，应详细掌握溶洞出现的位置和规模，针对可能出现的情况制定专项施工方案及预案，备足袋装黏土、片石、袋装水泥等应急材料，及时处置。

（8）对工程地质、水文地质或技术条件复杂的钻孔灌注桩，宜在施工前进行工艺试桩，获得相应的工艺参数后正式施工。

2）施工流程。

灌注桩施工流程见图 3.2。

3）灌注桩施工。

（1）护筒设置。

① 陆上或浅水区筑岛处的钢护筒，其内径应大于桩径至少 200 mm，埋置深度宜为 2～4 m，在水中或特殊地质情况下应根据设计要求或装维的水文、地质情况计算确定。

② 陆地上钻孔桩可直接放出桩中心，依据桩中心在四周设护桩后再埋护筒；水上平台的钻孔桩应先对护筒导向架进行精确放样。

③ 钢护筒在一般作业场合及中小孔径的条件下，宜采用厚度不小于 6 mm 厚的钢板卷制；深水、复杂地质及大孔径等条件下，应采用不小于 10 mm 的钢板卷制。必要时，可在上下端和接头外侧焊加劲肋，增加其刚度。

④ 对于穿越溶洞、淤泥、流沙等易坍塌地层，应采取护筒跟进的方法解决。钢护筒就位后应采取填片石、黏土等材料封堵护筒与孔壁之间的间隙。

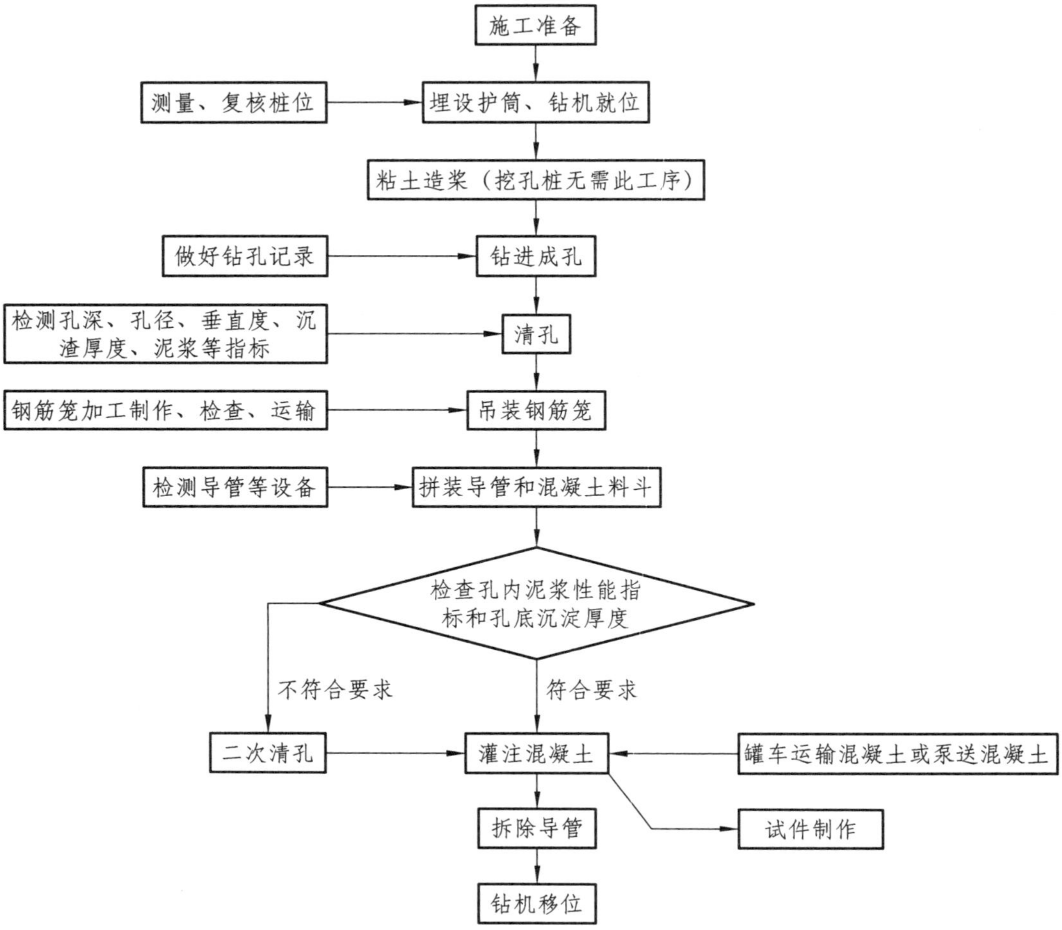

图 3.2　灌注桩施工流程图

⑤ 挖孔桩的孔口应进行硬化处理，孔口应浇筑钢筋混凝土井圈并高于硬化后地面 30 mm，同时应在孔口四周开挖截水沟、排水沟，阻止地表水进入。

（2）泥浆的循环和净化处理。

① 对深水桩的泥浆循环和净化，宜在岸上设泥浆池，制造或沉淀净化泥浆，必要时应配备泥浆船。

② 对旱地桩的泥浆循环和净化，其制浆池和沉淀池的大小应视桩径、桩长及钻机型号而定，且应有富余。

③ 施工过程中应及时清理泥浆池中的沉淀。严禁直接将泥浆排入江中或陆地沟渠。

（3）根据地质、地形、水文等情况选择适合的成孔方式，可选择正循环回转钻机、反循环回转钻机、冲抓钻机、冲击钻机、旋挖钻机、人工挖孔等方法和设备成孔。

（4）正循环回旋钻机钻孔首先应将钻机调平并对准桩位，钻杆位置偏差不得大于 20 mm。开始钻进时应低档慢速钻进，钻至护筒底口下 1 m 后，可根据土质情况正常钻进。钻进过程中应始终保持孔内水位高于护筒底口 0.5 m 以上，同时孔内水位高度应高于地下水位 1 m 以上。

（5）反循环钻机钻孔在接长钻杆时应在法兰之间垫 3 ~ 5 mm 厚的橡胶圈，启动钻机时应慢速开始钻进。长桩施工时，应根据不同土层、不同的钻孔深度采取不同的钻压、转速、配重、进尺速度及泥浆指标。

（6）冲击钻孔应先在孔内灌注泥浆，如孔内有水，可直接投入黏土，以小冲程反复冲击造浆。冲孔过程中应始终保持孔内水位高出地下水位 1.5 ~ 2.0 m，视土层地质情况添加小片石和黏土反复冲击护壁，如图 3.3。

图 3.3　冲击钻成孔

（7）旋挖钻机钻孔前应先造浆注入孔内，控制好泥浆性能指标。钻进过程中应始终保持孔内水位高出地下水位 1.5 ~ 2.0 m，针对不同的地质情况采取不同的钻进速度和钻压，如图 3.4。

（8）挖孔桩施工属“深基坑”作业，应按相关规定编制“安全专项施工方案”并组织专家评审。在土质条件下应采用等厚混凝土护壁，护壁厚度为 10 ~ 15 cm，且孔口应高于原地面 30 cm 以上。遇流沙或淤泥等易坍塌地层时，应采用钢护筒振动下沉穿越。孔内遇到岩层需爆破时，应进行爆破专门设计，采用导爆管微差起爆炸药，并严格按编制的安全专项施工方案打眼、装药。孔内爆破后应立即排烟，并经检查孔内有害气体浓度满足要求后，作业人员方可下孔施工。如图 3.5。

图 3.4　回旋钻机钻孔

图 3.5　人工挖孔

（9）钻孔灌注桩在成孔过程和终孔后，应对钻孔进行阶段性的成孔质量检查。挖孔达到设计深度后应进行孔底处理，做到孔底无松渣、沉淀土等。

（10）成孔检查合格后应进行清孔，并应清除护筒上的泥皮。正循环钻机、冲击钻机、旋挖钻机成孔应采用换浆法清孔，反循环钻机成孔应采用抽渣法清孔，清孔时应向孔内注入相对密度合适、含砂率低、稠度较好的泥浆。

（11）挖孔桩不管孔内有无渗水，宜按“导管法”灌注桩基混凝土，干桩只需对离桩顶 5 m 范围内的混凝土进行振捣就能保证密实，以减少孔内作业。“导管法”

浇筑水下混凝土，其导管离孔底的高度应按 20 ~ 40 cm 控制，首批混凝土导管埋深应不低于 1 m。灌注混凝土过程中，导管的埋置深度应控制在 2 ~ 6 m。如图 3.6。

图 3.6 钢筋笼保护层轮式垫块

3.3.2 扩大基础及承台

1）一般规定。

（1）基坑开挖前，应熟悉图纸，核对现场地质、水文情况与设计是否相符，应勘探、调查清楚基坑范围及周边地下管线、构造物等的位置和数量，采取措施，避免造成破坏。

（2）承台施工前应对桩基质量进行检测，检测结果报监理工程师批准。

（3）明挖地基开挖前，应对基坑边坡的稳定性进行验算，并编制专项施工方案。基坑开挖需要爆破时，爆破作业还应符合国家现行《爆破安全规程》GB 6722 管理规定。

（4）明挖地基较深时，宜在少雨季节施工，并避开汛期施工，开挖前坑顶周边做好防排水措施。

（5）明挖地基开挖前应完成场地规划布置，出渣通道建设，确定弃土场或临时堆场位置等。

（6）基坑开挖应集中人力、物力连续作业，基础施工完成后应及时回填。

2）扩大基础、承台施工。

（1）基坑开挖。

① 应根据地面高程、开挖深度、结构物尺寸、地质、水文等因素确定开挖范围。

② 基坑开挖过程中应注意观察边坡及渗水情况，发现险情立即停止施工，确定处理方案并报监理工程师同意后实施。

③ 坑底的最后 0.3 m 应由人工开挖或小型机械开挖，确需爆破时，应采用松动爆破，减少对原地面的破坏。如超挖应采用碎石（土质地基）或混凝土（石质地基）回填。

（2）基坑排水。

① 陆地基坑排水一般采用坑外井点降水，水中基坑排水采用坑内直排水，应根据地下水位及地质情况合理布置排水设施。

② 基坑开挖完成后，在基坑底基础外 0.5 ~ 1 m 外流排水沟后集水井，采用水泵将渗水抽出基坑。

（3）破桩头、浇注垫层混凝土。

① 桩基混凝土强度达 15 MPa 以上方可破除桩头，桩头应采用机械或人工凿除，直至满足桩基混凝土设计强度的混凝土处为止。严禁采用爆破方式破除桩头。

② 基坑经人工整理、坑底排水设施完成后应立即浇筑垫层混凝土，垫层混凝土采用 C15 混凝土，厚度 100 mm 以上。

（4）承台混凝土浇筑。

① 在垫层上放出主筋位置，绑扎焊接基础钢筋并预埋墩身钢筋。如塔吊、施工电梯置于承台上，还应预埋塔吊和施工电梯的预埋件。

② 大体积混凝土应采取措施降低水化热。通过常规措施仍不能有效降低混凝土内外温差时应设置冷却水管，通过循环水降低混凝土内部温度。

3.3.3 围堰

1）一般要求。

（1）应熟悉和分析施工现场的地质、水文、施工现场环境等情况。

（2）施工前应根据设计提供的地质、水文资料选择适宜的围堰方式。一般情况下，水深小于 3 m、透水性较差的河床，采用土石围堰；其他情况应采用（锁口）钢板（管）桩（图 3.7）或钢吊套箱围堰（图 3.8、图 3.9）等围堰方式。

图 3.7 钢板桩围堰

图 3.8 千斤顶吊挂下放钢吊箱

图 3.9 浮吊整体下放钢吊箱

（3）应对围堰施工进行专项设计，编制专项施工方案并组织专家评审。施工前应复测围堰处水深情况，以实测水深作为围堰设计的依据。

（4）应对施工现场进行平整，水中施工时围堰工作平台应结合钻孔平台一起设置，其强度、刚度及稳定性应满足相关设计规范要求。

2）施工流程。

施工流程图见图 3.10、3.11。

3）围堰施工。

（1）土石围堰。

① 土石围堰应选用透水性较小的土，事先对围堰位置进行清淤，保证填料坐落在坚实的基础上，加强隔水作用。

② 填筑的围堰应具有密实度，满足一定的承载能力，必要时可在土体范围内注入水泥浆，防止透水。

（2）钢管（板）桩围堰。

① 钢管（板）桩插打应由专业队伍进行。

② 宜先将导向桩打入土中，再在导向桩上设置双向导向架，准确定位。

③ 锁口内堵漏材料宜选用木渣、生石灰等混合物，通过布袋灌入锁口内并填充密实。必要时应事先作堵漏试验。

④ 围堰圈梁宜采用型钢加工且应与钢管（板）桩密贴，如有空隙应加焊钢板。

⑤ 围堰支撑应通过设计验算确定，直接与圈梁焊接支撑。

⑥ 水中围堰内泥土可采用空压机吸泥或机械开挖，开挖土方应外运至指定区域，不得随意排入水体。基础施工完成后，应尽快将围堰拆除，恢复河床原貌。

⑦ 围堰封底混凝土施工分为干封和水下封底。围堰封底混凝土方式应根据施工区域土层的透水性、稳定性、围堰入土深度、开挖深度等指标计算确定，封底厚度也应通过计算确定。干封底施工，应在基坑底设排水沟和集水井。水下封底施工时，应先进行水下清淤，整平堰底。必要时可铺撒一层碎石以防止混凝土与泥土混合。应根据围堰面积和封底厚度，合理布置导管和集料斗，连续浇筑封底混凝土。

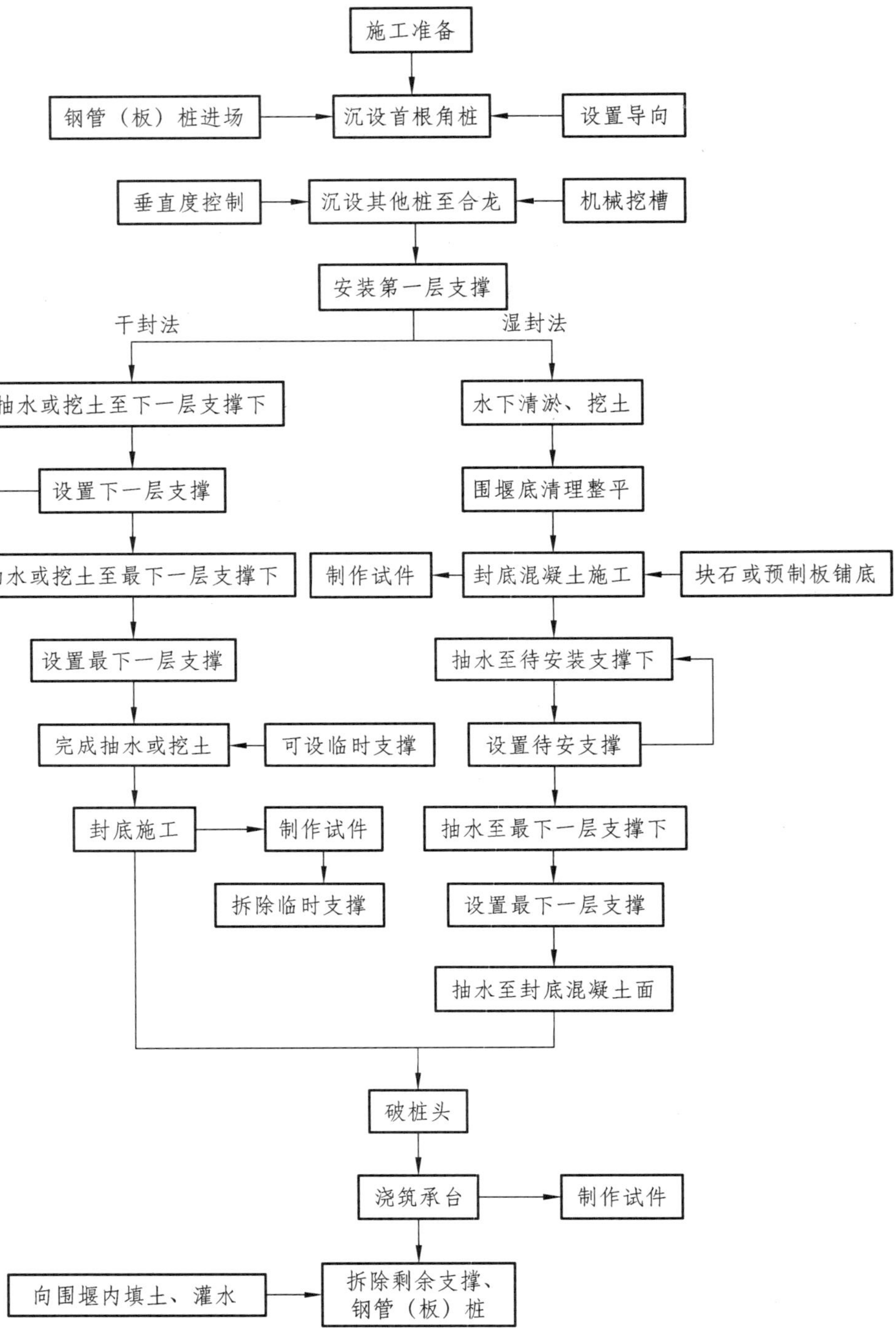

图 3.10　钢管（板）桩围堰施工流程图

⑧ 围堰抽水前封底混凝土的强度不应低于设计强度的 75%，同时应按专项施工方案设置圈梁和支撑。

（3）钢套箱围堰。

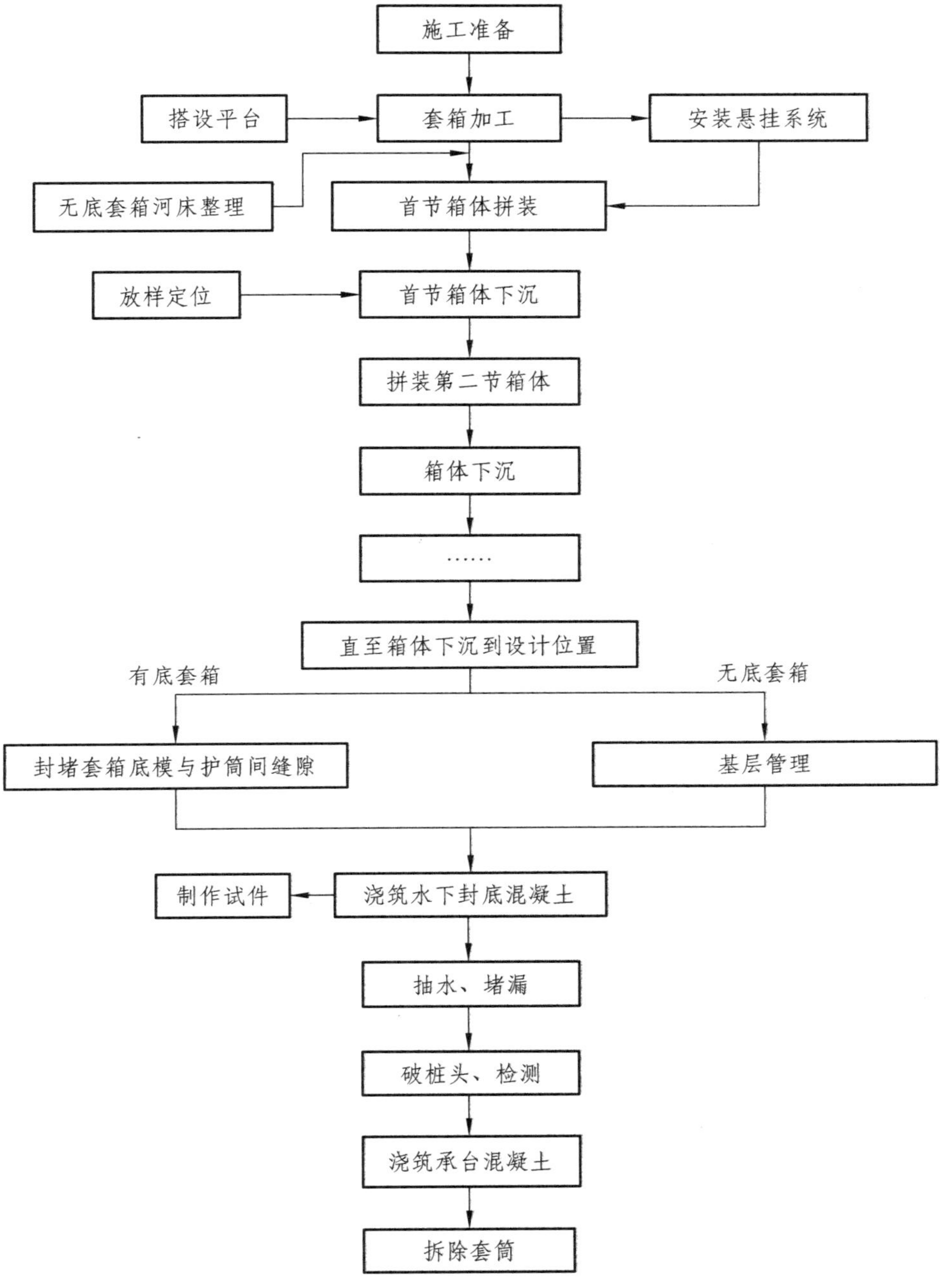

图 3.11　钢套箱施工流程图

① 钢套箱应根据工程现场的实际情况进行专门设计，由专业单位分块制作，现场组拼成型。

② 平台可利用钻孔桩平台或接长钢护筒焊接牛腿进行搭设。

③ 钢套箱可采用浮吊起吊安装，也可设置悬挂系统逐步下沉。

④ 封底混凝土浇筑前，应对封底混凝土范围内的钢护筒表面进行清理。

⑤ 有底套箱应用布袋混凝土将桩与套箱底之间的间隙进行堵塞。

⑥ 套箱拆除前，应先向箱内灌水，然后逐步拆除支撑系统及套箱侧板。

3.3.4 安全施工

（1）基础施工前应调查地面、地下建筑物（构筑物）及各种管线，确定其位置并设置明显标识，必要时应拆、移或采取相应的保护措施。

（2）桩基机械作业区域应平整坚实，水上作业平台搭设应牢固，设备安装稳固。作业区应设立警示标识，非操作人员不得进入，操作人员作业时应配齐安全防护设施。

（3）发生塌孔和护筒周围冒浆等事故时应立即停钻，钻机有倒塌危险时必须立即将人员撤至安全位置，经技术处理并确认安全后方可重新作业。

（4）所有制浆池、储浆池和沉淀池周围应设立安全防护栏杆和安全标识，弃渣、泥浆应及时外运，泥浆池废弃后应及时回填处理，恢复原貌。

（5）人工挖孔施工作业区域应设立警示标识，非作业人员不得进入。遇塌孔、地下水涌出、有害气体等异常情况应立即撤离孔内外人员。

（6）人工挖孔作业人员每次下孔前应先检查孔内有毒有害气体浓度，符合相关标准后方能下孔。作业人员在孔内作业感觉呼吸不适时，应立即撤离，查明原因并采取通风措施后再继续作业。当挖孔深度达 10 m 时，必须采取孔内机械通风。

（7）挖孔桩孔内照明应采用低压电源，并应配备漏电保护装置。

（8）挖孔桩应配备软梯供人员上下，并配备防坠落保险装置。起重设备应安装牢固，并在每班下孔前进行检查，钢丝顺磨损到规定程度后应及时更换。

（9）孔口不得堆积弃渣、机具及杂物，弃渣应及时运至指定地点，严禁随意乱倒弃渣。停止作业时孔口应加盖防护。

（10）挖孔作业遇岩石需爆破作业时，应按预裂爆破进行爆破设计，周边孔间距不得大于 30 cm，保护孔壁不被破坏，严禁使用电线直接起爆雷管。爆破施工应按现行国家标准《爆破安全规程》GB 6722 中的有关规定执行。

（11）基坑开挖前应根据地质、水文条件，结合现场情况，确定基坑的开挖边坡、支护方案，并应做好地面防、排水工作。深基础（深基坑）、深水基础的施工，应按规定编制专项施工方案。

（12）开挖出的基坑土方应及时运走，基坑深度超过 2 m 时边缘应设置防护栏杆，作业人员上下应设置专用通道。基础施工结束后，应及时进行基坑回填。

（13）钢管（板）桩施工前应对沉桩设备及连接件进行无负荷试运转，正常后方可使用。钢管（板）桩起吊应听从信号指挥，作业前应在钢管（板）桩上拴好溜绳，防止起吊后急剧摆动。

（14）钢套箱围堰下放前应组织验收。套箱下放应专人指挥，平稳均衡下放。

3.3.5 环境保护

（1）钻孔泥浆应配专用泥浆池或泥浆船，防止泥浆外溢污染环境，钻渣应外运到指定区域。

（2）水中围堰内的开挖土石方应外运至指定区域，不得随意排入水体。基础施工完成后，应尽快将围堰拆除，回复河床原貌。

（3）施工车辆运输外弃渣土、建筑垃圾时，应采取封闭、覆盖措施。

3.4 下部构造

3.4.1 立柱

（1）立柱施工流程见图 3.12。

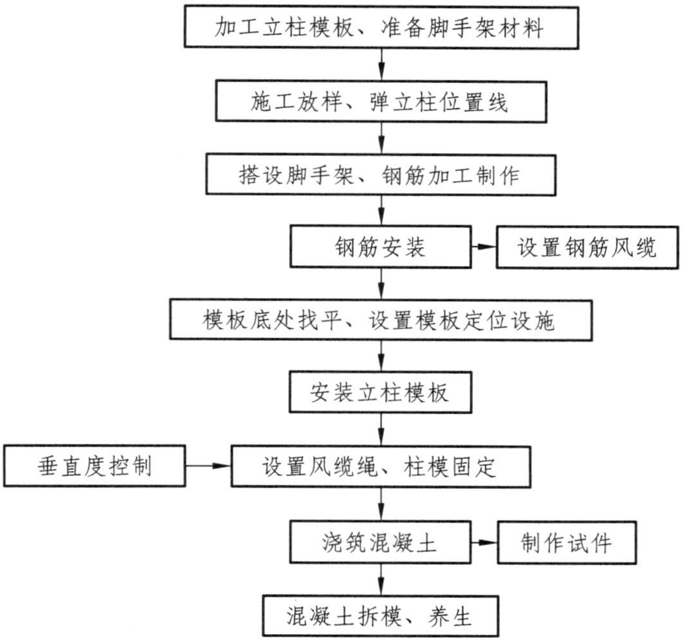

图 3.12 立柱施工流程图

（2）立柱外模板应采用厚度不小于 5 mm 的钢板面板加工而成，模板拼缝处应粘贴胶条止浆。对于高度在 10 m 以内的圆柱墩、实心方墩应一次立模浇筑到顶，如需加设拉杆固定，应通过受力计算确定拉杆间距和直径，其直径应大于 14 mm 并套塑料管以方便拉杆抽出重复使用。如图 3.13。

（3）对承垫模板的底部应预先采用水泥砂浆设置找平层，但不得侵占立柱实体。

（4）对于高度低于 10 m、截面尺寸相等的立柱模板应在地面拼装，整体吊装；对于高度超过 10 m 或截面尺寸不同的立柱模板，应采取现场组拼的方式安装。

（5）立柱模板安装就位时，应采用 4 根缆风绳（立柱高度大于 10 m 时，还应在中部再加 4 根缆风绳）固定。

图 3.13　墩柱模板安装

（6）立柱钢筋骨架应在钢筋加工场统一加工成型，立柱钢筋保护层垫块应使用圆饼形或梅花形高强砂浆垫块。

（7）已经安装好的钢筋骨架高度超过 9 m 时应安装风缆，风缆可设在钢筋内部。

（8）立柱混凝土可采用泵送或吊车（塔吊）配合料斗的方式浇筑混凝土，浇筑混凝土时出料口与浇筑面之间的距离应小于 2 m，否则应加设缓降筒。

（9）混凝土应水平分层浇筑，每层浇筑厚度不应超过 300 mm，混凝土入模坍落度宜控制在 50 ~ 70 mm，泵送混凝土宜控制在 120 ~ 140 mm。

（10）应根据环境温度确定拆模时间，尽量安排在升温时段进行，拆模后应立即采用塑料薄膜将立柱包裹自养或配合滴灌措施养护，如图 3.14。养护时间不少于 7 天。

图 3.14　墩柱包裹加滴灌养护

3.4.2 盖梁

（1）盖梁支撑应视工地现场条件选择落地支架（图 3.15）、抱箍挑架（图 3.16）或剪力销托架等方式。采用抱箍作支撑时，抱箍的内壁应加垫摩阻力较大的柔性材料，使用前应对抱箍螺丝扣的收紧力及相应的承载能力进行试验，盖梁浇筑过程中应观察抱箍是否滑动。

图 3.15　满堂支架施工盖梁

图 3.16　抱箍法施工盖梁

（2）盖梁底模与立柱的贴合处应采取有效措施防止漏浆，应对墩顶进行凿毛处理，凿毛时应力求立柱混凝土深入盖梁 20 mm。

（3）盖梁应采用有足够刚度的大块模板，盖梁内不应有对穿螺杆。

（4）盖梁钢筋应在钢筋加工场内加工，墩柱附近场地组拼成整体，整体多点吊装入模。应先在底模上按梅花形摆放高强度砂浆垫块并确定钢筋骨架就位的位置。

（5）盖梁施工流程见图 3.17。

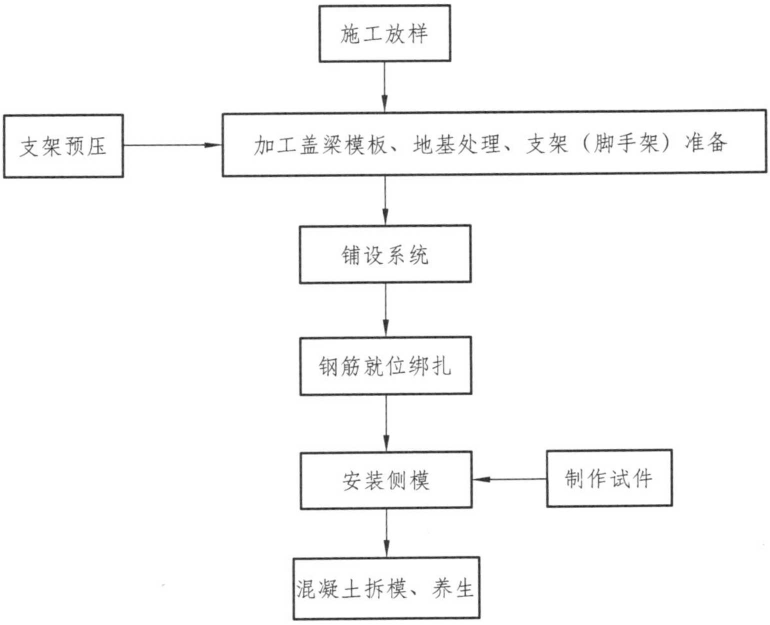

图 3.17　盖梁施工流程图

（6）盖梁混凝土浇筑方式与坍落度控制和立柱相同，混凝土的浇筑顺序应从墩顶分别向两端对称、分层、连续浇筑。

3.4.3 桥台

（1）施工流程见图 3.18。

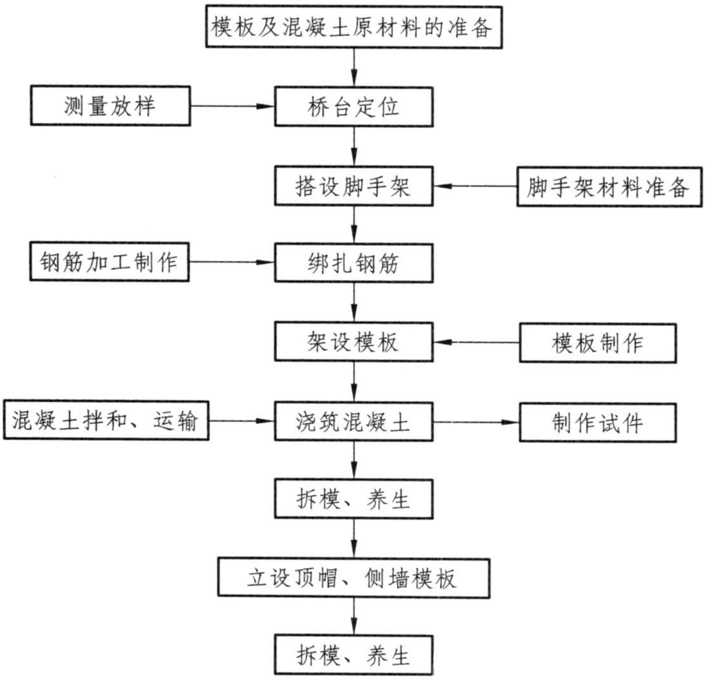

图 3.18 桥台施工流程图

（2）桥台模板、钢筋、混凝土等的施工要求可按本指南 3.4.1 条立柱的相关规定执行。

（3）沉降缝自上而下应保持通缝，并控制好垂直度和缝宽。沉降缝断缝板的外表 50 mm 应剔除，然后用沥青麻絮填塞。

（4）肋板式桥台或柱式桥台台帽应在肋（柱）间填土完成后才能施工，直接在填土上抹 20 mm 厚 7.5 号砂浆作底胎模浇筑台帽混凝土。肋（柱）间填土应严格按相关技术规范对称分层填筑，压路机不能碾压的部位应配合振动夯夯实。

3.4.4 高墩

1）一般规定。

（1）高墩（塔）施工可采用液压爬模、滑模、辊模、翻模等方法施工，但翻模施工安全风险较大，超过 40 m 的高墩（塔）不应采用翻模施工。高墩（塔）施工模板应专门设计，并编制专项施工方案，组织专家评审。

（2）当墩高超过 30 m 时，宜选用塔吊作为材料提升设备。当墩高在 40 m 以内时，可采用装配式踏梯供工作人员上下（图 3.19）；当墩高超过 40 m 时，宜选用施工电梯作为工作人员上下的提升设备。

（3）墩身施工图见图 3.20，高墩（塔）施工流程图见图 3.21。

图 3.19　工作人员上下踏梯

图 3.20　墩身施工

（4）承台施工时应将墩身钢筋按设计图要求预埋，如塔吊、施工电梯等置于承台上，还应预埋相关的预埋件。钢筋接头位置按规定错开，预埋钢筋长度一般为 0.5 ~ 1.5 m。主筋除顶部的分解长度根据墩高确定外，中间各节主筋应为 9.0 m。主筋的连接应采用机械连接。配梅花形高强砂浆垫块以保证钢筋保护层厚度。

（5）翻模外模宜分 3 节拼装，每节模板高宜为 1.5 m 或 2.25 m，每次浇筑混凝土厚度 3 m 或 4.5 m，与 9 m 长钢筋定尺相匹配。每节外模应采用整体大块钢模或高分子面板，每次向上翻两节，保留一节。

（6）单向变截面墩身应采用模数式打孔收分模板，实现墩身单向收坡。

（7）墩身应尽量避免使用外露预埋件，确需使用拉杆时应采用 PVC 套管。特殊情况下需采用预埋件时，应比墩身表面至少低 50 mm，在切割外露构件后应补焊钢筋网并及时采用与墩身强度等级相同的细石混凝土填补空洞，保证墩身表面颜色一致。

（8）墩身混凝土宜采用喷淋养护。

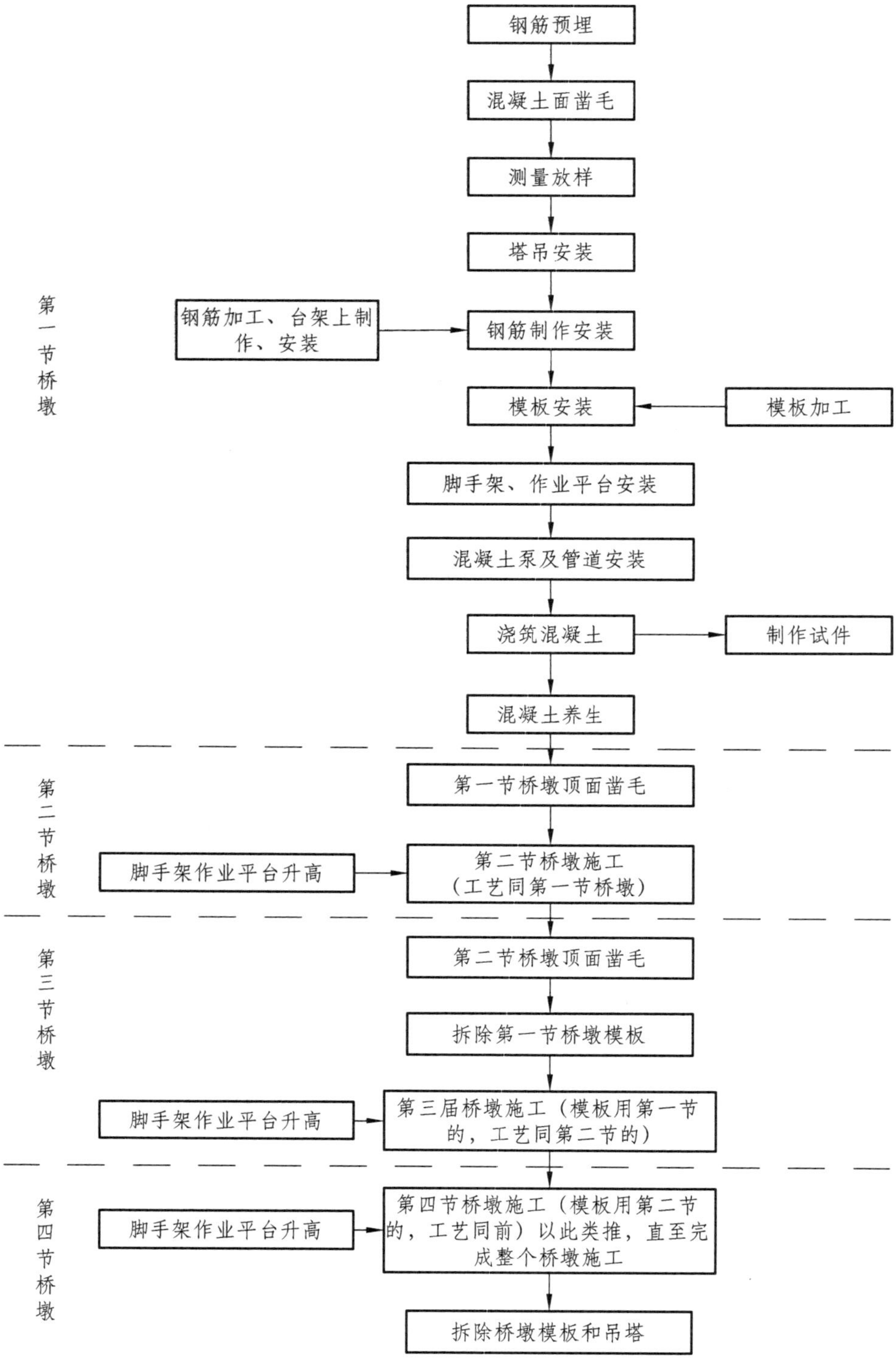

图 3.21　高墩（塔）施工流程图

3.4.5　安全施工

（1）施工单位应在施工现场设立警示标识，非生产人员禁止入内。

（2）下部构造施工前应搭设施工脚手架及作业平台（宽度不应小于 1 m），并布设安全防护网。使用期间应经常检查、维护，严禁擅自拆除架体杆件和连接件。脚手架和作业平台上堆放的物品不得超过设计荷载。

（3）施工单位应编制高墩施工的专项施工方案并组织专家评审，超过 100 m 的高墩施工，还应进行安全风险评估。

（4）高墩施工前，应对所有作业人员进行安全技术培训，作业区下应设置安全通道，确保人员安全进出作业区。

（5）高墩施工模板上应设置操作平台，底面和侧面临空部分应尽可能用安全网封闭，不留死角。

（6）塔吊等高空作业的大型设备应安装避雷设施，并配备专人指挥作业。定期对设备进行检查、维修、保养。遇六级以上大风应立即停止作业。

（7）每个高墩应使用单独的专用配电箱，平台上的电器应有相应接地装置，作业面应配置灭火器材。

（8）应定期对施工电梯和步梯进行检查维护，确保使用安全。

3.4.6 环境保护

（1）工地现场使用的模板、支架等周转材料应堆码整齐，严禁随地乱扔，保持施工现场的整洁文明。

（2）下部构造施工结束后应墩柱、盖梁顶清理干净，承台、系梁四周的建筑垃圾应及时清理，运至弃土场。

3.5 上部构造

3.5.1 先张法预应力梁预制

（1）先张法空心板梁应由预制厂或现场集中预制。每片梁应配备 2 套浇注设备同时进行施工，每套设备至少应包括一只料斗、一台提升设备。

（2）千斤顶、油表、应力传感器等机具应定期由有相应资质的部门检校标定。

（3）梁板预制完成后应进行标注，标注尺寸为 480 mm × 480 mm（每行 120 mm），中文字为印刷黑体，规格为 50 mm × 80 mm，标注表用红色油漆标注于梁侧，预制梁编号沿里程增长方向按左、右幅分别从右侧向左侧编起，标注内容和格式见表 3.1。

表 3.1 梁板标注表

桥名	××××大（中、小）桥
编号	第××跨左（右）－××
浇筑日期	××××年××月××日
张拉日期	××××年××月××日

（4）施工流程见图 3.22。

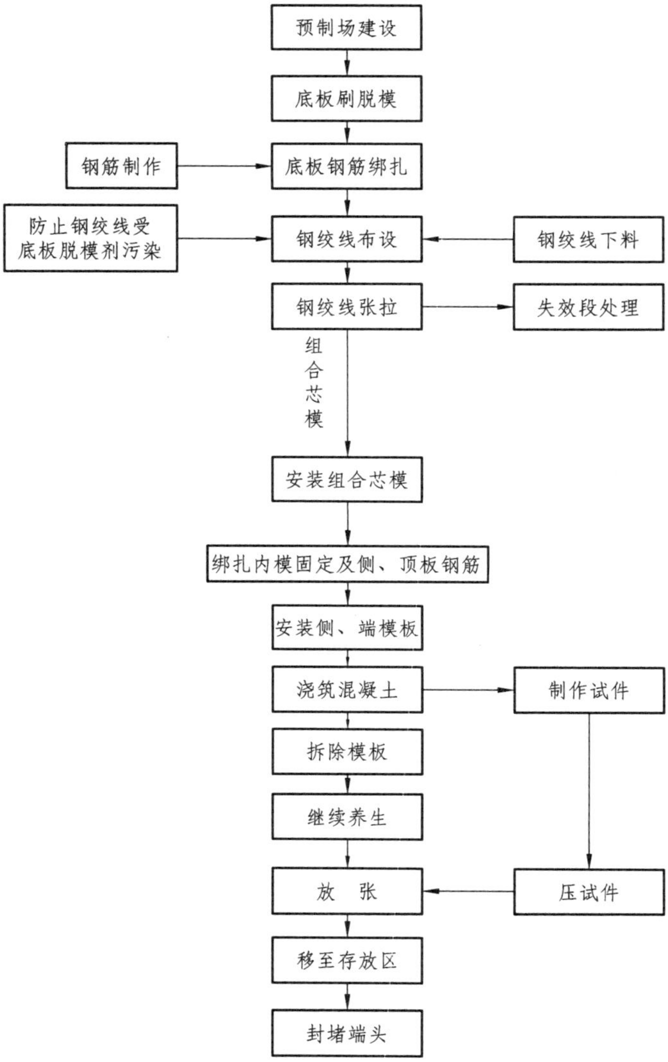

图 3.22 预制先张法空心板梁施工流程图

（5）先张法张拉台座可采用现浇钢筋混凝土或装配式钢结构张拉台座，保证其坚固、稳定、不沉陷，底模顶面模板宜采用厚度不小于 6 mm 的钢板或不锈钢板。台座顶面应采用槽钢包边，槽口向外，采用直径略大于槽口尺寸的高强橡胶管填塞，以防漏浆。应定期对张拉台座进行复测检查，每月应复测一次，发现异常时应及时处理。

（6）支座预埋钢板应根据梁所处安装位置的桥梁纵坡调整其预制角度，使支座预埋钢板在安装时与支座都处于水平状态。

（7）外模应采用整体钢模或高分子模板，钢板面板厚度不得小于 6 mm，高分子模板面板厚度不得小于 15 mm。空心板梁芯模应采用组合钢模或钢管，不得采用橡胶气囊等刚度较小的芯模。

（8）整体张拉前应先用穿心式千斤顶逐根张拉钢绞线至初应力并锚固，再用两只大千斤顶同步顶推张拉至设计吨位。若千斤顶行程达不到计算伸长值，可在活动锚箱与固定锚箱间加临时钢支撑和钢垫块以满足张拉行程。

（9）梁体混凝土浇筑完成后应及时进行养护。梁板内应蓄水养护，顶面可采用土工布覆盖养护，腹板侧面应采用自动喷淋养护。养护时间不少于 7 天。

（10）存放板梁应设混凝土堆梁梗，且应高出地面 20 cm，板梁下还应采用方木等非刚性材料作支垫。梁板堆放的层数应根据梁的强度、堆梁梗的承载力、垫木强度而定，各层之间应用垫木隔开，各层垫木垫应在支座位置且在同一竖直线上。

3.5.2 后张法预应力梁预制

（1）施工流程见图 3.23。

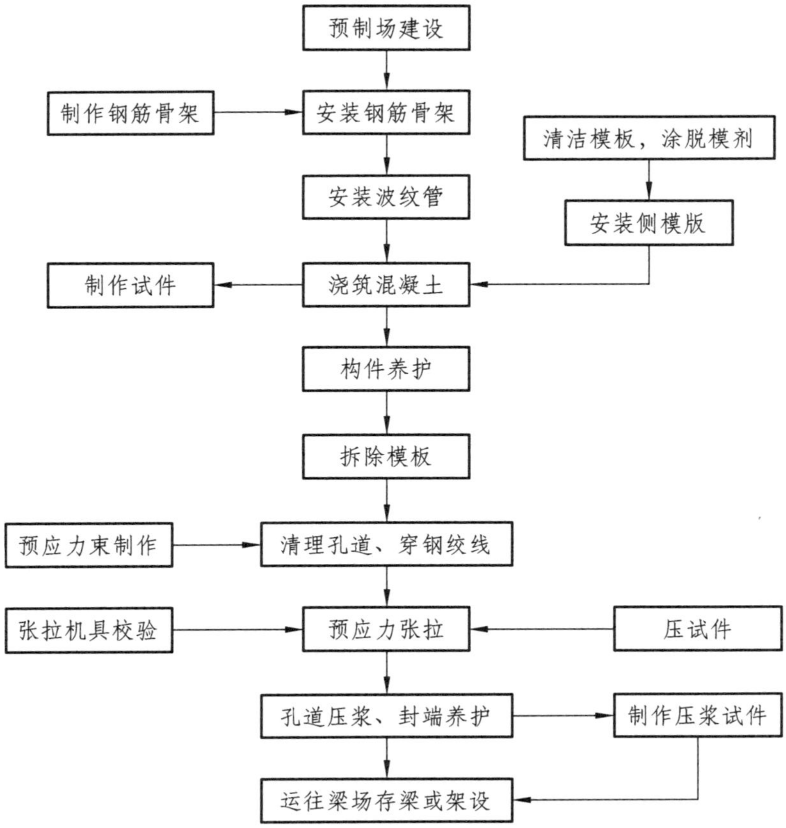

图 3.23 预制后张法梁施工流程图

（2）预制台座应采用片石混凝土基础，钢筋混凝土底座。预制梁台座两端片石混凝土基础应加深、加大，以满足梁板张拉起拱后基础两端的承载力要求，同时应在台座上设置沉降观测点进行监控，每月检查一次并建立档案。

（3）预制梁台座底模应采用厚度不小于 6 mm 的不锈钢板或钢板。台座顶面应采用槽钢包边，槽口向外，采用直径略大于槽口尺寸的高强橡胶管填塞，以防漏浆。应在预制梁两端各 60 ~ 90 cm 位置处将台座改为活动式底板支撑，活动式底板与台座同宽，长度 15 ~ 20 cm，以便捆绳进出。

（4）支座预埋钢板应根据梁所处安装位置的桥梁纵坡调整其预制角度，使支座预埋钢板在安装时与支座都处于水平状态。

（5）箱梁或空心板内膜应采用定型钢模，钢板面板厚度应不小于 3 mm，翼缘侧面梳形钢板厚度不应小于 10 mm。

（6）预制梁侧模除横隔板处断开外，应采用整体大块钢模板或高分子模板面板，钢模板面板厚度不小于 6 mm，高分子膜板面板厚度不小于 15 mm。横隔板底模应采用独立的钢板底模，保证侧模拆除后横隔板的底模仍能起支撑作用。

（7）横坡变化的 T 梁模板应设置可调螺杆，按设计要求调整横坡。严禁使用固定不可调整的横坡模板来施工横坡变化的 T 梁。

（8）梁板钢筋在绑扎安装时应采用定位支架准确定位，伸缩装置及防撞护栏预埋筋、翼缘湿接缝环形钢筋应采用辅助措施进行定位。顶板钢筋宜在专用胎架上绑扎成型，再整体吊装的方式安装。

（9）T 梁混凝土的浇筑采用斜向分段、水平分层等方法一次浇筑完成，不应设施工缝；梁长大于 20 m 的箱梁、宽幅空心板宜由梁两端同时向跨中，按底板、腹板、顶板的顺序浇筑混凝土，间隔 8 ~ 10 m 阶梯式浇筑。箱梁、宽幅式空心板的底板混凝土浇筑应从顶板预留工作孔下料。

（10）T 梁存放和安装过程中应采用方木或特制钢支撑以防止倾覆，存梁场应浇筑钢筋混凝土梁梗，并高出地面 20 cm，垫木应采用硬杂木并设在支座位置。

3.5.3 预制梁安装

（1）预制梁安装应当编制安全专项施工方案，跨径超过 40 m 的预制梁安装应制订了安全专项施工方案，还应组织专家评审，并经审核批准后才能实施。

（2）跨径小于 25 m，运输条件满足要求的情况下，预制梁可以采用两台吊车抬吊安装。跨径大于或等于 25 m 的预制梁应使用架桥机、跨墩门架或其他适合的专用大型机具设备。架桥机或吊车选型应满足起吊位置处最大起重量的 1.2 倍安全系数。

（3）预制梁安装施工流程见图 3.24。

（4）预制梁安装初吊时应进行试吊。试吊时，先吊离支承面约 20 ~ 40 cm 后暂停，检查各部位并确认受力良好后方可继续安装。

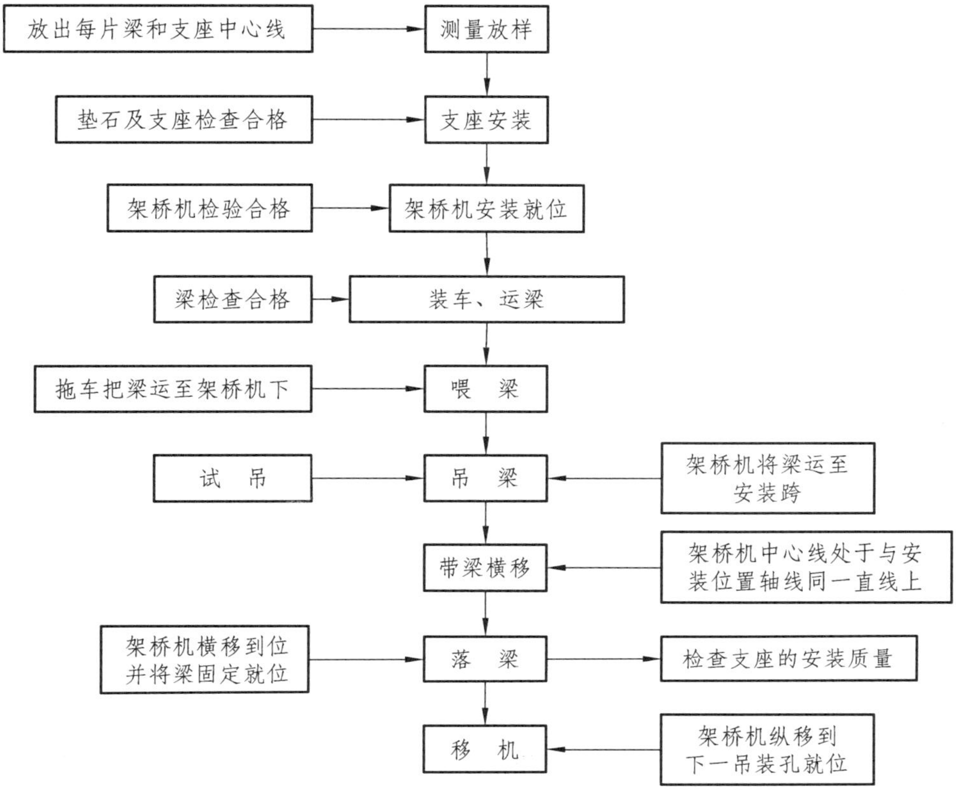

图 3.24　预制梁安装施工流程图

3.5.4　支架上现浇箱梁

（1）支架上现浇箱梁应当编制安全专项施工方案并组织专家评审，经审核批准后实施。

（2）应采用碗扣钢管支架、门式钢支架或贝雷桁架、万能杆件、三脚角架等定型钢构件进行拼装。

（3）支架地基应进行处理，地基有斜坡应施作平台并避免立杆悬空，保证现浇施工安全。采用满布式支架时地基承载力应不低于 100 kPa，地基处理后应采用厚度不小于 100 mm 的 C20 混凝土进行硬化处理。地基处理范围应超出支架外 1.0 m，并做好排水沟，避免地基被雨水浸泡。

（4）支架上现浇箱梁施工流程见图 3.25。

（5）支架搭设应符合相关技术规范要求，并预留预拱度。

（6）浇筑混凝土之前应对支架进行预压，检验支架的安全性并获取地基沉降、支架变形参数。设计无规定时预压荷载按支架承受全部荷载的 1.05 ~ 1.10 倍。支架的预压可采用加水袋或沙袋等方式进行，荷载分布应模拟结构荷载及施工荷载。加载应分级进行，设计无规定时可按 30%、70%、100% 的荷载预压。

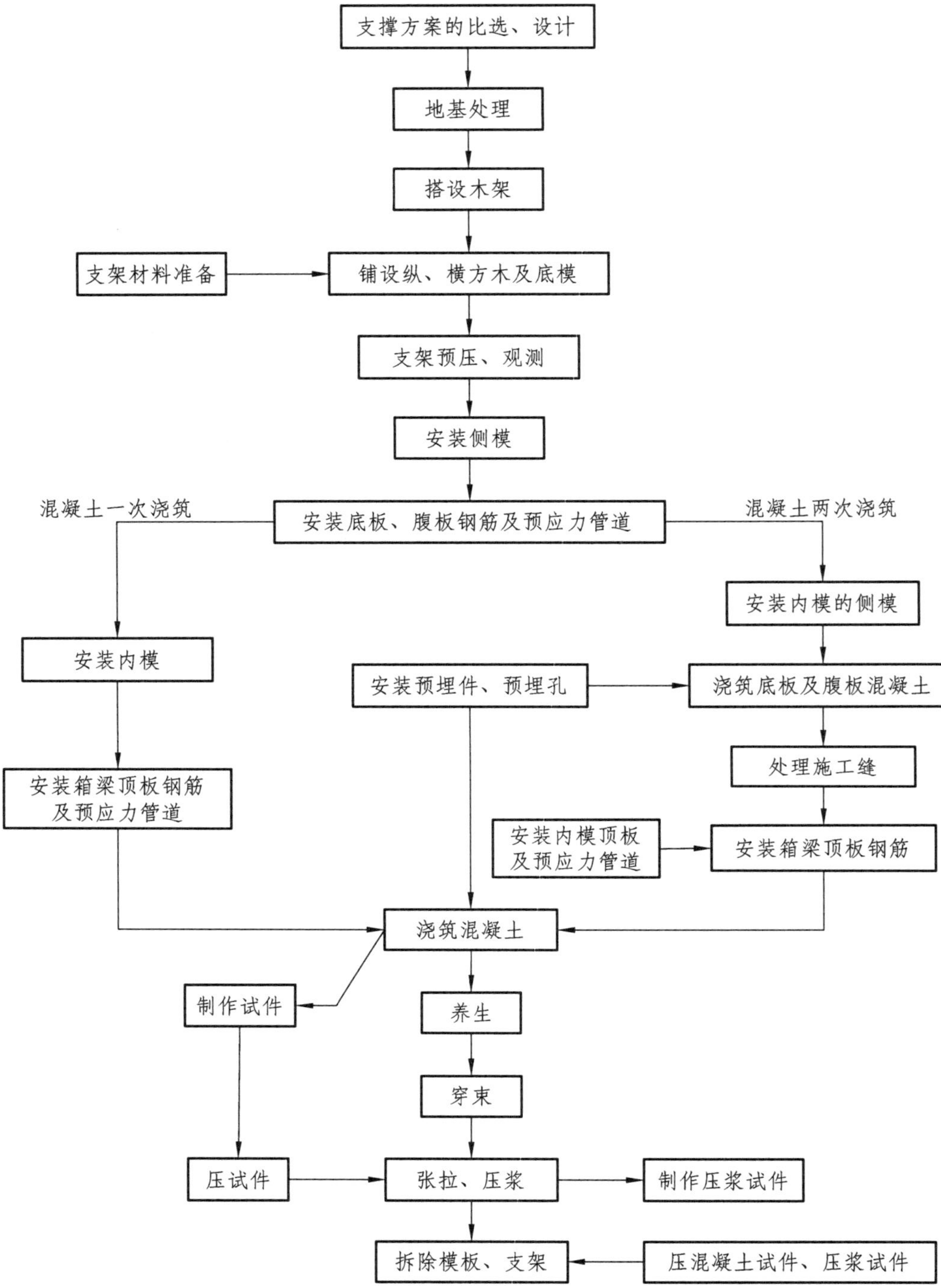

图 3.25　支架上现浇箱梁施工流程图

（7）箱梁分两次浇筑时，两次浇筑的间歇不应超过 7 天，分界点应设在顶板与腹板的交界处，并适当浇高 20 mm 左右，在第二次浇筑前将此 20 mm 混凝土凿除，以保证交界处混凝土质量。混凝土浇筑应由低处向高处连续浇筑，先浇底板混凝土

8 ~ 10 m，再回头浇筑腹板，错位浇筑直至底板和腹板浇筑完毕。

（8）混凝土浇筑完毕后应及时养护，宜采用土工布覆盖洒水养护，保证混凝土始终保持湿润状态，养护时间不应少于 7 天。

3.5.5 移动模架逐孔现浇箱梁

（1）移动模架分为上行式和下行式两种类型，应当采用定型产品。施工单位应编制移动模架现浇箱梁安全专项施工方案并组织专家评审，经审核批准后实施。

（2）施工流程见图 3.26。

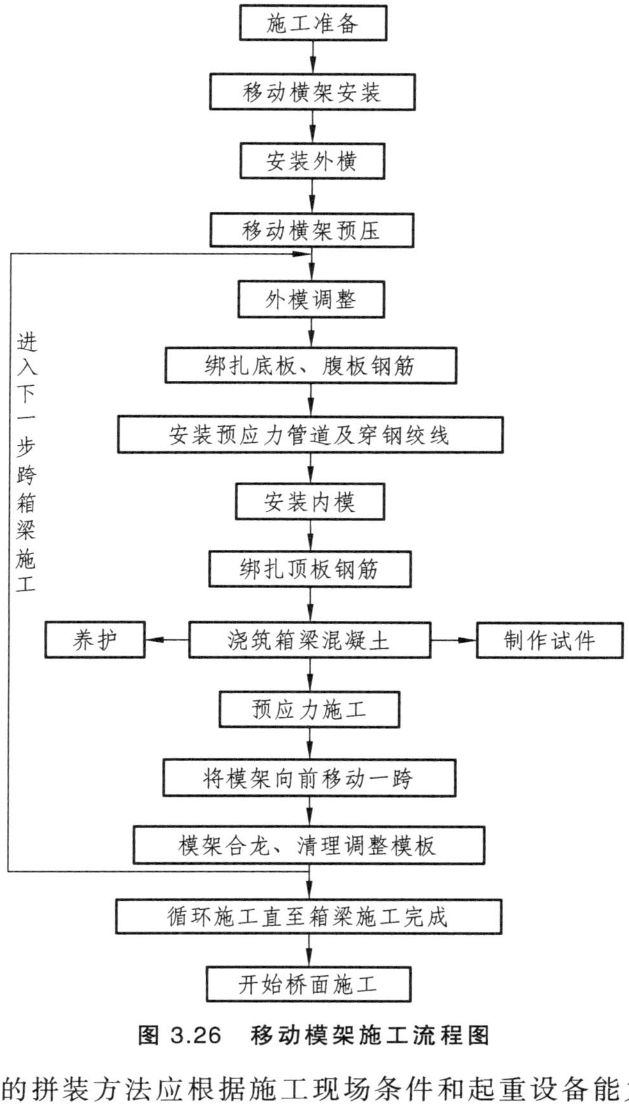

图 3.26 移动模架施工流程图

（3）移动模架的拼装方法应根据施工现场条件和起重设备能力确定。并应在首孔梁浇注位置就位后进行荷载试验以检验其安全性，消除各种非弹性变形，了解其挠度值在施工过程中的变化情况作为修正模架预拱度的依据等。加载和卸载方法、步骤按 3.5.4 条第（6）款的相关规定执行。

（4）首孔梁的混凝土在顺桥向宜从桥台开始向另一端浇筑，中间孔梁应从外端向已浇梁段推进浇筑，横桥向应保持对称浇筑。连续梁逐孔现浇的纵向分段接缝位置应符合设计规定，设计未规定时应设在 1/5 跨附近。

（5）模架内模的侧模应在混凝土强度达 2.5 MPa，顶模应在混凝土强度达设计强度的 75% 后方可拆除，外模架应在梁体建立预应力后方可卸落。

（6）模架横移和纵移过孔前应解除作用于模架上的全部约束，严格遵守对称、同步原则。移动模架系统必须具备限位和紧急制动装置，模架在移动过孔时的抗倾覆稳定系数应不小于 1.5。

（7）在梁体混凝土浇筑过程中，应随时对模架的关键部位和支撑系统进行检查发现异常及时处理。模架过孔时应对模架的运行状态进行监控。

（8）混凝土浇筑完毕后应及时养护，宜采用土工布覆盖洒水养护，保证混凝土始终保持湿润状态，养护时间不应少于 7 天。

（9）混凝土箱梁断面应采用电动工具凿毛，凿毛时在混凝土保护层外侧保留 1 cm 宽完整的边界。

3.5.6 悬臂浇筑预应力连续箱梁（连续刚构）

（1）悬浇施工过程中应进行监控，跨径大于 80 m 的桥应由具备专业资质且有成熟监控经验的单位进行施工过程控制。

（2）施工单位应按标准化、通用性强的原则进行挂篮设计。挂篮与悬浇梁段的质量比宜控制在 0.3 ~ 0.5，后锚点距节段端面的距离不应小于 200 mm；施工、行走时的抗倾覆安全系数、锚固系统的安全系数均不应小于 2，挂篮的总变形不应大于 20 mm；后锚杆应采用强度高、韧性好的钢棒，前吊杆宜采用普通钢材加工成吊带；挂篮构件的连接宜采用销接或栓接方式，行走系统应采用自锚机构，并应设置纵移限位装置。

（3）0 号块临时固结设计应满足拉压双重荷载工况的要求，设计无规定时，宜使用易于拆装的钢结构或砂筒配精轧螺纹钢。

（4）挂篮设计应经第三方复核验算，并委托专业钢结构加工厂家生产。施工单位应编制悬臂浇筑预应力箱梁安全专项施工方案并组织专家评审，经审核批准后实施。

（5）施工流程见图 3.27。

（6）挂篮拼装好后，应对挂篮进行静载试验，应按悬浇梁段的钢筋、底板、侧板和顶板重量分级加载，最终加载到超载 20% 的荷载状态。通过静载试验检验挂篮构件安全，获取挂篮结构刚度与挠度之间的线性关系。

（7）应加强对梁段内模安装质量控制，防止梁段超方而导致线型控制偏差过大。梁体混凝土应对称浇筑，宜采用可控方向的三通泵管来控制，最大容许不平衡重应以设计为准，设计未规定时，偏差应控制在 1 ~ 2 m^3 内。

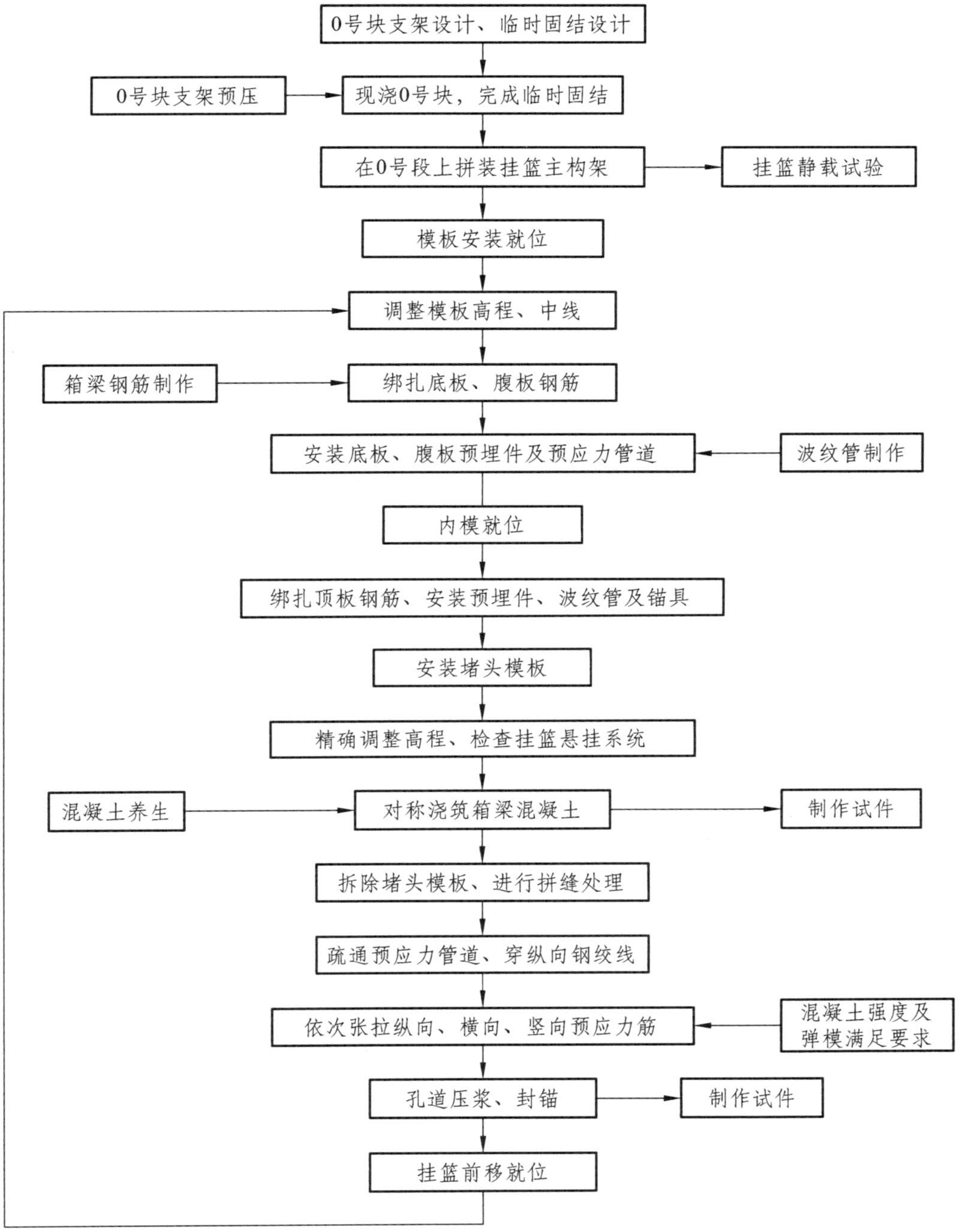

图 3.27　悬臂现浇箱梁施工流程图

（8）边跨现浇段的支架应进行超载预压，并应设置预应力施加及温度作用下保证水平位移的装置。

（9）合龙段应按设计要求对合龙段两侧用千斤顶对顶，对顶后再焊接劲性骨架锁定。劲性骨架锁定后应观察一昼夜以确认锁定效果，并应在当天气温较低的时段浇筑合龙混凝土。合龙段施工应采用水箱配重，根据混凝土浇筑进展情况逐步卸载。

（10）悬架混凝土应采用土工布等材料覆盖养护，保持湿润状态，养护期不少于7天。

3.5.7 桥面整体化及调平层

（1）梁板安装完成后应及时组织桥面整体化的施工，梁顶面凿毛清洁完毕后应进行桥面高程检测，对最小厚度不能满足设计要求的地方，应采取措施进行调整。

（2）现浇端（中）横梁、湿接缝施工流程图见图3.28。

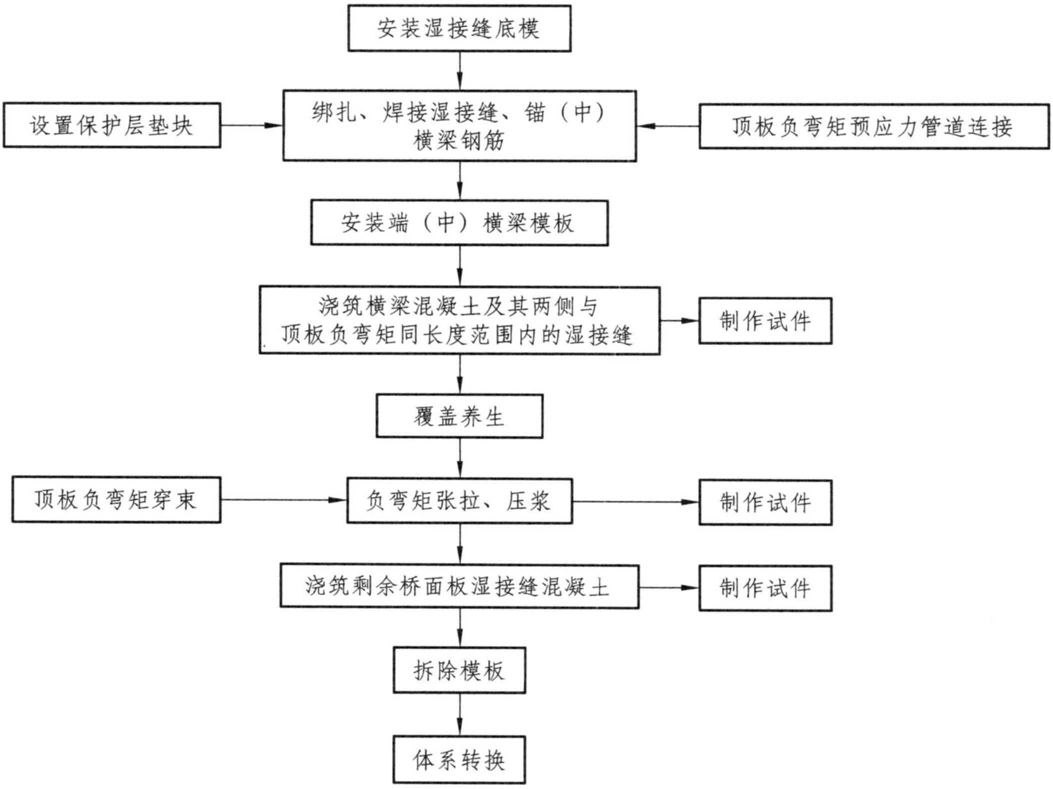

图3.28 现浇端（中）横梁、湿接缝施工流程图

（3）桥面混凝土调平层施工流程图见图3.29。

（4）梁板安装就位后，应及时浇筑湿接缝、横隔板。预应力空心板梁的铰缝区在拆模后应及时安排凿毛，湿接头底模宜采用螺杆套塑料管吊模方式。

（5）梁端连续段混凝土强度达设计要求后，方可穿束进行负弯矩预应力施工。预应力筋的张拉顺序应符合设计要求，设计无规定时，可按先张拉短束、后张拉长束的顺序进行。张拉应在混凝土强度达设计值的80%以上时方可进行。

（6）梁板安装就位后，应及时浇筑湿接缝、横隔板。预应力空心板梁的铰缝区在拆模后应及时安排凿毛，湿接头底模宜采用螺杆套塑料管吊模方式。

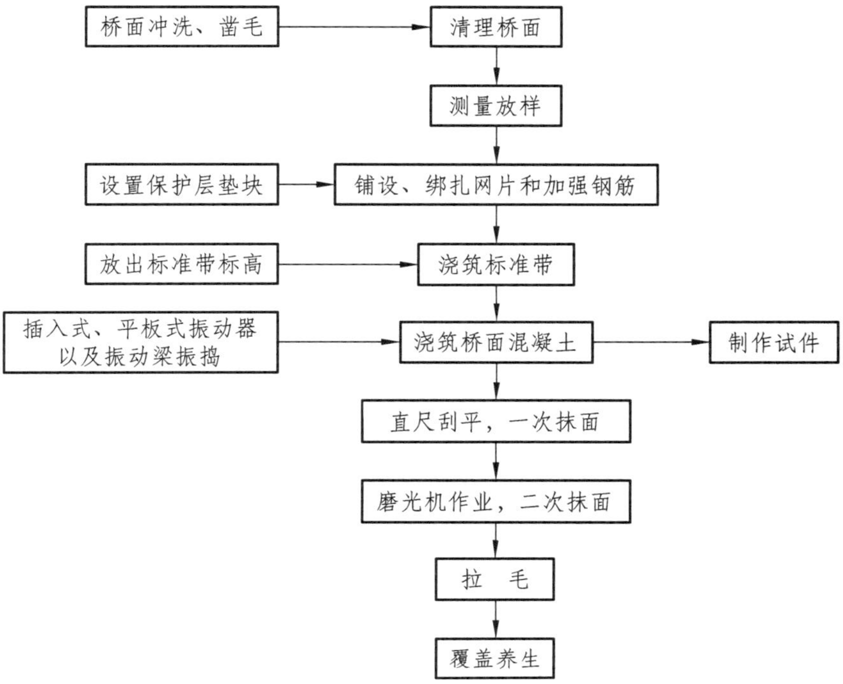

图 3.29　桥面混凝土调平层施工流程图

（7）梁端连续段混凝土强度达设计要求后，方可穿束进行负弯矩预应力施工。预应力筋的张拉顺序应符合设计要求，设计无规定时，可按先张拉短束、后张拉长束的顺序进行。张拉应在混凝土强度达设计值的 80% 以上时方可进行。

（8）桥面调平层施工应在防撞护栏施工后进行。宜先施工紧贴护栏 500 mm 宽的标准带，以此作为调平层的一部分，也可作为调平层施工的标高控制带。调平层施工应采用振动梁控制施工。

（9）桥面调平层混凝土浇筑后应及时养护，可采用土工布等覆盖洒水养护，养护时间不少于 7 天。

（10）桥面调平层应采用抛丸机械进行表面处理，以增强与路面的黏结效果。

3.5.8　安全施工

1）梁板预制安装。

（1）预制场应配备爬梯，方便施工人员上下。

（2）堆放 T 形梁、工字梁等大型构件时，基础应硬化，并设置斜撑，防止倾覆。存梁不得超过两层。

（3）施工单位应根据预制梁的结构特点、重量、形状、长度和现场环境制定运输和架设方案，并编制专项施工方案。预制梁长度超过 40 m，还应组织专家评审。

（4）采用龙门吊吊梁应编制龙门吊专项安装和拆除方案，安装完成后应组织验收并试吊。使用期间应定期检查、维修和保养。龙门吊作业应设专人指挥。

（5）架桥机安装梁板应编制架桥机安装拆除方案，安装完成后应组织验收并试吊。使用期间应定期检查、维修和保养。安装作业应设专人指挥。

（6）梁板安装就位后应立即进行支撑（垫），相邻两梁板安装后应及时焊接横隔板、翼缘板湿接缝钢筋，防止梁板倾覆。及时做好临边防护和湿接缝部位安全防护，防止发生人员坠落事故。

（7）夜间、5 级以上大风或下雨时，不得进行架梁作业。

2）支架上现浇箱梁。

（1）现浇支架的两侧应设工作平台，边侧应搭设高度不小于 1.2 m 的安全防护栏并挂满安全网。

（2）支架搭设和拆除过程中，地面应设围栏和警示标识，并派专人值守，禁止非施工人员进入。

（3）现浇支架跨域要维持正常通行的道路、航道时，应采取防撞措施，设置防撞墩、限高架等。设置必要的提醒标识、导流标识，限高、减速警标识，夜间还应设置警示灯。

3）移动模架逐孔现浇箱梁。

（1）模架移动、混凝土浇筑及支撑托架安装前应必须进行检查、验收。

（2）上下游模架移动速度应尽可能一致，不同步的距离偏差应符合产品设计的规定，且应有限位和紧急制动装置。

（3）模架移动前，应清理模架边缘易坠落物。每完成一孔梁的施工，均应对模架的关键部位及支撑系统等进行检查、维修、保养。

4）悬臂浇筑预应力连续箱梁（连续刚构）、节段悬臂拼装。

（1）挂篮安装后应组织检查验收，并作荷载试验，满足设计要求后才能使用。

（2）挂篮四周应设置临边防护设施，满布安全网，不留死角。桥面临边防护栏杆应随悬浇段同步延伸。

（3）挂篮行走应对称、缓慢进行，并加强观测，防止偏角、偏位。

（4）在通航河流、公路、铁路及人行通道上方作业时，挂篮下方、左右两侧应采取防坠落措施，防护措施宽度应比挂篮边缘超出 0.5 m 以上。挂篮在跨公路和人行通道移动时，禁止车辆和行人通行。

（5）悬臂拼装节段梁起吊前，应对起吊机具设备和节段梁进行检查、验收，并进行起吊试验。应垂直起吊节段梁，并保持平衡稳定。运送节段梁的车辆（船只）在节段梁起吊后迅速撤出。

3.5.9 环境保护

（1）箱梁内的杂物、垃圾应清理，不得积水。

（2）做好剩余材料的处理工作，避免污染桥面和周围环境。

（3）工程完工后，应及时清理现场，恢复原貌。

3.6 桥梁附属工程

3.6.1 垫石及支座安装

1）一般规定。

（1）墩台施工完成后应尽快施工支座垫石。

（2）支座垫石施工应采用四角可调节高度的定型钢模。

（3）所有自制和生产厂家成套提供支座的预埋钢板、螺栓、螺母、垫圈都应进行热浸镀锌处理。

（4）对于跨数较多的连续梁，支座顶板纵桥向的尺寸，应考虑温度、预应力、混凝土的收缩徐变等因素引起的梁长变化。

（5）对于特殊形式和特殊规格的支座，在垫石施工前应与生产厂及时沟通，核对支座的相关尺寸和预埋件。

2）施工流程。

施工流程见图 3.30。

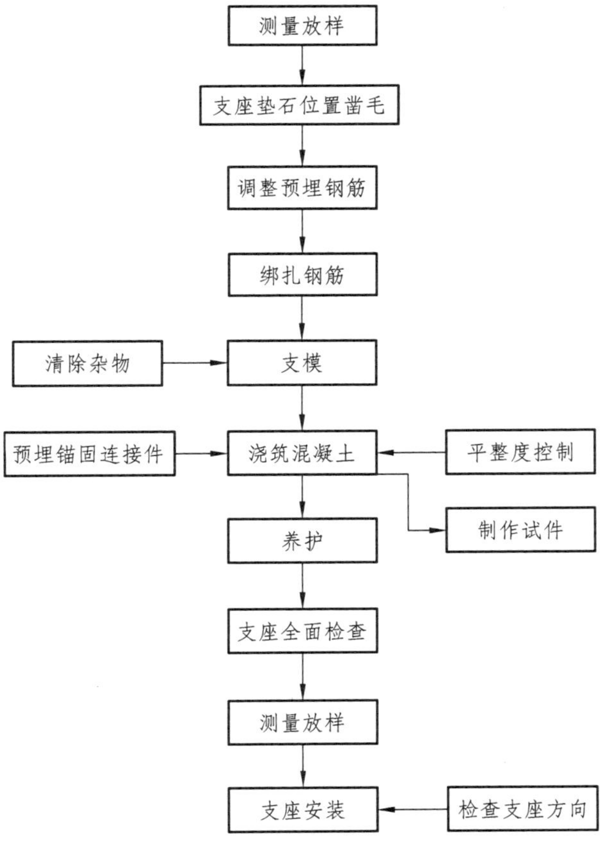

图 3.30 垫石、支座安装施工流程

3）垫石及支座安装。

（1）支座垫石施工前应将垫石位置处混凝土充分凿毛，并在浇筑混凝土前洒水湿润。收浆抹面结束后宜采用土工布覆盖，滴灌养护应不少于 7 天。

（2）应计算复核支座垫石的设计高程（尤其是弯、坡、斜桥），调节定型钢模四角顶面高程，保证其满足规范要求。

（3）支座垫石应采用细石混凝土，如有质量缺陷，不得进行修补或加固，必须凿出重做。

（4）支座安装前，应对支座垫石进行复测，放出纵横十字中线，标出支座安装的准确位置。

（5）若支座与梁之间存在间隙确实需要调整，可垫一层不锈钢板或热浸锌处理过的钢板。

（6）先简支后连续的桥梁，临时支座宜采用砂筒（砂箱），临时支座的顶面应比永久支座高出 2 mm，且应经试压合格后使用。

（7）盆式橡胶活动支座的安装错位量和方向应由设计单位根据安装时的气温条件提供相应数据。

（8）盆式活动橡胶支座应有临时锁定装置，以防施工过程中发生错位，但锁定装置应在预应力张拉前解除。

3.6.2 桥面排水

1）一般规定。

（1）本节适用于泄水管、PVC-U 排水管、钢管排水管。

（2）桥面采用垂直排水形式时，排水口下端应低于梁底面至少 10 mm，防止梁底被雨（污）水污染。跨线桥不宜采用垂直排水形式。

（3）桥面排水时，出水口不应直接冲刷桥体，应设置引水管道至桥下排出。

2）桥面排水施工。

（1）泄水管应以桥面高程为控制点，进水口应略低于桥面水泥混凝土铺装层。

（2）泄水管内外表面应进行防腐处理。

（3）PVC-U 管黏结时应将承口和插口上面的尘土及油污等擦干净，胶水涂刷要均匀，插口插入后应迅速调整好角度，粘连时应注意预留口方向。

（4）PVC-U 管安装应合理设置固定装置，并牢固固定在结构上。

（5）钢管排水管内外表面应进行防腐处理，并牢固固定在结构上。钢管宜采用丝扣连接，便于操作。

（6）穿桥面的排水管与预留孔之间应用防水材料填塞，并在做桥面防水时注意覆盖孔口周边对其进行二次防水，以防渗水污染梁底。

3.6.3 护栏

1）一般规定。

（1）现浇连续箱梁预应力张拉、孔道压浆已结束并卸架，先简支后连续梁的体系转换已完成，方可开始防撞护栏施工。

（2）先施工桥面调平层混凝土，应待调平层混凝土强度达设计强度后方可进行护栏施工。

（3）施工前，应对防撞护栏的预埋钢筋进行复检，对缺、漏、错位的钢筋采取措施整改到位后方可进行施工。

2）施工流程。

施工流程见图 3.31。

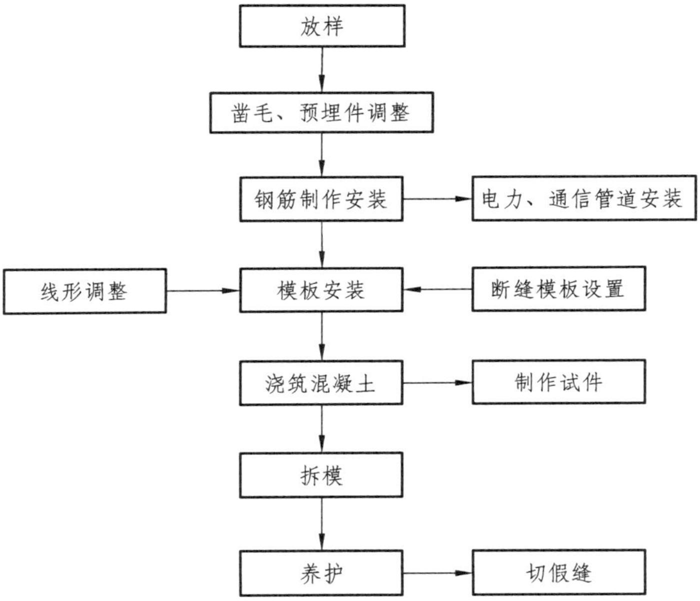

图 3.31　防撞护栏施工流程

3）混凝土防撞护栏施工。

（1）直线段护栏放样，宜不超过 10 m 测一个内边缘点，曲线段放样应适当加密，弹出护栏内边缘线。立模时可根据弹出的内边缘线作适当微调，保证护栏线形顺适。

（2）护栏高程宜以桥面调平层作为基准面，应采取措施对模板底部进行处理，防止漏浆。

（3）应检查调整梁板预埋钢筋，缺筋处应植筋。若护栏主筋为截断预埋，则截断部分与预埋部分应采用焊接连接。

（4）应严格按设计图纸进行预埋件的安装，预留槽口宜采用木模制作，准确定位，牢固固定，严禁采用泡沫材料。

（5）护栏应采用整体式钢模，具有足够的刚度。模板转角处宜采用倒圆角处理，使其线形平顺。单片钢模长度应综合考虑桥面竖曲线及弯道半径等因素确定。端头模板应采用钢板，断缝宜采用两块薄钢板夹泡沫板。

（6）护栏混凝土坍落度宜控制在 120～140 mm，砂率不宜大于 36%。混凝土宜采用溜槽或吊斗入模，浇筑至护栏顶面时应由专人负责抹平，并做二次压平收光处理。若护栏底采用砂浆找平，砂浆宽度不得侵入护栏实体，应在护栏施工完后予以清除。

（7）护栏混凝土宜采用干净的无纺土工布覆盖，自动滴灌养护，养护时间不少于 7 天。模板拆除后应及时进行假缝切割，假缝间距宜为护栏模板长度的整倍数（约 5 m），温差过大地区应适当加密，缝深 10 mm，缝宽 5 mm。

3.6.4 伸缩装置

1）一般规定。

（1）伸缩装置应由生产厂或专业队伍安装，应采用反开槽的方式进行施工。

（2）伸缩装置的预留槽口应在桥面混凝土调平层施工完成后用低标号混凝土填平。低标号混凝土中，梁端及缝口应填塞泡沫板，缝底垫衬板。

（3）伸缩装置在上面层沥青混凝土施工完毕后施工，水泥混凝土桥面养护 7 天后应尽早安装伸缩装置。

（4）应先安装一条工艺试验性伸缩装置，检验合格后再进行大面积施工。

2）施工流程。

施工流程见图 3.32。

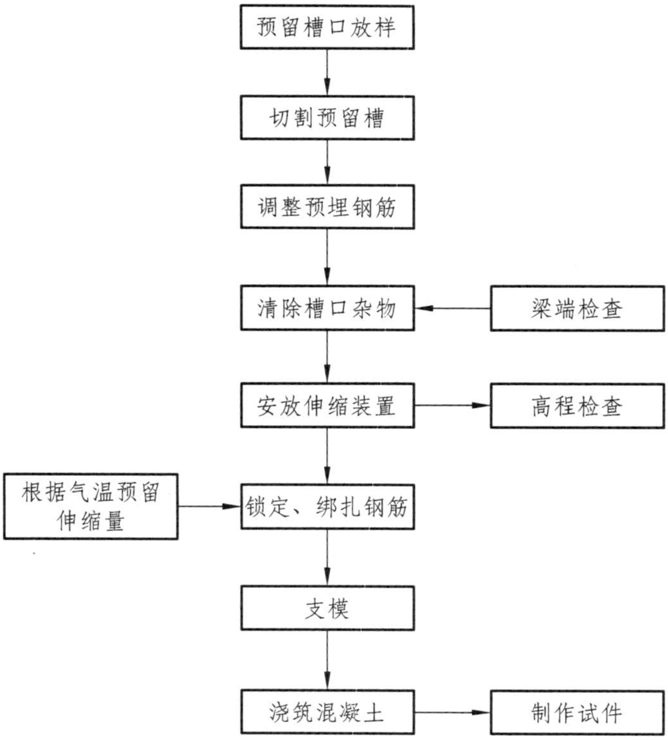

图 3.32　伸缩装置施工流程

3）伸缩装置安装。

（1）摊铺沥青混凝土时，在伸缩缝两边 20 m 范围内应保持连续作业，避免因机器停止、启动影响路面的平整度，从而影响伸缩装置的安装质量。

（2）伸缩装置的切缝位置应根据 3 m 直尺的平整度检测情况确定，一般以伸缩装置为中心两侧宽度 300 ~ 500 mm 为宜，对称布置。开槽应顺直，槽边沥青铺装层不能悬空。

（3）清缝的同时应将槽内预埋钢筋根部握裹的混凝土清理干净，对槽内混凝土表面进凿毛处理。

（4）伸缩装置安装前，应根据安装气温调整伸缩值。伸缩装置宜比桥面沥青混凝土铺装低 1.5 ~ 2 mm。

（5）混凝土应避免在高温下施工，坍落度宜控制在 80 ~ 100 mm。宜采取透水土工布或塑料薄膜覆盖保湿养护。

3.6.5 安全施工

（1）垫石施工应在墩台帽施工完成后紧接着进行，充分利用墩台帽施工的安全防护设施。

（2）护栏施工时应设置操作平台和防护栏杆。

（3）桥面伸缩装置安装作业时应封闭交通，采用左、右幅分别施工，做好安全警示及交通引导标示。

3.6.6 环境保护

（1）施工中应尽量减少对墩台的污染，垫石施工完成后，应对个别污染点进行清理。

（2）桥面破除和清扫的废渣、杂物等，应运至指定地点弃放，严禁向桥下或路边抛弃杂物。

4 隧道工程

4.1 施工准备

4.1.1 技术准备

（1）施工前充分熟悉设计文件，做好现场调查和图纸核对工作。

（2）对交付使用的隧道轴线桩、平面控制三角网基点桩以及高程控制的水准基桩等，进行详细的测量检查和核对，不得有误，并将测量成果报送监理人。

（3）施工单位放线中除公里桩、平曲线要素桩外，应设置必要加桩。对隧道中线、隧道洞口里程、隧道洞口高程、洞口边仰坡地形等复测，与设计不符时应及时报告。

（4）组织技术人员，对隧道周围及隧道地表区域进行踏勘，检查周边施工环境及隧道洞口边仰坡稳定情况，查看洞口地质情况是否与设计一致，对周围环境进行拍照记录。

（5）根据总体施工组织设计结合本项目的具体情况、工期要求、施工队伍、机械设备、施工中的现场监控量测等因素，正确选定施工方案，制订施工顺序，编制实施性施工组织设计。

（6）对于长大隧道、地质复杂的隧道，如不良地质隧道、高瓦斯隧道、水底（海底）隧道等，承包人应当组织专家编制、论证、审查专项施工方案，并附安全验算结果，经承包人技术负责人、监理工程师审查同意签字后实施，由专职安全生产管理人员进行现场监督。

4.1.2 施工人员、材料和设备

（1）应加强现场施工人员（包括劳务人员）教育培训和考核工作。应当对管理人员和作业人员进行每年不少于两次、不低于40学时的安全生产教育培训，其教育

培训情况记入个人工作档案。新进人员和作业人员进入新的施工现场或者转入新的岗位前，承包人应当对其进行安全生产培训考核。未经安全生产教育培训考核或者培训考核不合格的人员，不得上岗作业。

（2）承包人应当向作业人员提供必需的安全防护用具（如安全帽、安全带、口罩、耳塞等）和安全防护服装，安全防护用具和安全防护服装的使用、采购和管理应符合现行《公路水运工程安全生产监督管理办法》的规定。

（3）隧道施工前应按设计要求做好材料采备。

（4）进场前应严格进行检查验收和取样送检，试验合格经监理工程师认可后方可进料，杜绝不合格材料进入现场。

（5）隧道进洞前，主要机械设备应进场，机械设备应本着性能优良、配套合理、工效高的原则配备，满足污染小、能耗低、效率高的要求，并根据施工进度计划安排，分阶段、分期组织上场，以满足施工需要。

4.1.3 施工供风和供水

（1）施工供风场地应因地制宜，空压机的数量应根据施工实际情况进行配备，高速公路隧道双洞掘进时，一端空压机的总供风量一般不应小于 160 m^3。

（2）掌子面使用风压应不小于 0.5 MPa。长隧道及特长隧道可将空压机站布置在洞内适当位置。

（3）在空气压缩机站总输出管上必须设总闸阀，主管上每隔 300 ~ 500 m 应分装闸阀。高压风管长度大于 1 000 m 时，应在管路最低处设置油水分离器，定时放出管中的积油和水。

（4）空压机应定期检查压力阀、储气罐的安全性。操作人员应按有关规定经专业机构培训，并应取得相应的从业资格。

（5）隧道掘进 50 m 后应进行供风，供风管前端至开挖面的距离不应大于 15 m，进风口距离隧道洞口不宜小于 30 m。

（6）寻找水源，按施工需要的供水压力（不小于 0.3 MPa）合理选址修建高位水池，安装上、下水管路。

（7）修建高位水池困难的隧道，宜采用变频高压供水装置满足施工需要。

（8）洞内水管、风管管路应敷设在电电缆、电线相对的一侧，不得妨碍运输及水沟的施工，如图 4.1。

4.1.4 施工临时供电

（1）对于短隧道应采用高压至洞口，再低压进洞；对于长隧道及特长隧道应考虑高、中压进洞，以满足施工需要。

（2）隧道施工供电系统应满足相关规定的要求。

（3）洞外变电站应设置防雷击和防风装置，确保施工期间的安全。

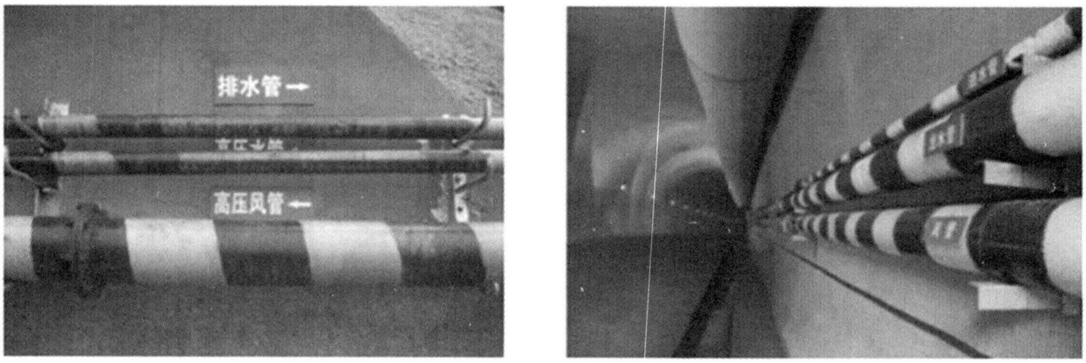

图 4.1　洞内管道布置示意图

（4）成洞地段与施工地段的供电线路应满足相关规定的要求。照明和动力电线路安装在同一侧时，必须分层架设。供电线路架设应遵循“高压在上、低压在下，干线在上、支线在下，动力线在上、照明线在下”的原则。110 V 以下线路距离地面不得小于 2 m，380 V 线路距离地面不得小于 2.5 m，6 ~ 10 kV 线路距离地面不得小于 3.5 m，如图 4.2。

图 4.2　洞内线路布置示意图

4.1.5　弃渣场

（1）隧道弃渣必须运至确定的弃渣场弃置，不得随意乱弃。

（2）弃渣前必须按设计要求做好弃渣场的防护工程。

（3）弃渣场选址应不得占用其他工程场地和影响附近各种设施的安全；不得影响附近的农田水利设施，不占或少占农田；不得堵塞河道、河谷，防止抬高水位和恶化水流条件；不得挤压桥梁墩台及其他建筑物。

4.1.6　自办料场

（1）当隧道弃渣强度等指标符合规范要求，可作为结构用材料时，现场应建碎石场以充分利用隧道弃渣，加工碎石设备应采用带除尘装置的反击破碎石机并有配套的联合重筛分设备。

(2)隧道碎石场应专门配备锤式碎石机生产喷射混凝土碎石料。日产量在 100 m^3 以上的碎石场宜配置自动或半自动水冲洗设备，以提高碎石质量。

4.1.7 火工品库

（1）炸药库应选在远离人群居住的地方，且不受山洪、滑坡和危石等威胁，并经公安部门批准办理相关手续。根据施工进度计划安排及月循环进尺核定炸药库容量。

（2）雷管库和炸药库必须分开建造，库存四周进行全封闭，并安设防雷击、防热及警报系统。火工品库房的建设及管理应符合现行《中华人民共和国民用爆炸物品管理条例》《爆破安全规程》GB 6722 等有关规定的要求。

（3）储存库内的电气照明应符合现行《民用爆破器材工程设计安全规范》GB50089 的规定，当采用移动式照明时，应使用防爆手电筒或手提式防爆灯，并随身携带。禁止电气线路跨越储存库。

（4）储存库房内外排水系统必须完善，排水通畅如图 4.3。储存库区可设高位水池，或设消防水池并配备消防水泵，水池储水量不少于 15 m^3。储存库区内单个储存库应配备至少两个 5 kg 及以上的干粉灭火器，如图 4.4。

图 4.3　储存库房围墙及排水沟

图 4.4　储存库房消防设施

（5）安装自动报警系统及视频监控系统，监控不得存在死角，如图 4.5。报警、视频监控装置应显示、记录、储存所有的报警信号、图像信号。

图 4.5　储存库房监控系统

4.2　洞口及明洞工程

4.2.1　洞口边、仰坡开挖及防护。

（1）洞口边、仰坡开挖及防护施工工艺流程如图 4.6 所示。

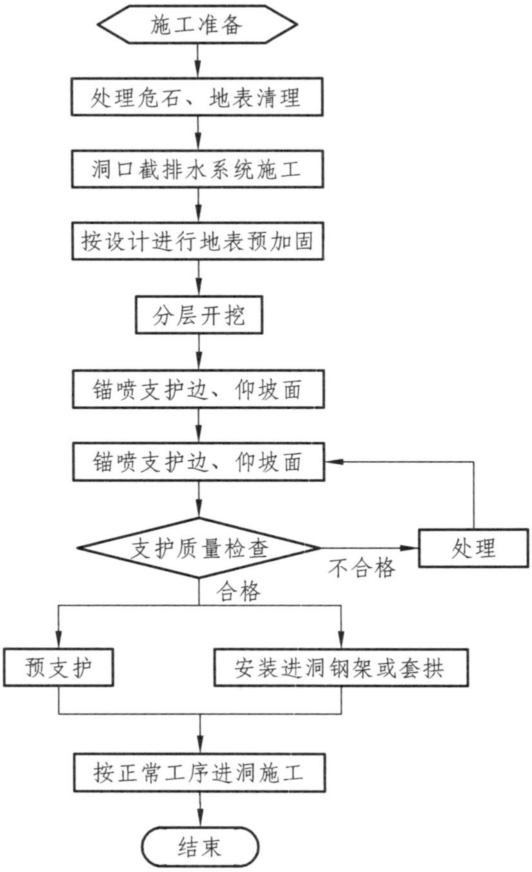

图 4.6　洞口边、仰坡开挖及防护施工工艺流程图

（2）积极推广“零开挖”进洞理念，遵循“早进洞、晚出洞”施工原则。洞口边坡、仰坡的开挖应减少对岩土体的扰动，严禁大挖大刷，严禁采用大爆破，可适当延长明洞和隧道的长度。分离式隧道中间山体和连拱隧道中导洞开挖时两侧山体应尽可能保护，维持原有的生态地貌，洞门应力求与自然环境、人文景观相协调。当附近有建筑物、居民区、油气管线等其他构筑物时，应采取必要的防护措施，如图 4.7、图 4.8。

图 4.7　仰坡爆破开挖采用钢丝网加棉被防护

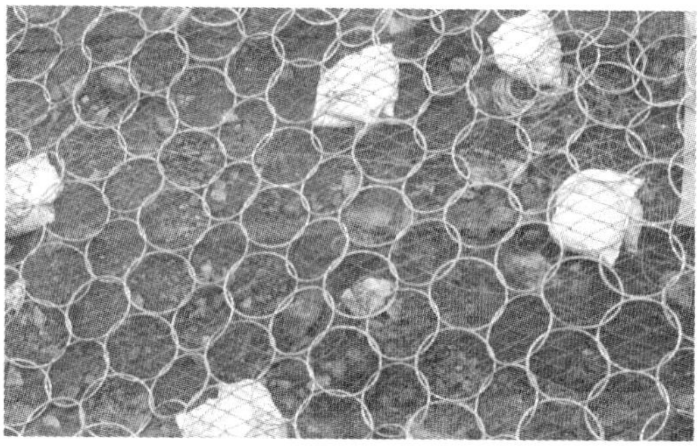

图 4.8　仰坡爆破开挖时炮眼采用砂袋覆盖

（3）洞口设有明洞，且洞口地质情况相对较好的隧道，可先进洞，由内向外施作洞口明洞模筑衬砌，再进行洞身段开挖、初支、二衬。

（4）当洞口围岩条件较差时，要严格控制进洞施工顺序，应在完成套拱和超前大管棚后，立即进行明洞主体模筑衬砌施工，然后再进行暗洞浅埋段施工。

（5）当设计的洞口边坡陡峭没有进洞条件，可选择侧面合适的位置，从侧面进入正洞施工，再从洞内向洞口方向开挖。

（6）边仰坡开挖前应完成截、排水工程和临时排水沟，如图 4.9。边仰坡以上可能滑塌的表土、危石应全部清除，不留后患。

图 4.9　隧道开挖前设置临时排水沟

（7）洞口边仰坡工程应自上而下逐级开挖支护，及时完成洞口边仰坡加固、防护及防排水工程。

（8）设计有防护措施时，应先施作防护措施后开挖边仰坡，防止地层滑坡、崩塌，如图 4.10。洞口出现偏压时，为克服偏压应充分利用地形条件，采用先反压回填，再开挖隧道，如图 4.11。

图 4.10　隧道开挖前施作锚索防止边坡滑坡

图 4.11　隧道洞口反压回填

（9）机械开挖土方时边仰坡应预留 30 cm 的整修层，人工刷坡整修平整成型，防止超挖，保证边仰坡平顺，坡率符合设计要求；石方开挖应采用浅孔小台阶爆破开挖，边仰坡开挖应采用预留光爆层松动爆破、光面爆破成型；开挖后坡面应稳定、平整、美观。

（10）进洞施工前，应先施做好超前支护，在超前支护的保护下然后再进洞施工。

4.2.2　明洞工程

（1）明洞宜采用明挖施工，其工艺流程为如图 4.12 所示。

（2）明洞宜及早施作，明洞仰拱应安排在明洞拱墙衬砌施工前浇筑。隧道采用爆破开挖时，宜在洞身掘进适当距离后施作明洞；非爆破开挖时，宜先施作明洞，然后开挖隧道。

4.2.3　洞口段施工

（1）进洞前应进行进洞条件验收，验收合格后方可进行洞身的开挖施工，验收项目如下：

① 施工单位地质调绘已完成；

② 隧道超前地质预报工作已按设计要求开展；

③ 按设计施工图，洞口边仰坡防排水工程、洞口预加固工程（如有）、洞口岩堆、滑坡（如有）等施工处治完毕；

④ 进场便道、施工场地布置、洞口监控系统（如有）、值班室等已按相关要求完成；

⑤ 洞口地表沉降观测工作已开展；

⑥ 衬砌台车、仰拱模板、仰拱栈桥已到位，混凝土拌和站已建立并验收合格可以投入使用；

⑦ 项目现场抢险救援队伍已成立，人员配备、装备及应急物资储备满足相关的规定，应急演练已进行；

⑧ 技术交底工作已进行，安全教育培训工作已开展。

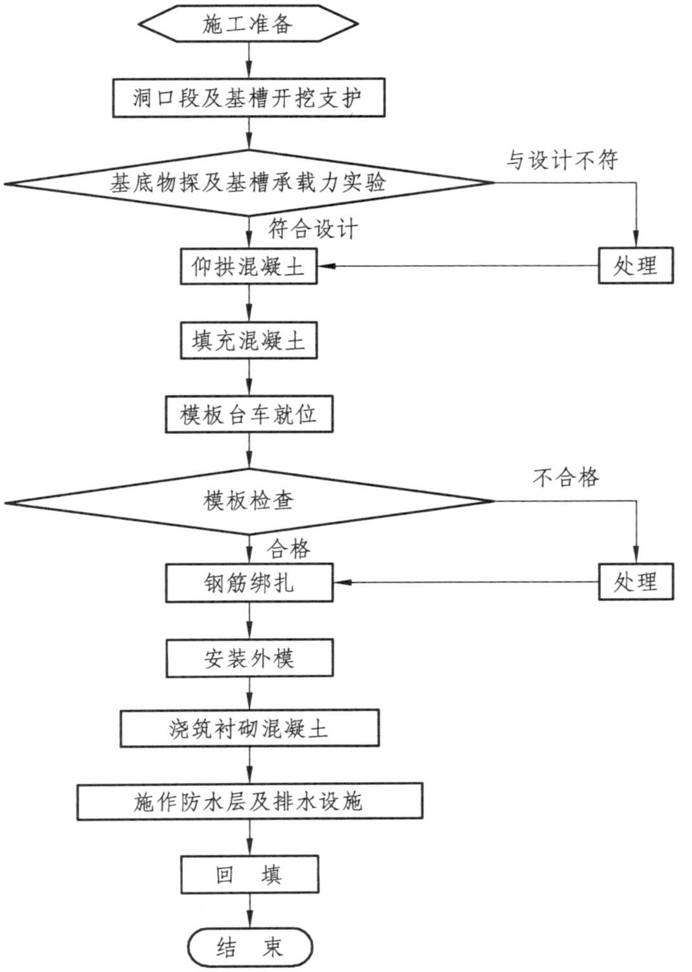

图 4.12　明洞明挖施工工艺流程图

（2）隧道洞口段应根据地质条件、开挖对地面建筑物的影响以及保障施工安全等因素选择施工方法，如图 4.13。洞口附近有学校、工厂、居民区等时，当采用爆破开挖时，应采取控制爆破技术（图 4.14），且必须采取安全防护措施和监测手段保证安全。

图 4.13　洞口采用重型帆布及排架防护飞石

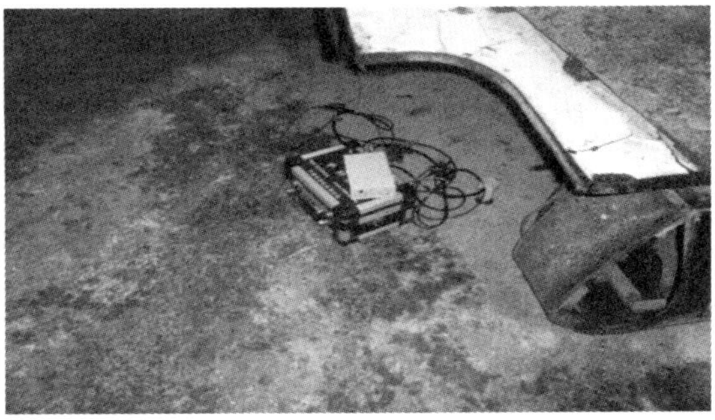

图 4.14　洞口附近建筑物爆破振动监测

（3）进洞前应按设计施作超前支护，不宜采用全断面法开挖，采用台阶法开挖时，严禁长台阶施工，开挖后及时形成封闭结构，衬砌应尽早施作。

（4）洞口段的监控量测应适当增加量测频率。

（5）隧道洞口处于偏压时，开挖前应按设计要求先完成洞门结构及回填施工。

4.2.4 洞门

（1）端墙式洞门施工工艺流程如图 4.15。

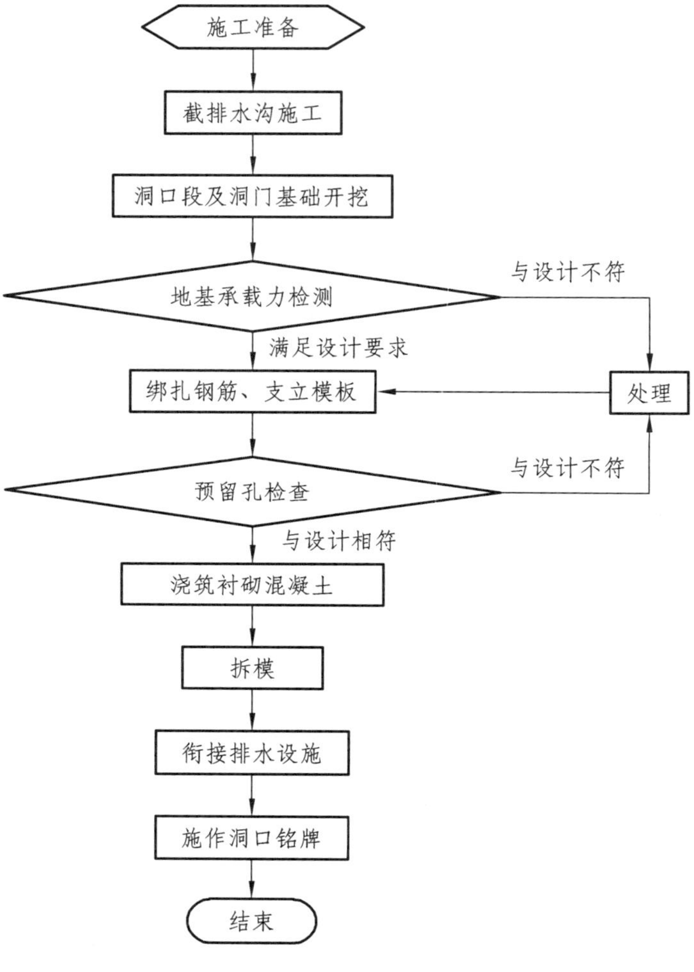

图 4.15 端墙式洞门施工工艺流程图

（2）斜切式洞门施工工艺流程如图 4.16。

（3）隧道洞门模板及支（拱）架应根据洞门结构形式、荷载大小、地基土类别、施工设备、施工工艺等条件设计。斜切式洞门内外模板和挡头板应专门设计和制作，配套使用。截、排水及其他的要求严格按设计施作。

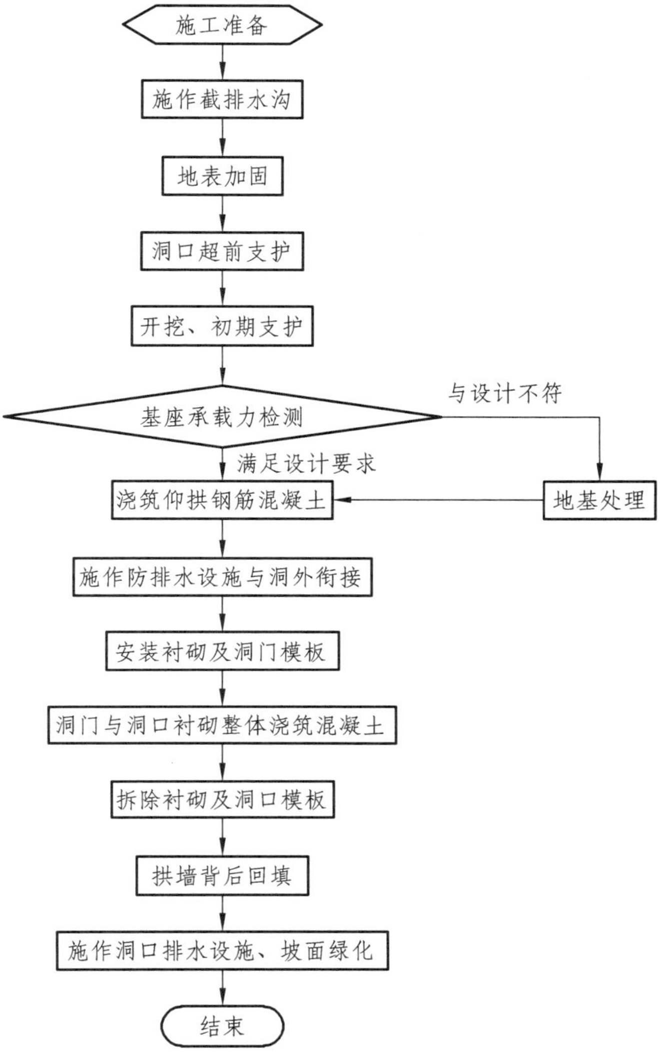

图 4.16　斜切式洞门施工工艺流程图

4.3　洞身开挖

4.3.1　隧道开挖应根据施工方法、机械设备、地质条件及工程环境等因素，选择开挖方式和步骤，Ⅱ、Ⅲ级围岩可采用全断面法开挖，Ⅲ、Ⅳ围岩可采用台阶法开挖，洞身段Ⅴ级围岩视围岩情况也可采用台阶法开挖。Ⅴ级围岩洞口浅埋段一般采用环形导坑预留核心土法、单侧壁导坑法或三台阶法（可加临时仰拱）开挖。三车道Ⅴ级围岩浅埋段应按 CD 法、CRD 法或双侧壁导坑法施工。CD 法、CRD 法和双侧壁导坑法的临时支护应尽量晚拆除，在仰拱闭合的情况下再拆除。

4.3.2 采用 CD 法、CRD 法或双侧导坑法时，应根据隧道基底围岩承载力、监控量测信息确定是否设置临时横撑或竖向支撑，当隧道拱顶下沉或周边收敛量大，无稳定的趋向时，应及时设置临时支撑，控制围岩和支护变形，防止围岩松弛区扩大。如图 4.17 ~ 图 4.19。

4.3.3 必须强化施工工序和现场管理，确保支（防）护到位，严禁支护滞后和安全步距超标。Ⅴ级和Ⅳ级围岩浅埋段每循环进尺控制在 2 榀钢架长度以内。采用侧壁导坑法施工的隧道中隔壁临时拆除应滞后于仰拱。如图 4.20 ~ 图 4.21。

4.3.4 采用台阶法施工时，上台阶长度应根据围岩级别、监控量测信息等严格控制，下台阶开挖循环进尺不大于 2 ~ 3 榀钢架的长度，并及时落底，尽快封闭成环。采用台阶法开挖下台阶时应左右幅分幅开挖，其中一侧开挖，别一侧设置临时通行道路，禁止两侧同时开挖。采用台阶法开挖时，必须设置锁脚锚杆或锚管等控制拱脚变形的措施。如图 4.22。

4.3.5 采用环形导坑预留核心土法开挖时应先开挖环形导坑，预留核心土，利用核心土对掌子面的支挡作用，同时作为工作平台，开挖一榀支护一榀，开挖进尺与钢架支护间距匹配。核心土长度为 3 ~ 5 m，微台阶的台阶高度为 2.5 m 左右。如图 4.23 ~ 图 4.24。

图 4.17　CD 法开挖（先开挖左侧后开挖右侧）

图 4.18　双侧导坑法开挖（有横撑）

图 4.19　CRD 法开挖

图 4.20　单侧壁导坑法开挖

图 4.21　双侧导坑法开挖（无横撑）

图 4.22　上下台阶法开挖（左侧开挖右侧通行）

图 4.23　三台阶法开挖

图 4.24　环形导坑预留核心土法开挖

4.3.6　连拱隧道宜采用中导洞法施工，主洞宜采用上下台阶法开挖，左右幅施工至少错开 30 m，先行洞二次衬砌后再开挖后行洞为最佳方案。中隔墙顶部与中导洞之间用喷射混凝土回填密实，并注意施工防排水设施。中导洞开挖宽度一般 4 ~ 6 m 为宜，中导洞的高度一般比中隔墙高出 0.5 m。中隔墙承载能力不足时应采取扩大基础、注浆加固等手段提高其承载能力。中隔墙施工时应注意预埋与主洞钢支撑连接钢板。连拱隧道先行洞应选择在偏压侧及地质较为软弱的一侧，开挖先行洞前，后行主洞围岩与中隔墙之间的空隙应按设计要求进行回去填密实或支撑顶紧。为确保施工安全，避免二衬出现开裂，要求左右洞各配备一台二衬模板台车。

4.3.7　小净距隧道左右幅应错开施工，掌子面至少保持两倍洞径的距离，当隧道净距不大于 10 m 时，左右幅至少错开 50 ~ 100 m，必要时可考虑在先行洞做好二次衬砌后再进行后行洞的施工，后行洞施工必须严格控制爆破震动，不同围岩条件、不同净距的小净距隧道应设计不同的开挖方法，V 级围岩应以机械开挖为主，辅以弱爆破开挖。开挖时应减少对中间岩体的扰动，必要时加固中间岩体。先行洞的二次衬砌宜在围岩变形基本稳定后进行，宜落后于后行洞掌子面 2 倍洞跨以上，在初期支护变形基本稳定后尽早施作。

4.3.8　岩石隧道钻爆开挖应采用光面爆破技术，周边孔宜使用导爆索，并控制循环进尺如图 4.25；软岩或土质围岩隧道，宜采用机械开挖。光面爆破的效果除用肉眼观察衡量外，还可用周边眼痕迹保存率进行判断，如图 4.26，计算公式如下：

周边炮眼痕迹率£=残留有痕迹的炮眼数/周边眼总数×100%

不同岩质炮眼痕迹保存率应满足下列条件。

硬岩：£≥80%；

中硬岩：£≥70%；

软岩：£≥50%。

图 4.25　周边孔使用导爆索

图 4.26　光爆效果良好

4.3.9　隧道开挖应遵循“多打眼、少装药、多循环”的原则，力求开挖断面规整圆顺。

4.3.10　隧道开挖断面尺寸应符合设计要求，开挖断面应以包括预留变形量在内的设计轮廓线为基准，考虑贯通测量误差和施工误差等因素适当放大。

4.3.11　爆破器材的运输、贮存、检验、加工、使用和退库、销毁必须符合国家有关法律、法规和现行国家标准《爆破安全规程》GB 6722 的规定。

4.3.12　严格控制欠挖，拱脚、墙脚以上 1 m 范围内断面严禁欠挖。不同围岩地质条件下允许超挖值见表 4.1 所示。平均超挖值按下面公式计算：

平均超挖值 = 超挖面积/爆破设计开挖断面周长（不包括隧底）

表 4.1　不同围岩条件下允许超挖值

项目		规定值或允许偏差	检查方法和频率
拱部	破碎岩土（Ⅴ、Ⅳ级围岩）	平均 100，最大 150	水准仪或断面仪：每 20 m 一个断面
	中硬岩、软岩（Ⅱ、Ⅲ、Ⅳ级围岩）	平均 150，最大 250	
	硬岩（Ⅰ级围岩）	平均 100，最大 250	
边墙	每侧	+100，−0	尺量：每 20 m 检查 1 处
	全宽	+200，−0	
仰拱、隧底		平均 100，最大 250	水准仪：每 20 m 检查 3 处

4.3.13 隧道开挖轮廓应按设计要求预留变形量，预留变形量大小宜根据监控量测信息进行调整。

4.3.14 超挖部分必须回填密实。

4.3.15 隧道贯通前，当两开挖工作面小于 50 m 时，应加强联系、统一指挥；当两开挖面距离 15 ~ 30 m 时，应从一端开挖贯通，并采取安全措施。并行隧道同向开挖的两个工作面应保持合理的纵向距离，不宜小于 30 m；隧道间净距较小时，应采取措施防止后开挖隧道对先开挖隧道产生不良影响。

4.3.17 对于单向贯通的隧道，出洞前应反向开挖不少于 30 m 或不小于洞大管棚的长度，严禁在隧道洞口处贯通。

4.3.18 钻爆

（1）钻爆方案应根据围岩情况随时调整，并做好技术交底。

（2）钻爆作业前必须先用红油漆准确绘出开挖断面轮廓线，并标出炮眼位置，严格控制周边眼的钻孔质量及装药质量，采用光面爆破时周边眼要求用导爆索连接起爆。钻周边眼要由经验丰富的老钻工司钻，有专人指挥，确保周边眼有准确的外插角，使两茬炮交界处台阶不大于 15 cm。

（3）加强炮眼堵塞，提高爆破效果，周边孔的堵塞长度不宜小于 40 cm。宜配备专门的炮泥机加工炮泥（图 4.27），提高炮孔堵塞质量。鼓励采用水压爆破（图 4.28），降低爆破开挖粉尘和炸药使用量。

图 4.27　炮泥机及制作的炮泥

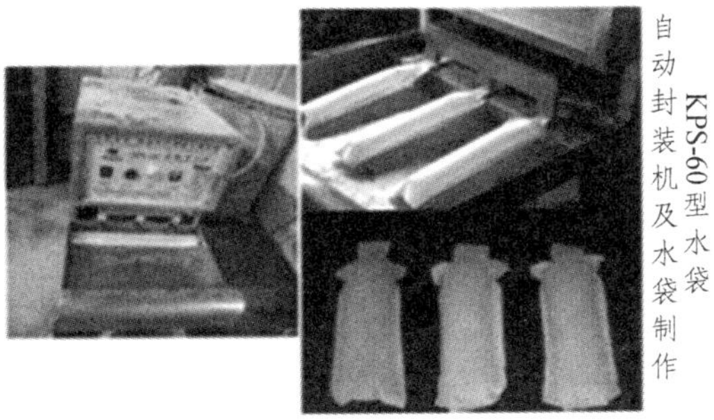

图 4.28　水袋自动封装机及制作的水袋

（4）非爆破人员撤离至安全地点后才能引爆，爆破后必须通风排烟，其相距时间不得少于 15 min。爆破后必须立即进行安全检查，如有瞎炮，必须由原爆破人员按现行国家标准《爆破安全规程》GB 6702 的有关规定进行处理，确认无误后才能出渣。

（5）装渣及运输能力应与开挖能力相适应。

4.4 初期支护

4.4.1 喷射混凝土

（1）隧道喷混凝土宜采用湿喷工艺进行施工（图 4.29），特殊地质条件下不能湿喷时需另行设计。严禁采用干喷工艺。提倡使用机械手（图 4.30）进行喷混凝土作业。

图 4.29 混凝土湿喷机

图 4.30 工作中的喷混凝土机械手

（2）喷混凝土应与岩面、钢架、钢筋网密贴，不得留有空洞和间隙，超挖部位必须用喷混凝土回填或采用相同强度等级的混凝土模筑，严禁人为留置空腔或用片石回填。初期支护与围岩应成为整体的支护体系。拱脚基础喷射混凝土要密实，严禁悬空。

（3）喷混凝土的初期强度、长期强度、厚度及其与围岩面黏结力必须满足设计要求。

（4）喷射作业应分段、分片由下而上进行，每段长度不宜超过 6 m。

（5）一次喷射厚度应根据设计厚度和喷射部位确定，初喷厚度不小于 4 ~ 6 cm。首层喷混凝土时，要着重填平补齐，将小的凹坑喷圆顺，岩面有严重坑洼处采用锚杆吊模喷混凝土处理，如图 4.31。

（6）喷头距岩面距离宜为 0.6 ~ 1.2 m，与受喷面基本垂直，喷射时料束应呈螺旋形运动。受喷面应设置喷射混凝土厚度标记，确保最小厚度满足设计要求。

（7）当局部出水量较大时采用埋管、凿槽、树枝状排水盲沟等措施，将水引导疏出后，再喷射混凝土。

（8）喷混凝土终凝 2 h 后，应喷水养护，养护时间不少于 7 天，气温低于 + 5 °C 时，不得喷水养护。

（9）喷射混凝土应均匀密实，表面平顺光亮，无干斑或流滑现象，表面不平整的需补喷，施工中可用直尺进行平整度检查，如图 4.32。

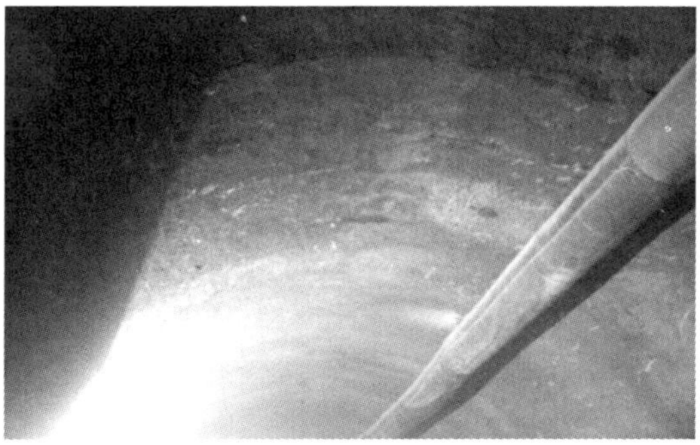

图 4.31　喷射混凝土平速度效果图

图 4.32　喷射混凝土平整度检查

4.4.2　锚杆

（1）锚杆材质、长度、数量必须满足设计及规范要求。为保证锚杆的施工质量，拱部锚杆宜采用专门的锚杆机进行施工。

（2）锁脚锚杆尾部应预弯成“L”形，在锚杆按照好后与钢架焊接成整体。

（3）锚杆安装后其填充砂浆终凝后应立即安装托板，当锚杆不垂直岩面时可用垫片调整，使垫板密贴岩面，锚杆安装后外露长度不得超过 100 mm。

（4）锚杆的施作位置用红油漆进行标识，专用专门的机械成孔打入。对中空锚杆注浆时，监理应旁站记录，严禁有未注浆的行为，严禁不上垫板和螺帽（图 4.33）。锚杆孔内灌注的砂浆应饱满密实。

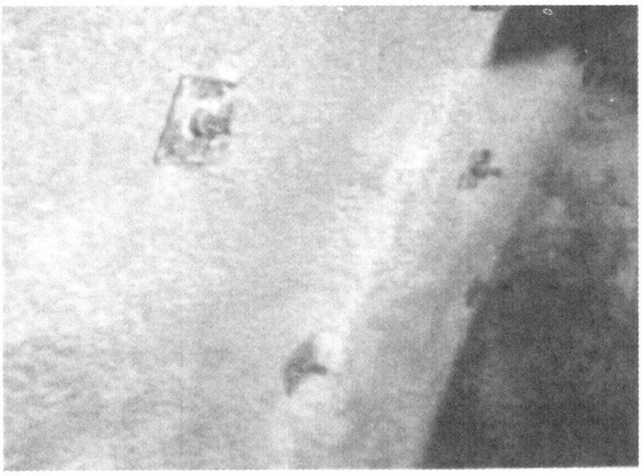

图 4.33　锚杆的垫板与螺帽

（5）药卷锚杆施工前应对药包做泡水检验，药包不应有受潮结块现象，药包宜在清水中浸泡，随用随泡。药包应以专用工具推入钻孔内，防止中途破裂，锚杆宜采用手送插入并转动锚杆，也可锤击安装，但不得损伤锚头螺纹。锚杆插到设计深度时，孔口应有砂浆流出，无流出时应补灌砂浆。如图 4.34。

（6）中空注浆锚杆施工时应保持中空通畅，并留有专门排气孔。中空注浆锚杆应有锚头、垫板、螺母、止浆塞等配件。注浆过程中，注浆压力应保持在 0.3 MPa 左右，待排气口出浆后，方可停止灌浆。如图 4.35。

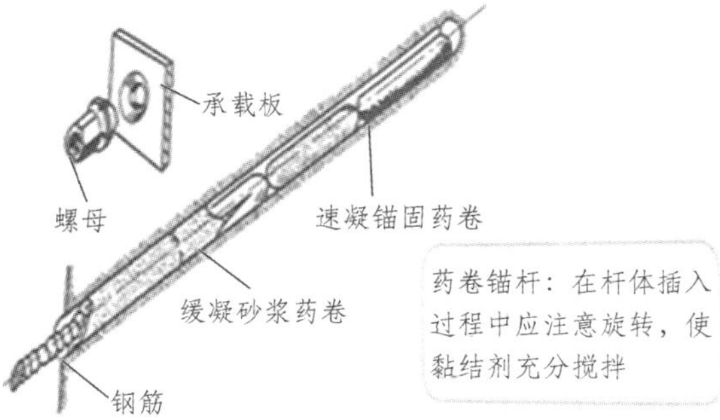

图 4.34　药卷锚杆

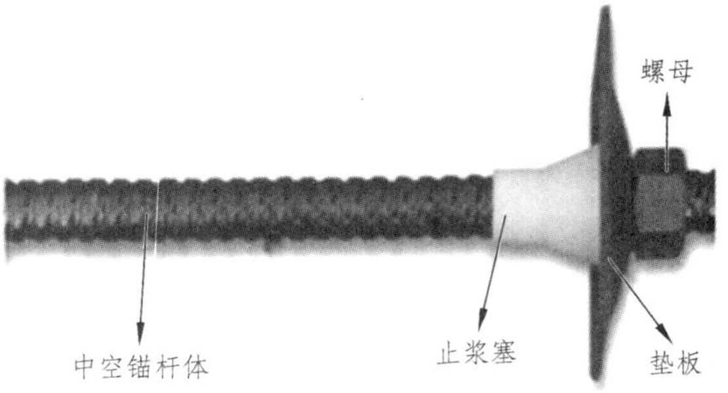

图 4.35　中空注浆锚杆

4.4.3　钢筋网

（1）钢筋网材料应满足设计要求，钢筋网钢筋在使用前应调直、清除锈蚀和油渍。

（2）应采用模具加工钢筋网，应在加工厂内加工成网片后运至隧道内使用，如图 4.36。

（3）钢筋网宜随受喷面起伏铺设，并在锚杆安设后进行，与受喷面间隙宜控制在 20 ~ 30 mm 之间，钢筋网应与锚杆或其他固定装置连接牢固，在喷射混凝土时不得晃动。钢筋网片搭接长度不得小于 30 倍钢筋直径，并不得小于一个网格长边尺寸，如图 4.37。

图 4.36　加工厂内钢筋网片加工

图 4.37　钢筋网片搭接

4.4.4　钢架

（1）钢架应采用工厂化集中加工制作，现场用螺栓联结牢固。钢架应分节段制作，每节段长度应根据设计尺寸及开挖方法确定，不宜大于 4 m。每片节段应编号，注明安装位置，如图 4.38。型钢钢架在洞外预制加工工字钢架用冷弯机制作，格栅拱架加工前，根据设计尺寸，先放出大样模型，在模型上进行格栅架组件焊接制作，制作完成后，安装前进行试拼装，检查合格后方可用于施工，如图 4.39。

图 4.38　型钢钢架加工图

图 4.39　钢筋格栅加工

（2）拱架接头钢板必须采用机械钻孔或者是机床加工，采用机械钻孔后孔口要用砂轮机清除毛刺和钢渣。严禁采用气割冲孔。如图 4.40 ~ 图 4.42。

图 4.40　钻孔加工连接孔

图 4.41　机床加工连接孔

图 4.42　连接板螺栓孔

（3）不同规格的首榀钢架加工完成后，应放在平地上试拼，周边拼装允许偏差为 ± 30 mm，平面翘曲应小于 20 mm。

（4）工字钢通过 A3 连接钢板和 4 个 M20 螺栓进行连接。钢格栅钢架采用 A3 角钢通过 4 个 M20 螺栓进行连接，同时钢架之间用符合设计要求的纵向连接筋焊接牢固。

（5）钢架连接处应焊加劲板（图 4.43），拱架与垫板连接处应焊角钢加强连接（图 4.44）。钢架的焊接提倡采用二氧化碳保护焊，提高焊接质量（图 4.45）。

图 4.43　钢架连接处焊加劲板

图 4.44　钢架与垫板连接处焊角钢加强连接

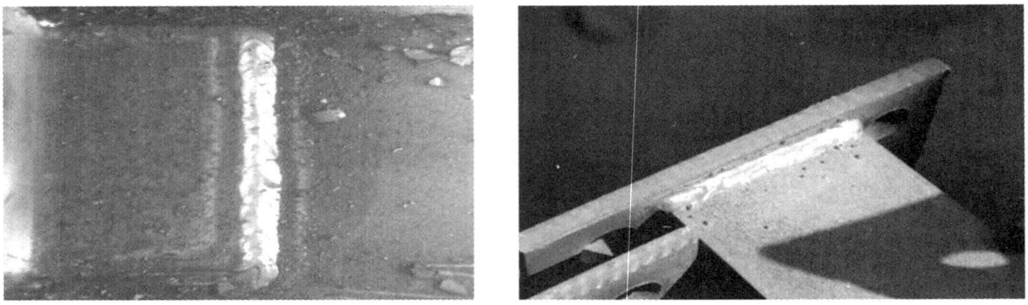

图 4.45　二氧化碳保护焊焊缝饱满，焊接质量良好

（6）初喷混凝土后及时安装钢架，钢架应垂直于隧道中线。钢架拱脚必须置于牢固的基础上，相邻两榀钢架之间必须用纵向筋连接牢固。钢架与围岩间隙应采用喷射混凝土填充密实，严禁采用片石回填。按设计要求施作锁脚锚杆，系统锚杆应与钢拱架焊接。

（7）钢架拱脚必须放在牢固的基础上，拱脚高度应低于上半断面底线 15 ~ 20 cm，当拱脚处围岩承载力不够时，应向围岩方向加设钢垫板、垫梁或浇注强度不低于 C20 的混凝土以加大拱脚接触面积。

（8）钢架安装间距必须符合设计要求。钢架安装时应垂直于隧道中线，竖向不倾斜，平面不错位，不扭曲。上、下、左、右允许偏差 ± 50 mm，钢架倾斜度应小于 2°。

4.4.5　初期支护质量要求和检测

（1）喷混凝土均匀密实，表面平顺光亮，无干斑或流滑现象。表面不平顺需补喷。施工过程可采用直尺进行平整度检查。平整度的要求为：$D/L \leqslant 1/6$（其中 L 为喷射混凝土相邻两凸面间距离；D 为喷射混凝土相邻两凸面间下凹的深度）。

（2）超挖部位必须用喷射混凝土回填或采用同强度等级的混凝土模筑，严禁人为预留空腔或掺填片石。

（3）喷射混凝土强度要求：

① 当同批试件组数大于等于 10 时，试件抗压强度平均值不低于设计值，任一组试件抗压强度不低于 0.85 倍设计值；

② 同批试件组数小于 10 时，试件抗压强度平均值不低于 1.05 倍设计值，任一组试件抗压强度不低于 0.9 倍设计值。

（4）锚杆数量和抗拔力的要求：

锚杆数量不少于设计；锚杆 28 d 抗拔力平均值大于等于设计值，最小抗拔力大于等于 0.9 倍设计值，抽检频率为锚杆数量的 1%，且不少于 3 根。

（5）项目业主必须委托有资质的专业检测单位对初期支护的混凝土强度、厚度、空洞情况、锚杆施工质量和钢拱架（钢格栅）间距进行全面检测，检测合格并经项目业主分管领导签字后方可进行下道工序。对检查不合格的项目，施工单位必须进行返工整改，并承担相应的检测费用。

4.4.6 超前管棚支护

（1）超前管棚（大管棚和小管棚）支护的管棚数量、材质、长度、布设范围、间距、外插角、外露长度以及数量应满足设计及规范要求。如图 4.46。

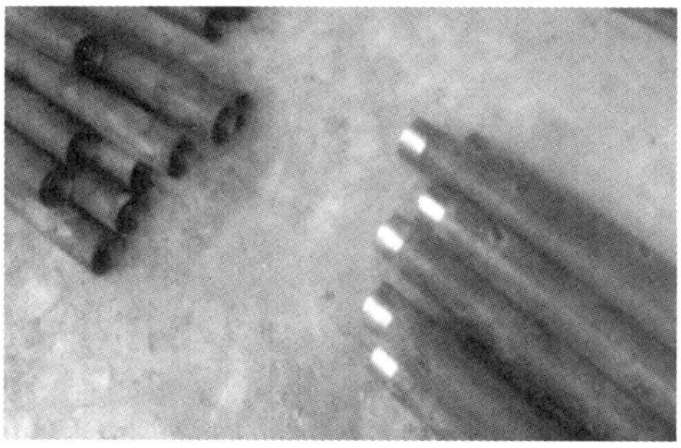

图 4.46　超前管棚加工丝扣

（2）管棚的安装精度及搭接要求等必须满足设计及规范要求，并采取措施（如钢筋或小钢管）控制好大管棚导向管的角度（一般设计值是 3° ~ 5°），外插角以不侵入隧道开挖轮廓线越小越好。如图 4.47。

图 4.47　大管棚外插角角度控制

（3）管棚采用无缝钢管制成，钢管前端做成尖楔状，便于插入孔中或直接打入。接长管棚钢管时，接头应采用丝扣连接，连接长度必须满足设计及规范要求，一般不应小于 15 cm。在管身按设计要求钻孔，以便浆液流出。如图 4.48。

图 4.48　超前小导管结构

（4）管棚的尾部封堵后应安装两个阀门，便于注浆及排气。管口用麻丝和锚固剂封堵钢管与孔壁间空隙。如图 4.49。

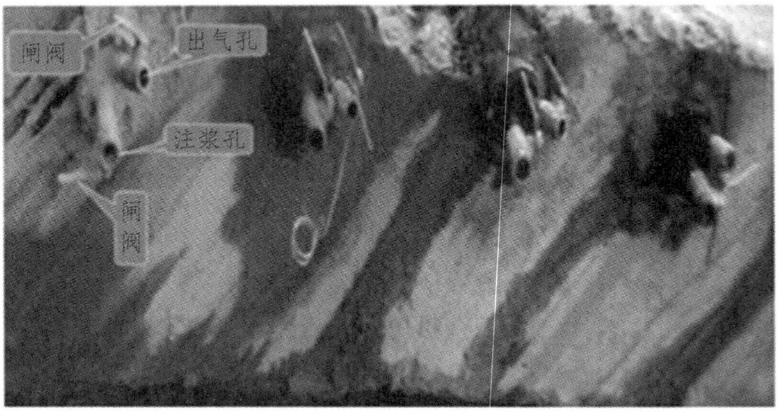

图 4.49 超前支护大管棚注浆设置的注浆孔及出气口

（5）注浆前应根据围岩性质选择合理的注浆设备和施工工艺，考虑采用单液浆还是双液浆，并确定合理的注浆初始压力、终压力及注浆量。监理单位应进行旁站，记录单孔注浆压力、单孔注浆量、注浆压力、总注浆量及注浆过程中有无跑浆漏浆的情况。小导管、大管棚的安装和注浆要有记录和影像资料。

4.5 仰拱与铺底施工

4.5.1 隧道设有仰拱时，应及时安排施工，使支护结构早闭合，改善围岩受力状况、控制围岩变形、保障施工安全。

4.5.2 仰拱顶上的填充层及铺底应在拱墙混凝土及二衬施工前完成，宜保持超前 3 倍以上衬砌循环作业长度，以利于衬砌台车模筑混凝土施工，铺底与掌子面距离Ⅴ级围岩不超过 60 m、Ⅳ级围岩不超过 80 m，洞口浅埋段、洞身软弱破碎围岩及有水地段铺底与掌子面距离不超过 35 m。

4.5.3 仰拱、铺底施工应采用搭过梁或栈桥施工方案，设临时车辆通行平台保证不中断运输，栈桥长度必须满足一模二衬的长度且栈桥两端着地长度至少 1.5 m，并用钢筋临时固定，以免车辆通行时滑动，如图 4.50。

图 4.50　仰拱栈桥

4.5.4　仰拱混凝土浇筑应采用桁架式整体钢模一次全幅浇筑，确保小边墙与仰拱同时浇筑，仰拱弧度符合设计要求且各部位仰拱混凝土能做到捣固密实，如图 4.51。桁架必须具有足够的刚度，防止混凝土施工时变形。仰拱端头模板应采用大块弧形钢模且支撑牢固，且确保环向止水带位置正确、牢固。如图 4.52。

图 4.51　仰拱桁架整体钢模图

图 4.52　仰拱中埋式止水带及弧形模板

4.5.5　仰拱钢筋应预弯，伸出长度应满足和二次衬砌环向钢筋焊接或搭接的长度要求，且将钢筋接头错开，使同一截面的钢筋接头不多于 50%。铺设时使用钢筋卡具，并采取辅助措施确保钢筋纵向间距及层间距符合设计要求。如图 4.53 ~ 4.56。

图 4.53　钢筋施工的辅助措施

图 4.54　仰拱钢筋定位措施及层间距检查

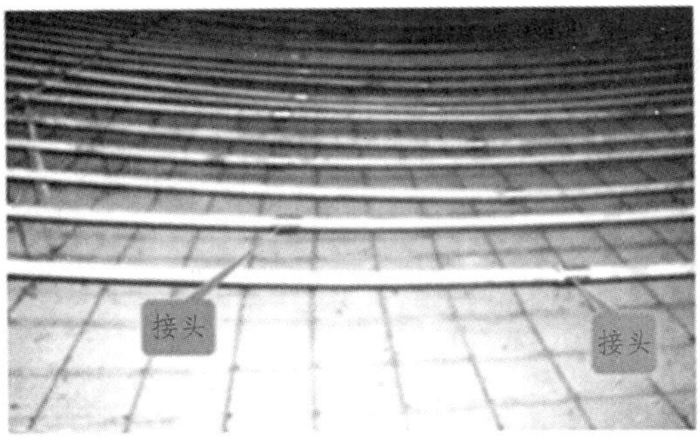

图 4.55　仰拱钢筋节头错开

图 4.56　仰拱钢筋间距均匀

4.5.6　“矮边墙”混凝土必须与仰拱混凝土同步施工，“矮边墙”混凝土顶面必须及时进行凿毛处理并冲洗干净，不得用拉毛代替凿毛，如图 4.57、图 4.58。

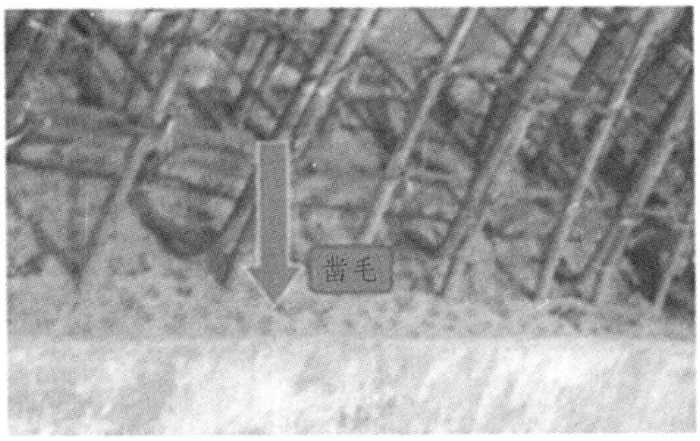

图 4.57　矮边墙顶面凿毛示意图

图 4.58　矮边墙顶面平整干净无杂物

4.5.7　仰拱混凝土灌注应连续进行，不得中断，填充混凝土灌注应在仰拱混凝土初凝后方可进行，不得与仰拱混凝土同步灌注。抑拱初支、仰拱及仰拱回填施工缝不能在同一里程，应错开一定距离，仰拱回填及仰拱施工缝处应凿毛处理，以加强施工缝处的结合，以利防水。如图 4.59。

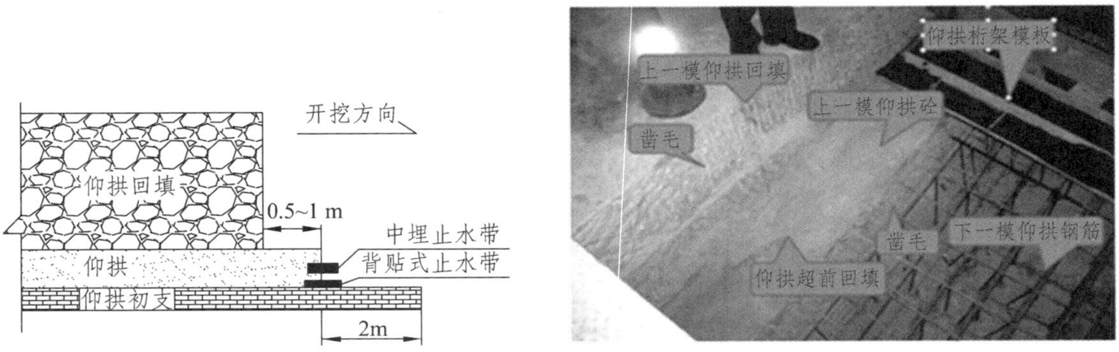

图 4.59　仰拱及仰拱填充施工要求

4.5.8 仰拱一次浇筑长度应与二衬台车长度一致，仰拱施工缝与二衬施工缝对齐，防止混凝土因收缩开裂。

4.5.9 隧道仰拱超挖在允许范围内，应采用与衬砌材料同等级的模筑混凝土回填，虚渣、泥浆等杂物必须清理干净，应对超挖过大的坑穴用 C20 片石混凝土回填密实，不得随意使用洞渣回填，严禁片石侵入衬砌断面。

4.5.10 隧道底两隅与侧墙连接处应平顺，避免引起应力集中，边墙钢架底部杂物应清理干净，保证与仰拱钢架连接良好。初支混凝土强度、厚度、钢架加工安装质量、钢架数量等应符合设计及规范要求。仰拱和铺底施工前应清除积水、杂物、虚渣等杂物。采用片石混凝土时，片石距离模板 50 cm 以上，片石间距应大于粗集料的最大粒径，并应分层摆放，捣固密实。建设单位可委托有资质的专业检测单位对仰拱及回填厚度、混凝土强度等参数进行检测。

4.6 防水与排水

4.6.1 施工防排水应结合实际情况及设计要求做好排水系统，完善防排水措施。

4.6.2 防、排水结构原材料应符合国家、行业标准，满足设计要求，并有出场合格证明，不得使用有毒、污染环境的材料。

4.6.3 土工布挂设前将钢筋、锚杆等尖锐物割除并用砂浆抹平，局部渗水处应先进行处理。土工布及防水排铺挂前必须进行隧道初支质量及净空检测，满足设计要求后方可进行施工，初期支护表面不平顺需补喷。平整度的要求为：拱脚 $D/L \leqslant 1/6$，拱顶 $D/L \leqslant 1/8$（其中 L 为喷射混凝土相邻两凸面间距离；D 为喷射混凝土相邻两凸面间下凹的深度）。土工布挂设采用热熔垫圈时，一般拱部间距 0.5 ~ 0.7 m，边墙间距 0.8 ~ 1.0 m，呈梅花形排列。如图 4.60 ~ 图 4.61。

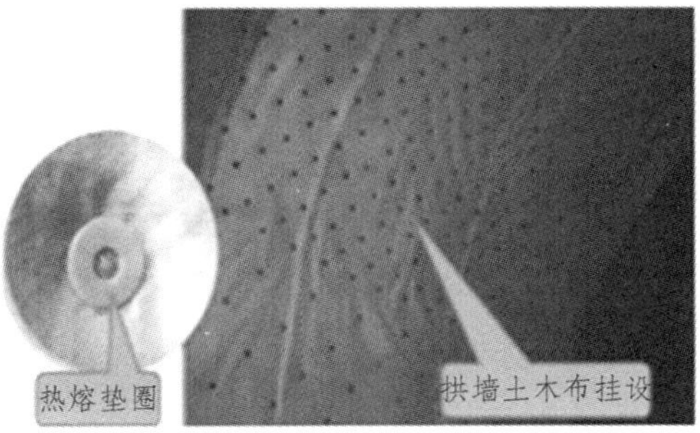

图 4.60　土工布挂设

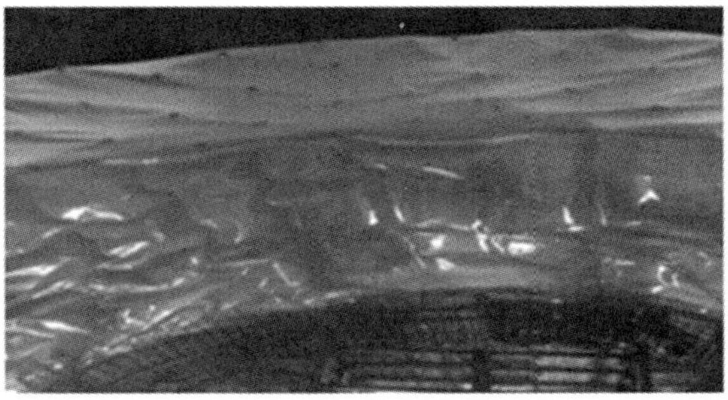

图 4.61　防水板挂设

4.6.4 防水板幅宽宜为 2～4 m，铺设采用专用台架。防水板铺设应超前二衬施工 1～2 衬砌段。防水板应采用无钉铺设，并留有余量，防水板与初期支护或岩面应密贴。

4.6.5 防水板必须采用双缝焊接，搭接宽度不小于 100 mm，焊缝应严密，单条焊缝的有效焊接宽度不应小于 12.5 mm，不得焊焦焊穿，防水板施工好后应做好保护，防止钢筋、焊接作业等破坏防水板。防水板焊缝采用“气密性检验法”检查。

4.6.6 纵向止水带采用固定夹具施工，确保止水带顺直、水平；环向止水带须采取措施固定牢固，确保止水带位置正确、圆顺；背贴式止水带必须密贴基面，并伸入相邻衬砌各一半。提倡使用钢端模和复合橡胶封堵新工艺，以保证环向中埋式止水带的安装效果。如图 4.62～图 4.66。

图 4.62　纵向中埋式止水带采用固定夹具

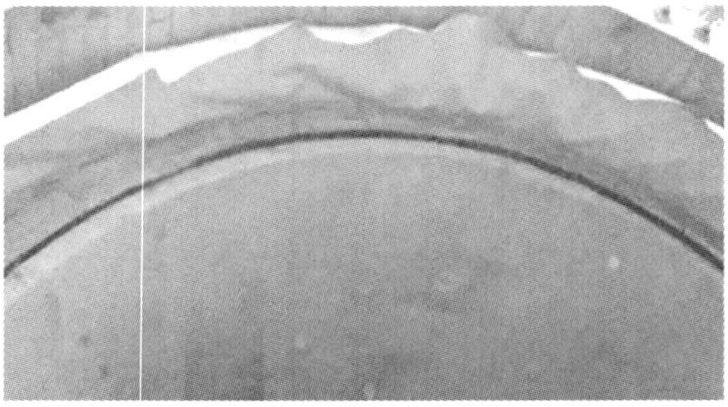

图 4.63　环向中埋式止水带安效果

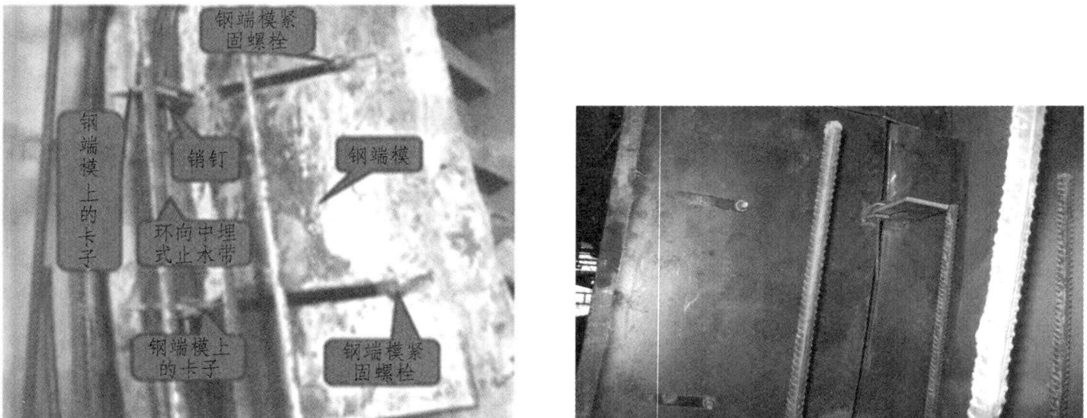

图 4.64　二衬钢端模示意图（左图已安装环向止水带，右图中还未安装止水带）

图 4.65　二衬端头复合橡胶封堵意图

图 4.66　二衬端头复合橡胶封堵拆模后

4.6.7　应按设计间距设置洞内环向盲沟，水量较大段适当加密，环向盲管的底部应设“三通”与墙脚纵向排水管相连，纵向排水管与横向排水管之间应采用“三通”连接。纵向、环向排水管均应用土工布包裹，“三通”连接处应采用小钢丝绑扎，防止“三通”连接处脱落。

4.6.8　纵向排水管用防水板进行反包，并在防水板上剪一个圆孔，将“三通”接头的出水口穿过该孔。施工中应采用钢筋等辅助措施固定排水管，控制排水管的高程和坡度，防止混凝土浇筑、振捣过程中摆动，确保排水畅通。如图 4.67 ~ 图 4.69。

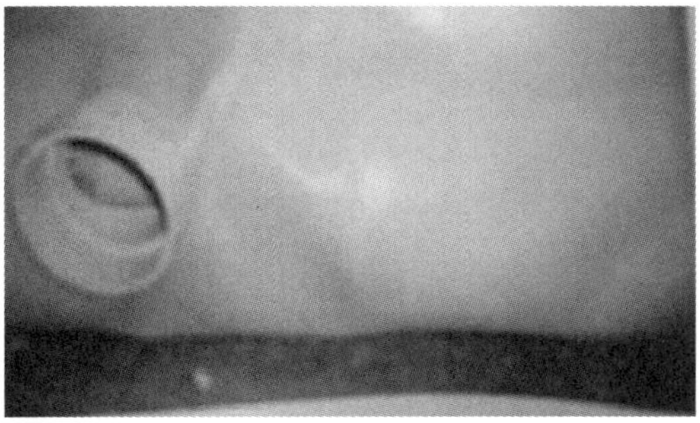

图 4.67　三通接头出水口穿过防水板孔

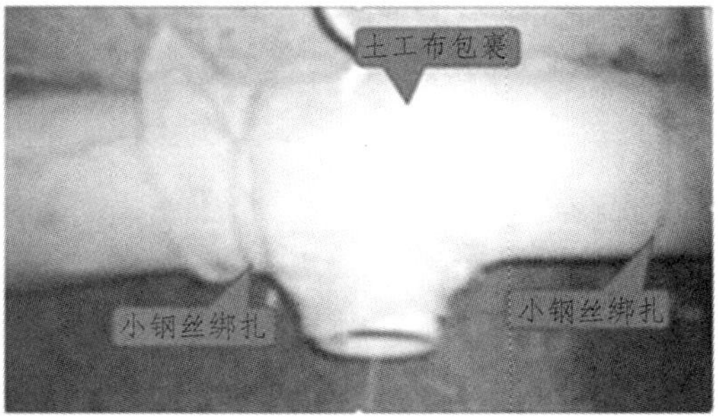

图 4.68　土工布包裹三通接头并绑扎

图 4.69　钢筋固定排水管

4.7 二次衬砌

4.7.1 洞口段二次衬砌必须及时施作，掘进超过 50 m 的，必须停止开挖进行二次衬砌施工。洞身段Ⅴ级围岩二次衬砌与掌子面距离不得超过 70 m，Ⅳ级围岩洞身段二次衬砌与掌子面距离不得超过 90 m。

4.7.2 二次衬砌施工前隧道中线、水平、断面和净空尺寸应符合设计要求。

4.7.3 二次衬砌及仰拱混凝土应满足设计的强度、防水性、耐久性等要求，原材料应进行检验，材料的标准、规格应符合现行行业标准《公路工程质量检验评定标准》JTG F80 的有关规定。

4.7.4 二次衬砌除特殊断面外，应采用移动式模板台车，拱、墙整体浇筑。二次衬砌拱墙施工缝应与仰拱施工缝在同一里程。

4.7.5 衬砌台车的制造必须符合设计断面要求并具有足够的强度、刚度和稳定性，且充分考虑到通风管通过的需要。

4.7.6 二次衬砌钢筋现场安装采用专用钢筋安装台架，安装钢筋时，采取钢筋卡等辅助措施保证钢筋间距及保护层厚度满足设计要求。如图 4.70 ~ 图 4.71。

图 4.70　二次衬砌钢筋施作专用台架及辅助措施

图 4.71　二次衬砌钢筋采用混凝土垫块确保钢筋保护层厚度

4.7.7 衬砌钢筋连接应符合以下要求：

（1）横向筋与纵向筋的每个节点均必须进行绑扎或焊接。

（2）受力主筋的搭接应采用焊接，焊接搭接长度及焊缝应满足设计要求。

（3）相邻主筋搭接位置应错开，错开距离应不小于 1 000 mm，如图 4.72。

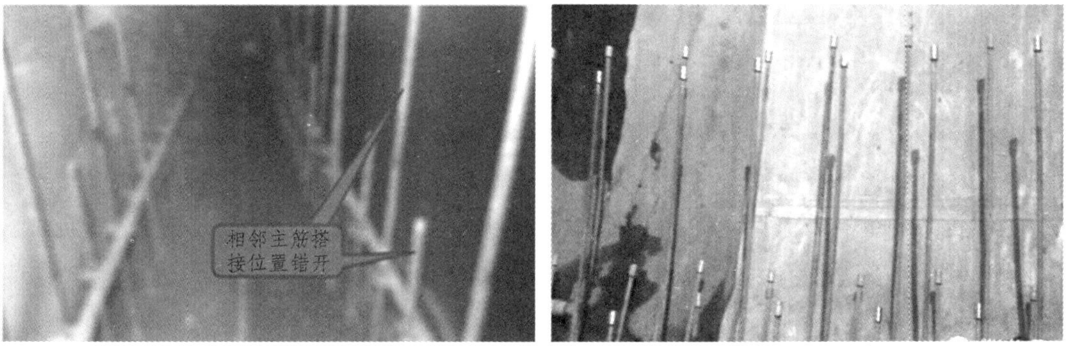

图 4.72 相邻主筋搭接位置错开

（4）同一受力钢筋的两处搭接，距离应不小于 1 500 mm。

（5）箍筋连接点应在纵向筋的交叉连接处，必须进行绑扎或焊接，以保证两层主筋之间的间距。

4.7.8 二次衬砌混凝土捣固应采用人工与附着式振捣器相结合方式，确保各部位混凝土充分捣固密实，尤其是与施工缝部位的混凝土（环向、纵向）。每部台车上附着式振捣器不得少于 20 个。

4.7.9 混凝土浇筑前必须将小边墙上的杂物、油污等清理干净。混凝土的坍落度一般控制在 13 ~ 18 cm，根据混凝土灌注部位不同，墙底混凝土坍落度宜取小值，拱部混凝土坍塌落度宜取大值。在保证混凝土可泵性的情况下，宜尽量减小混凝土的坍落度，并提高混凝土的和易性、保水性，避免混凝土泌水。

4.7.10 混凝土由下至上分层、左右交替、从两侧向拱顶对称灌注，多窗口布料。两侧混凝土灌注高差宜控制在 50 cm 以内，同时应合理控制灌注速度。混凝土不得直接冲击防水板面流至浇筑位置，垂直距离应控制在 1.2 m 以内，以防混凝土离析，也不得在同一窗口布料让混凝土自然流动到浇筑位置。

4.7.11 不承受外荷载的拱墙混凝土强度应达到 5.0 MPa 以上方可拆模，当拱墙二次衬砌施工时围岩未稳定，需要承受围岩压力时，拆模时间应满足规范要求。

4.7.12 拱部衬砌浇筑时，应在拱顶预留注浆孔，注浆孔间距应不大于 3 m，且每模板台车范围内的预留孔应不少于 4 个。

4.7.13 二次衬砌拆模后应立即进行养生，洞口段 100 m 混凝土养护期不少于 14 天，洞身段养护期不少于 7 天。在寒冷地区，应做好衬砌的防寒保温工作。如图 4.73 ~ 图 4.74。

图 4.73　人工喷水养护混凝土

图 4.74　自动喷水养护混凝土

4.7.14　在围岩对衬砌有不良影响的硬软岩分界处，应设置沉降缝，明洞衬砌与洞内衬交界处或不设明洞的洞口段衬砌在距洞口 5 ~ 12 m 的位置应设沉降缝，在连续Ⅴ、Ⅳ级围岩中每 30 ~ 80 m 应设沉降缝。在严寒地区，应在洞口和易受冻害地段设置伸缩缝。衬砌的施工缝应与设计的沉降缝、伸缩缝结合布置。

4.8　附属设施工程

4.8.1　设备洞、横通道及预留洞室。

（1）各类洞室及横通道的开挖及支护应满足设计及规范要求。

（2）设备洞、横通道及其他各类洞室的永久性防、排水工程，应与正洞一次同时完成。

4.8.2　水沟、电缆沟。

（1）水沟、电缆槽开挖应与边墙基础开挖同时进行，不得在边墙浇筑后再爆破开挖。

（2）电缆沟内墙与边墙应连接牢固，浇筑前底板及边墙应凿毛，必要时可加设短钢筋，竖向要在模板外立斜撑，斜撑用钢管加丝杠相结合改制而成。水平方向两模板之间用螺栓连接，通过拉杆固定好模板的位置。模板安装后进行校正，检查模板的断面尺寸、标高、轴线位置、接缝宽度、垂直度。如图 4.75 ~ 图 4.77。

（3）水沟可采用预制或现浇，采用预制边沟安装时应保证边沟接头紧密、不渗漏，与相邻路面接缝平整，现浇时宜采用整体移动式模架施工。水沟、电缆槽施工前应检查排水管是否堵塞，要将衬砌背后的水接入边沟。如图 4.78 ~ 图 4.79。

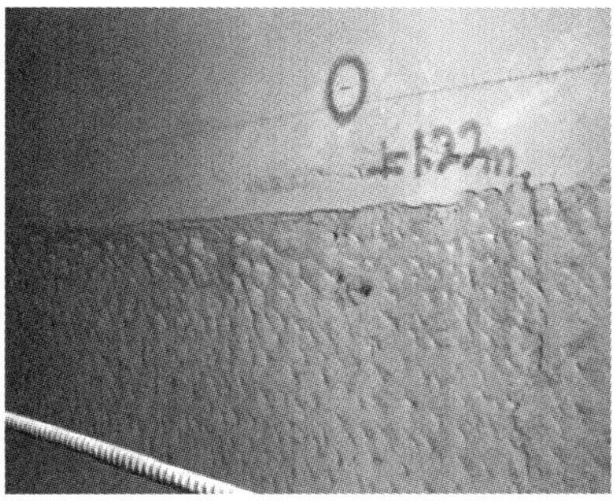

图 4.75　矮边墙侧面混凝土凿毛

图 4.76　模板垂直度检查

图 4.77　立模轴线控制点

图 4.78　隧道水沟、电缆槽整体模架

图 4.79　安装后的电缆沟及排水沟盖板

4.8.3　蓄水池。

（1）蓄水池混凝土的浇筑应做到外光内实，无渗漏，并选择在地基坚固处。

（2）在混凝土达到设计强度后，应进行注水试验。

（3）设置避雷设备时，应进行接地电阻试验，其冲击接地电阻应符合设计要求。

4.8.4　预埋件。

（1）通风机的机座与基础应按设计要求施工。

（2）水泵基础应稳固可靠，并按设计要求埋设水泵地脚螺栓或预留孔位。

（3）安装工程所用各种预埋件应按设计进行防锈蚀处理。

（4）预埋管件按照设计要求选用合格材料，严格按照设计要求进行埋设。

4.9　瓦斯隧道施工

4.9.1　施工前应编制专项施工方案、超前地质预报方案、施工通风设计方案、瓦斯监测方案、应急预案、作业要点手册等，并按照现行行业标准《公路工程施工安全技术规范》JTG F90 的要求组织专家对相关方案进行评审。开工前还必须对施工作业及管理人员进行安全技术培训和考核。爆破、电工、瓦检等特种作业人员必须持证上岗。如图 4.80 ~ 图 4.81。

图 4.80　瓦斯隧道安全管理培训会

图 4.81　瓦斯监测专题会

4.9.2　钻爆要求

（1）瓦斯工区钻爆作业应符合下列要求：

① 开挖工作面附近 20 m 风流总瓦斯浓度必须小于 1.5%；

② 必须采用湿式钻孔，所有炮眼装药后的剩余部分应采用炮泥封堵。

（2）瓦斯工区的爆破作业必须采用煤矿许用炸药和煤矿许用雷管，并应使用防爆型发爆器起爆，一个开挖工作面不得同时使用两台或以上起爆器起爆。严禁使用秒或半秒级电雷管。使作煤矿许用毫秒延期雷管时，最后一段的延期时间不得大于 130 ms。

（3）瓦斯工区采用电雷管起爆时，严禁反向装药。采用正向连续装药结构时，雷管以外不得装药卷。在煤层中爆破，装药长度不得大于炮眼深度的一半。

（4）在瓦斯工区和高瓦斯工区进行爆破作业时，爆破 15 min 后应巡视爆破地点，检查通风、瓦斯、煤尘、瞎炮、残炮等情况，遇有危险必须立即处理。在瓦斯浓度小于 1%、二氧化碳浓度小于 1.5%，解除警戒后工作人员方可进入开挖工作面。在揭开有煤与瓦斯突出危险的煤层时，应遵守《铁路瓦斯隧道技术规范》相关安全规定。

（5）揭煤地段施工宜采用微振动控制爆破掘进，并应根据煤层产状、厚度范围选定石门揭煤方法，爆破后应及时喷锚支护、封闭瓦斯，仰拱、二次衬砌应及时施工，衬砌背后应及时压浆填充空隙。

（6）严格执行实行“一炮三检”“三人连锁”放炮制度。

4.9.3　施工通风

（1）瓦斯隧道的施工组织设计中，应编制全隧道和各工区的施工通风设计，并按照现行行业标准《公路工程施工安全技术规范》JTG F90 的要求组织专家对相关方案进行评审。

（2）高瓦斯工区和瓦斯突出工区，施工通风方式宜采用巷道式。局部通风不良的地方，应采用局扇进行局部通风，驱散瓦斯等有毒有害气体，将其浓度降低至安全范围。

（3）瓦斯隧道施工期间应实施连续通风，因停电、检修等原因停电，必须撤出人员，切断电源。瓦斯工区必须有一套同等性能的备用通风机（图 4.82），并经常保持良好的使用状态。瓦斯工区的通风机应设两路电源，并应装风电闭锁装置。当一路电源停止供电时，别一路应在 15 min 内接通，保证风机正常运转。

（4）高瓦斯工区和瓦斯突出工区宜配备双风机双风管（图 4.83），并且风管均接至掌子面附近，当一路通风出现故障时，立即启动另一路通风，当出现瓦斯聚集时，可同时开启两台通风机，加强通风。

图 4.82　瓦斯工区备用的双风机

图 4.83　高瓦斯工区配备的双风机双风管

（5）瓦斯突出隧道掘进工作面附近的局部通风机，均应实行专用变压器、专用开关、专用线路供电、风电闭锁、瓦电闭锁装置。

（6）瓦斯隧道应采用抗静电、阻燃的风管。风管口到开挖面的距离应小于 5 m，风管百米漏风率应不大于 2%。

4.9.4　电气设备与作业机械

（1）低瓦斯工区的电气设备与作业机械可使用非防爆型，其行走机械严禁驶入高瓦斯工区和瓦斯突出工区。

（2）高瓦斯工区及瓦斯突出工区内所有电气设备与作业机械必须使用防爆型。机械设备防爆应满足《矿用防爆柴油机通用技术条件》MT990、《矿用防爆柴油机无轨胶轮车通用技术条件》MT/T989 以及设计及相关规范的要求。

（3）高瓦斯工区和瓦斯突出工区供电应配置两路电源，工区内采用双电源线路，电源线不得分接隧道以外任何负荷。

（4）照明、手持式电气设备的额定电压和电话、信号装置的额定供电电压，在低瓦斯工区不应大于 220 V，在高瓦斯工区和瓦斯突出工区不应大于 127 V。

（5）瓦斯工区内固定敷设的照明、通信、信号和控制用的电缆应采用铠装电缆、不延燃橡套电缆或矿用塑料电缆，移动变电站应采用钢芯监视型屏蔽橡套电缆。

（6）瓦斯工区照明灯具的选用，应符合下列规定：

① 已衬砌地段的固定照明灯具，可采用 EM Ⅱ型防爆照明灯；

② 开挖工作面附近的固定照明灯具，必须采用 EXd Ⅰ型矿用防爆照明灯；

③ 移动照明必须使用矿灯。

（7）高瓦斯工区和瓦斯突出工区内的局部通风机和开挖工作面的电气设备，必须装设风机闭锁装置，局部通风机停止运转时，应立即自动切断局部通风机供风区段的一切电源。

（8）经由地面架空线路引入隧道内的供电线路，必须在隧道洞口处装设避雷装置。电器设备的金属外壳、构架等，都必须有保护接地。

4.9.5 瓦斯监测、检测要求

（1）施工前应编制瓦斯监测方案，施工过程中严格按照方案实施。

（2）应建立专门机构，并设专人做好瓦斯检测、记录和报告工作，瓦斯监测员应按照相关规定经专业机构培训，并应取得相应的从业资格。

（3）各作业面应配置瓦检仪，高瓦斯工区和瓦斯突出地段应配置高浓度瓦检仪和自动检测报警断电装置，瓦斯隧道人员聚集处应设置瓦斯自动检测报警仪，仪器数量、设置位置和悬挂方式必须符合设计及相关要求。瓦检仪应悬挂在高处，离隧道拱顶 20 cm 的距离，硫化氢气体检测仪悬挂在隧道侧壁，距离隧道侧壁 20 cm，不得紧贴隧道壁悬挂。检测探头前后不能有任何遮挡物，以免影响检测效果。如图 4.84 ~ 图 4.87。

图 4.84　开挖台架上设置的瓦斯探头

图 4.85　钢筋台架上设置的瓦斯及风速探头

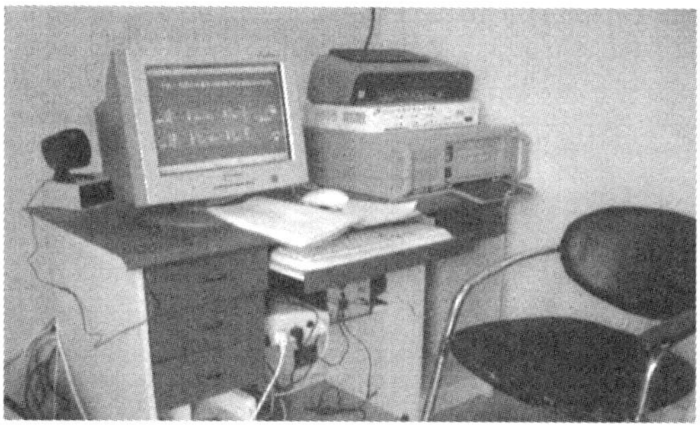

图 4.86　瓦斯自动检测系统监控室

图 4.87　掌子面瓦斯人工检测

（4）瓦斯含量在 0.5% 以下时，应每 0.5 ~ 1 h 检测一次，瓦斯含量高于 0.5% 时，应随时检测，不得离开，并随时报告瓦斯浓度。

（5）瓦斯隧道应专人管理各种有毒有害气体监测、检测仪器设备，建立专用台账，按照《煤矿安全规程》（2016 年版）等相关要求及时检验、校验瓦斯监测、检测仪器设备的精度。有毒有害气体监测、检测仪器设备用标气自行校核一般 10 天一次，并做好相应的记录，送往有资质的单位检校不超过半年一次，并出具相应的证书。如图 4.88 ~ 图 4.90。

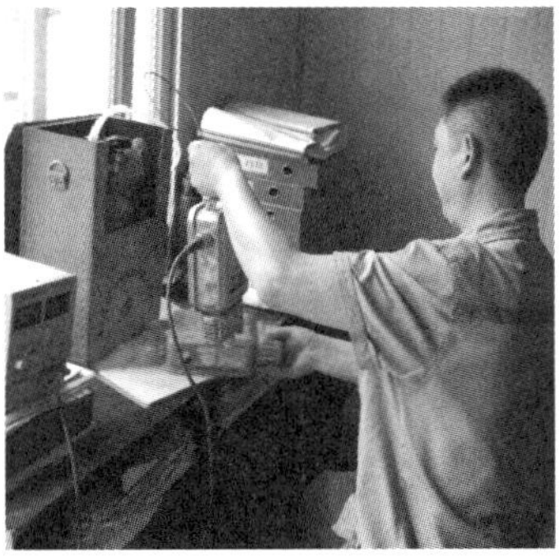

图 4.88　标气校核传感器

图 4.89　瓦检仪的检验证书

图 4.90　传感器的检验证书

4.9.6　瓦斯隧道洞口必须设置门禁系统和视频监控系统，并设门岗对进入隧道的人员进行检查，防止火源和其他违禁物品进入隧道。进入瓦斯隧道的人员必须在洞口进行登记，严禁穿着易于产生静电的服装进入瓦斯工区，进入瓦斯突出工区的人员必须携带自救器。如图 4.91 ~ 图 4.92。

图 4.91　瓦斯隧道的门禁

图 4.92　瓦斯隧道洞口的视频监控

4.9.7　瓦斯隧道应建立专门的机构进行通风、防突、防爆及瓦斯检测工作，设置消防设施，制定应急救援预案并加以演练，配备应急救援的物资和设备。高瓦斯工区和瓦斯突出工区应配备救护队。如图 4.93 ~ 图 4.94。

图 4.93　瓦斯隧道应急救援预案演练　　　　图 4.94　瓦斯隧道应急抢险物资

4.9.8　洞内作业带班人员、隧道管理人员、安全人员和检查人员进入隧道，必须携带便携式瓦斯检测报警仪（图 4.95），带班人员作业时，将携带的便携式瓦斯检测报警仪挂在高处，随时检测瓦斯浓度。

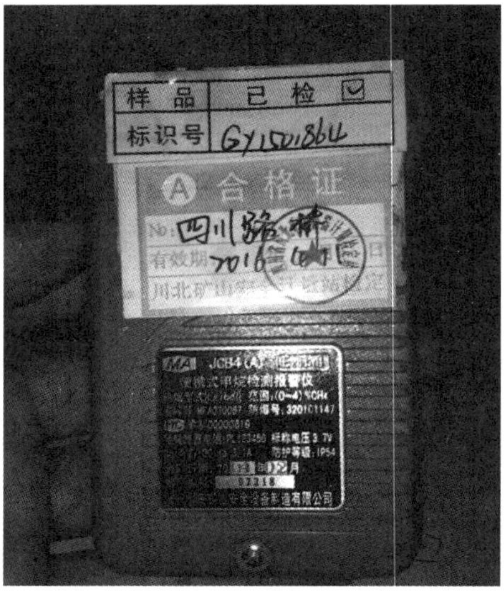

图 4.95　便携式甲烷检测报警仪及其检验合格证

4.10　高海拔隧道施工

4.10.1　进入高海拔施工的职工，应先进行体检，有心脏病或其他比较严重疾病不适合在高海拔地区工作的人员不能进入高海拔地区施工。

4.10.2　高海拔隧道一般气温较低，当室外日平均气温连续 5 天稳定低于 5 °C（昼夜平均气温低于 +5 °C 或最低气温低于 –3 °C 时），按冬季施工的要求施工，施工单位应编制冬季施工方案，对冬季施工方案进行交底和培训。现场填写详细技术交底，交到所有操作人员手中，明确职责，方准上岗。根据规范要求和冬天的气温情况，做好冬季施工混凝土、砂浆及掺外加剂的试配试验工作，提出施工配合比。

4.10.3 机械设备

（1）可根据气温选用合适标号的柴油，柴油的凝固点不低于最低气温。每日施工完毕后排空水箱余水，防止冻结，对有特别要求的机械开进车库保温。在冰雪天气作业的车辆安装防滑链。机械加强保养，勤检查，多观察，防止设备冻裂。

（2）混凝土运输采用搅拌车运输，为减少拌制好的混凝土在运输过程中的热量损失，在搅拌车的罐体外面应覆盖保温的棉罩或其他保温罩，如图 4.96，使混凝土在运输过程中的热量损失减少，混凝土入模时检测混凝土温度。

图 4.96 混凝土运输车覆盖保温罩保温

（3）高海拔隧道施工机械施工效率低，必要时可增设涡轮增压装置。

4.10.4 保温加热措施

（1）在拌和站操作平台、拌和机上、料仓上方安装保温房，配置热鼓风机等措施，保证房内和拌和机温度，屋内放置温度计，实时检查室内气温、主机温度以及混凝土拌和物温度，将其温度控制在 10 °C 以上。

（2）当外界温度较低施工混凝土的原材料须加加热时，优先考虑加热水的方法，热水来源可采用太阳能热水站，太阳能热水站不足时可考虑锅炉加热拌和用水。混凝土的搅拌温度，考虑搅拌、运输和浇筑过程中的热量损失。当外界温度较低，只加热拌和水尚不能满足混凝土的出机温度要求时（不低于 15 °C），还必须对砂和碎石骨料进行加热。

（3）砂石料堆放场地须全封闭，留一条装载机、汽车作业通道，未作业时用棉被将通道口封闭。当不能满足混凝土的出机温度时，可采用地暖、热鼓风机对砂和碎石骨料进行加热，实时测定料堆温度，并将其控制在 10 °C 以上。水泥不得直接加热，使用前宜运入保温棚内存放。如图 4.97 ~ 图 4.100。

图 4.97　砂石料堆放场地全封闭

图 4.98　料场堆放场地设置的地暖加热管

图 4.99　加热砂石料的超低温机

图 4.100　料场内设置的热鼓风机

4.10.5　水温较低时可采用电锅炉热水器、太阳能等加热装置，将水温加热至 55 °C 左右。安装增压水泵，铺设管道将热水引至拌和站、料石场堆放场、生活区等地方使用。

4.10.6　投料前先用热水冲洗搅拌机，其投料顺序与材料加热条件相适用，一般先投入骨料和加热的水，待搅拌一定时间水温降低到 35 °C 左右时，再投入水泥继续搅拌到规定的时间，其搅拌时间比常温搅拌的时间延长 50%。

4.10.7　洞口采用特制保温门帘封闭隧道，进入隧道后可根据需要增设数道保温门帘进行保温，必要时在里层门帘内隧道上部安装电热风幕进行升温，保证隧道内温度高于 5 °C。

4.10.8　搅拌混凝土前，进行热工计算，并经试拌确定原材料所需的最高温度，保证混凝土出机温度不低于 15 °C，入模温度不低于 5 °C。

4.10.9　冬季混凝土也可掺用早强剂、防冻剂等添加剂拌制，以降低其冰点，使混凝土在负温下硬化。混凝土浇筑的过程中和浇筑完成后，均应对混凝土的温度进行测试，最低温度不得低于 5 °C。

4.10.10　初期支护喷射混凝土施工技术措施。

（1）喷混凝土施工前对钢筋网片及钢拱架表面进行清理，去除灰尘及污垢。同时应采取热鼓风机等加温设备保证洞内混凝土施工温度达到 5 °C 以上。

（2）喷混凝土料运输罐车直接开至洞内作业地点，对喷混凝土料到场温度进行检查，不得低于 5 °C。

（3）将电锅炉生产的热水通过洞内水管增压后引至作业面，喷射混凝土采用热水，喷射混凝土施工完成后可洒热水养护，并实时检测温度。

4.10.11 高海拔地区空气中的氧含量较平原地区少，工作或生活时会感到不适，工作效率低，应备有一定数量的袋装或瓶装氧气备用，必要时可考虑在隧道洞口、宿舍区修建制氧站，通过管道延伸至隧道内作业面，特长隧道可考虑在隧道内适当位置建立制氧站。如图 4.101 ~ 图 4.102。

图 4.101 制氧机

图 4.102 室内人员吸氧设备

4.10.12 附属设施的保温养护措施

1）高压风管保温。

洞外高压风管及洞内 100 m 高压风管包裹保温材料保温。洞外风管架空，离开地面，减少低温环境的影响。施工中，及时做好管内积水的排放工作，洞口 300 m 范围内，每增加 100 m 左右设置一积水罐，安装排水阀门，供风前及供风后分别打开阀门以排出冷凝水，避免冻结堵塞。

2）高压水管。

从高位水池引至洞口的高压水管用 5 cm 厚保温材料包裹，并 24 h 排放，使水处于流动状态，防止其结冰阻塞管道。

3）便道维护措施。

（1）禁止在便道上洒水，防止因洒水结冰导致路面打滑。

（2）降雪后，及时安排铲车及人员对施工便道进行除雪，保证道路通行需要。

（3）派人及时清除便道上的积冰，防止路面打滑而引发安全事故。

4）住宿区保温方法。

施工人员住宿区应采用保温材料修建板房，每个房间应安装水暖或其他取暖装置，取暖装置优先考虑使用太阳能。同时配发电热毯、防寒服装等。

4.11 岩溶隧道施工

4.11.1 认真阅读设计图纸及勘察资料，熟悉岩溶段落、岩溶特征、富水段位置、涌水量大小等与岩溶有关的参数。

4.11.2 进行隧道地表踏勘，了解隧道地表岩溶出露情况、地表水系、径流、是否存在岩溶洼地及落水洞、主要的蓄水点及出水点、地表水的主要补给途径。

4.11.3 超前地质预报。

（1）隧道掘进至距离设计岩溶段落 50 m 时，应加强超前地质预报。岩溶段超前地质预原子采取长距离宏观预报与短距离准确预报相结合，隧道内探测与洞外地面调查相结合，地质与物探方法相结合，开展多层次、多手段的综合超前地质预报，先探后掘，在通过超前预报判断无异常及危险前，不得掘进施工。超前地质预报主要采用物探及钻孔进行，并结合地质调查法，长期预报采用 TSP 或 TRT 进行，短期预报采用地质雷达及钻孔，钻孔可根据具体情况决定取芯或不取芯。需探水时，采用红外探水或瞬变电磁仪进行。

（2）一般岩溶地段可施作一个钻孔探水，在掌子面中间位置施作，当岩性较差时该钻孔须取芯。当探水孔发现涌水较大或有其他异常情况时，可再增加 1 ~ 3 个钻孔；当涌水情况及围岩复杂时，至少施作 5 个钻孔，至少一个孔取芯，钻孔布置如图 4.103 和图 4.104 所示。探水孔的钻进要对出水位置、流量、水压及出水状态做详细记录。超前探水孔的深度应不小于 30 m，搭接长度不小于 5 m。

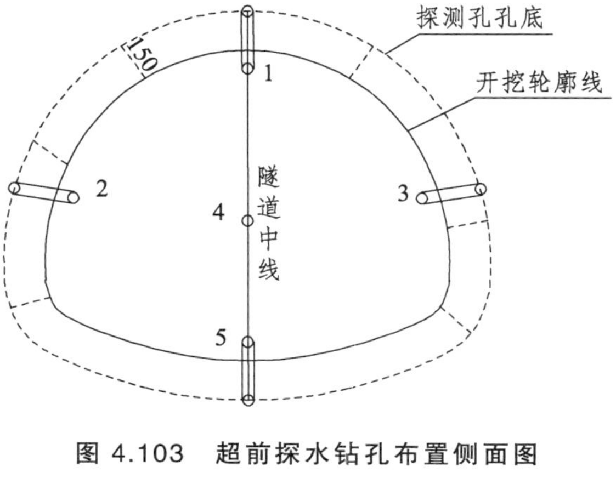

图 4.103 超前探水钻孔布置侧面图

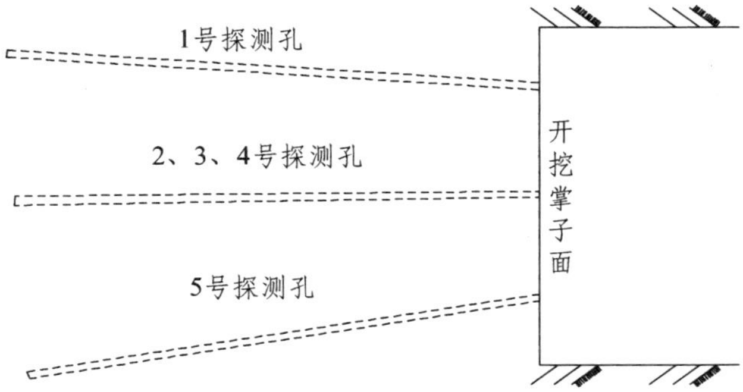

图 4.104 超前探水钻孔布置立面图

（3）钻开挖炮眼，至少 5 个炮孔加深至 5 m，如炮眼有较大涌水时应向有关方面报告，以便及时处理。

（4）超前地质预报时，不仅要对掌子面进行探测，还要对已开挖的隧道周边及隧道底部进行探测，以便发现隧道周边及底部的溶洞及其他异常情况，进行安全评估，及时采取处治措施。

4.11.4 岩溶及岩溶水处治措施

（1）隧道遇到岩溶危害时，可按其对隧道产生的影响情况及施工条件，结合综合物探、钻探、地质调查等情况，制定岩溶地层处治措施，包括超前注浆堵水、岩溶、暗河、突水涌泥处置动态施工方案，并组织专家审查方案。

（2）对于一般岩穴及填充物溶腔的处理，可根据综合物探及超前预报成果、岩溶洞穴大小及与隧道的空间关系、有水无水情况等具体情况，采用封闭、换填、跨越、堵塞、加固、支撑桩、注浆堵水等处理措施，保证结构和施工安全。如图 4.105～图 4.110。

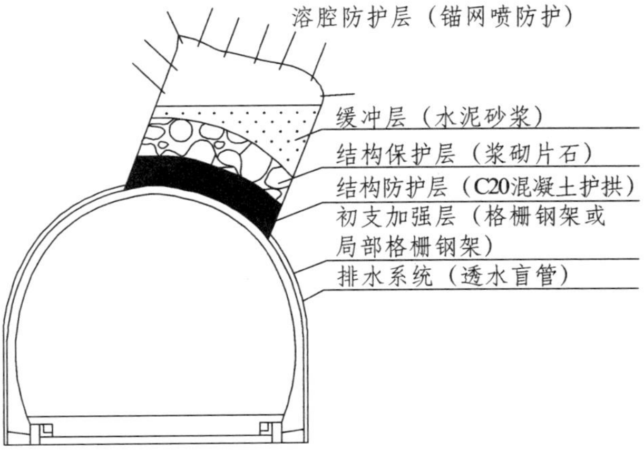

图 4.105 顶部无水溶穴封闭处理

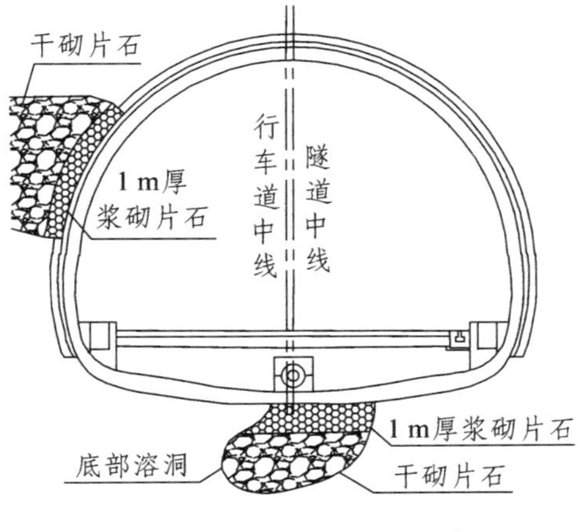

图 4.106 底溶无水溶穴回填处理

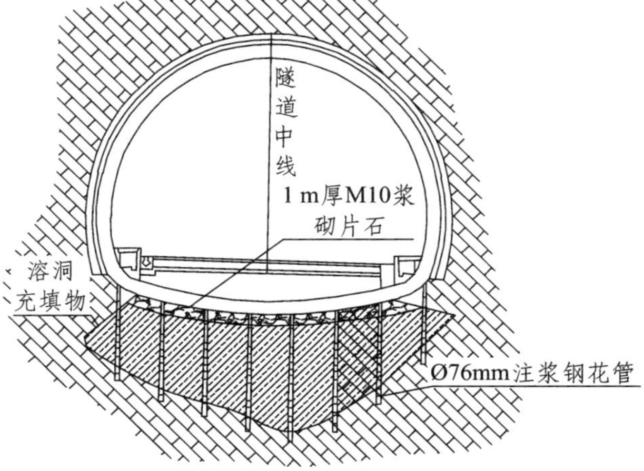

图 4.107　底部充填物钢花管注浆加固

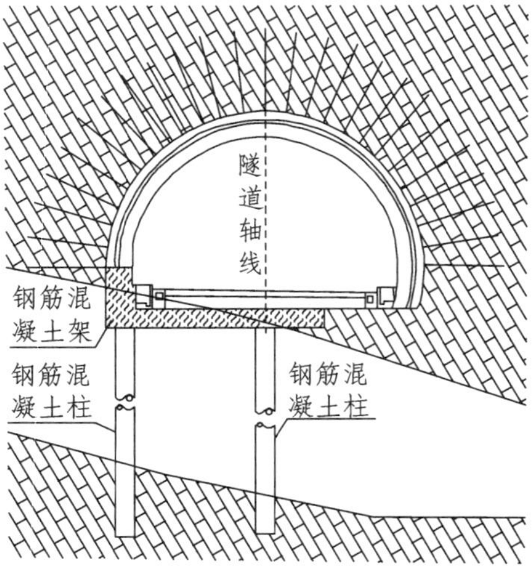

图 4.108　底部大溶穴桩基及托梁处理

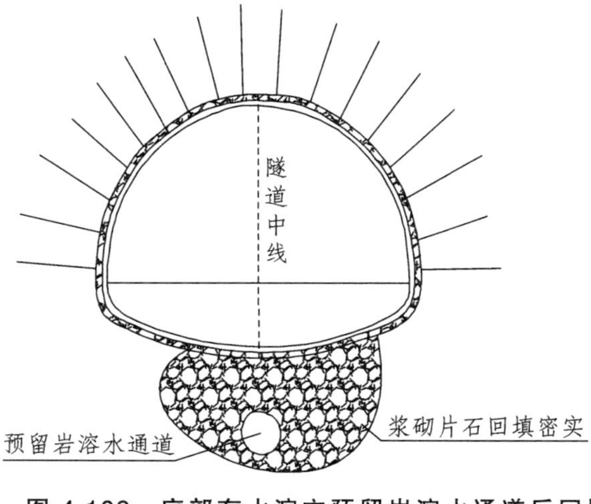

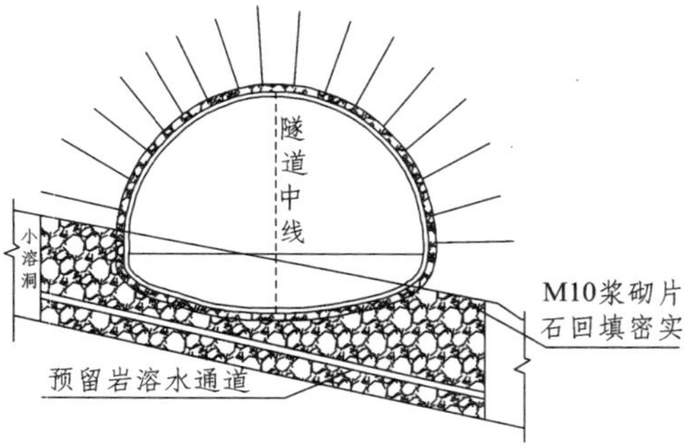

图 4.109　底部有水溶穴预留岩溶水通道后回填处理（左为纵向溶穴，右为横向溶穴）

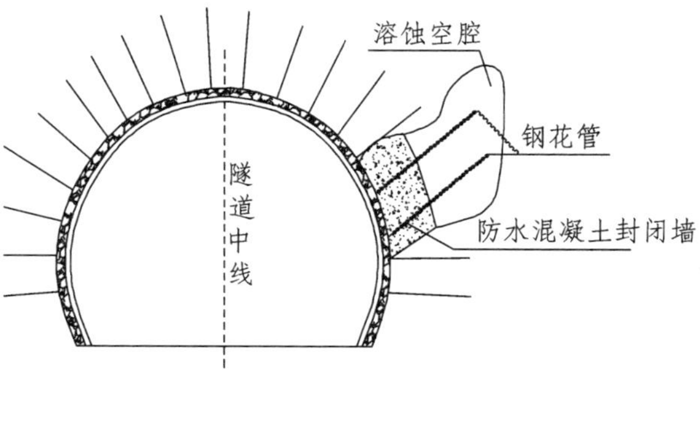

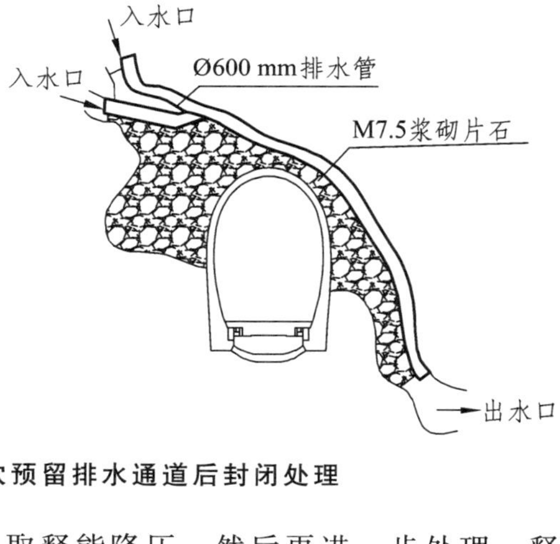

图 4.110　隧道边墙及顶部有水溶穴预留排水通道后封闭处理

（3）对于高压富水大型充填溶腔，首先采取释能降压，然后再进一步处理。释能降压法是针对高压富水充填溶腔采取有计划、有目的精确爆破，释放溶腔所存储能量，降低溶腔施工及运营过程水土压力。处理高压富水充填溶腔，必须对溶腔充填物、水压力、水量和纵向发育长度进行确定，对溶腔形态、规模和水源进行分析与判断，为释能降压做好专项地质分析工作。释能降压后，根据释能降压程度的不同，采取回填通过、超前大管棚及小导管注浆加固、清方加固等方式处理。开挖方法一般采用台阶法或环形导坑预留核心土法开挖。

（4）对于岩溶富水地层的处理，可根据具体情况，采取超前注浆堵水及限量排放相结合的原则处理，保证地下水的平衡和生态免遭破坏，确保施工和结构安全。

（5）当探测到掌子面方涌水量较大，开挖极其困难并有突水突泥的危险时，可采取全断面超前深孔预注浆措施；前方局部涌水较大且开挖困难时，可采取局部超前注浆措施；前方涌水较大但能够进行开挖工作，并且没有突水突泥的危险时，可采取开挖后注浆方式。

（6）围岩注浆堵水应根据工程地质和水文地质条件，通过试验做出设计，再进行压浆。在施工过程中应修正各项注浆参数，改进工艺操作，提高堵水效果。

4.11.5 岩溶隧道排水

（1）岩溶隧道注浆处治后仍有大面积渗漏水和大股集中涌水时，宜集中汇流引排。可采用钻孔集中汇流引排，并将钻孔位置、数量、孔径、深度、方向和渗水量等做详细记录，在确定衬砌拱墙背后排水设施时应考虑上述因素。

（2）岩溶隧道施工有迂回导坑、平行导坑、横洞、泄水洞时，应充分利用辅助导坑排水，降低正洞水位，使正洞水流通过辅助导坑引出洞外，如图 4.11、图 4.12。必要时设置永久排水沟，使坑道封闭后能保持水流畅通。

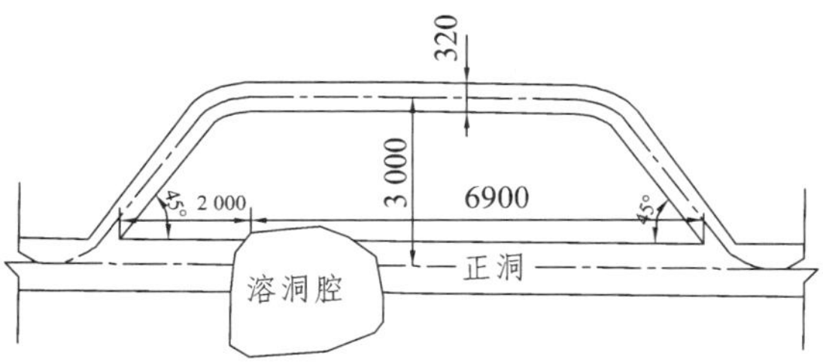

图 4.111　迂回导坑排水

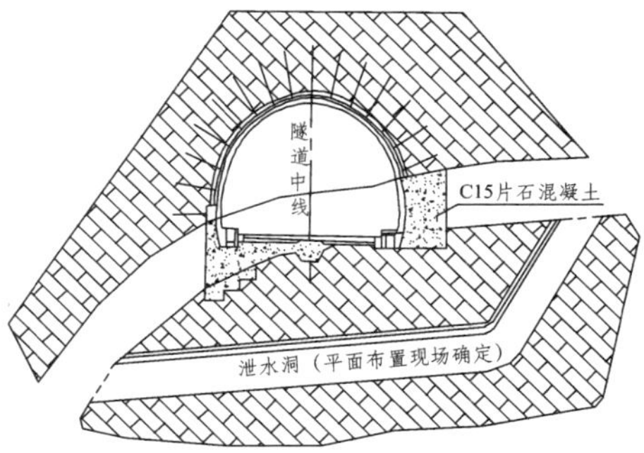

图 4.112　泄水洞排水

（3）隧道通过不透水和透水性强的互层时，应根据设计文件和调查资料提供的情况，在可能进入滞水带前 20 ~ 30 m，用深孔钻机钻孔穿入透水层，以利预探和排水。当涌水量很大，用钻孔不能满足排水需要时，应在衬砌完成地段或围岩坚硬稳定地段开挖迂回侧洞，排除滞水带内储水。泄水洞施工前，应参照设计文件提供的水文资料和涌水处理措施确定施工方法。

（4）岩溶隧道如果是倒坡施工，则应根据设计的涌水量，须准备足够数量的抽水机和潜水泵，排水能力要达到设计涌水量的 1.5 倍。

4.11.6 施工过程中应对隧道涌水及地表水环境进行监测，必要时亦可进行地表、洞内水质测试，水力连通试验等，确定地表与隧道内岩溶水的连通情况、隧道岩溶发育状况及大小。如图 4.113 ~ 图 4.116。

图 4.113　地表水库水位观测

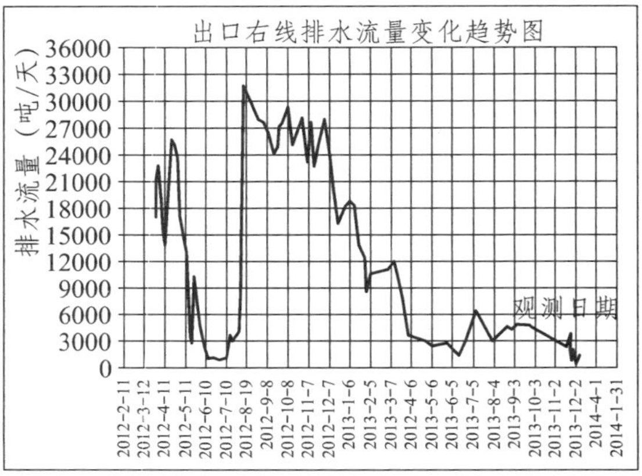

图 4.114　洞口排水量观测记录

图 4.115　地表河流流量观测

图 4.116　地表排水沟水位观测

4.11.7 突水突泥灾害的预测

（1）加强超前地质预报，采取地质与物探及钻孔相结合，进行综合地质超前预报，在开挖过程中，炮孔加深。为防止突水突泥灾害的发生，岩溶隧道宜配备一台高性能的钻孔-取芯-注浆一体多功能机，钻孔发现涌水后立即进行注浆，钻孔能力超过 100 m。如图 4.117 ~ 图 4.120。

（2）通过观察泥岩、页岩等隔水岩层，如果发现隔水岩层明显湿化、软化或出现淋水现象或有其他水流痕迹的出现，则可判断临近断层水源体。

（3）若发现有铁锈染裂隙或小溶洞的频繁出现、夹泥裂缝、小溶洞含有河沙、钻孔中的涌水量剧增且夹有泥沙和小砾石、钻孔中的涌水量剧增且浑浊、夹有大量泥沙和棱角尖锐的小碎石等，则为溶洞、暗河和淤泥带的前兆。

图 4.117　多功能钻机超前探水

图 4.118　多功能钻机配备的钻杆

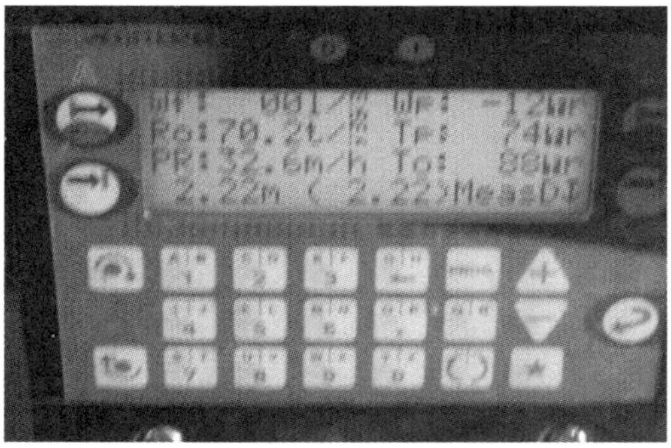

图 4.119　多功能钻机钻进时的参数

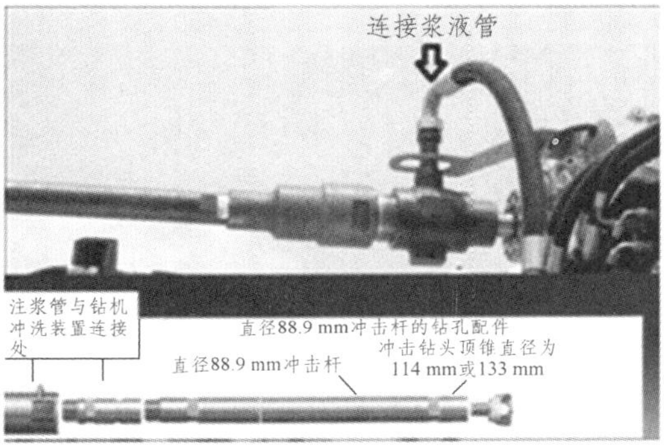

图 4.120　多功能钻机注浆

（4）若发现掌子面节理裂隙渗水量和组数增加且含有泥质或裂隙渗水浑浊，钻孔中的涌水量剧增且夹有泥沙或碎石，则为突水、突泥的前兆。

（5）出现下列现象为临近在大型溶洞水体或暗河的前兆。

① 裂隙、溶隙间出现较多的铁染或黏土；

② 岩层明显湿化、软化，或出现淋水现象；

③ 小溶洞出现的频率剧增，且多有水流、河沙或水流痕迹；

④ 钻孔中的涌水量剧增，且夹有水流、小砾石；

⑤ 有哗哗的流水声；

⑥ 钻孔中有凉风冒出。

4.11.8　组织岩溶隧道的施工风险管理与安全培训，编制突水突泥应急救援预案并进行演练，成立突水突泥应急救援组织机构。对参建的所有人员均应进行针对性的应急知识培训，使其掌握岩溶隧道必要的应急救援预案程序和技能，能够在发生紧急事故时，充分发挥作用。如图 4.121 ~ 图 4.122。

4.11.9　施工单位应根据岩溶隧道的具体情况和实际需要，制定突水突泥施工安全保障措施，准备应急救援设备及物资，如图 4.123，包括施工防灾报警系统包括声光报警系统、应急通信及电视监控系统、逃生系统、应急照明系统、应急排水系统。监控系统宜接入施工负责人办公室，可随时查看洞内施工情况，如图 4.124。

图 4.121　岩溶隧道施工风险管理与安全培训

图 4.122　岩溶隧道应急预案演练

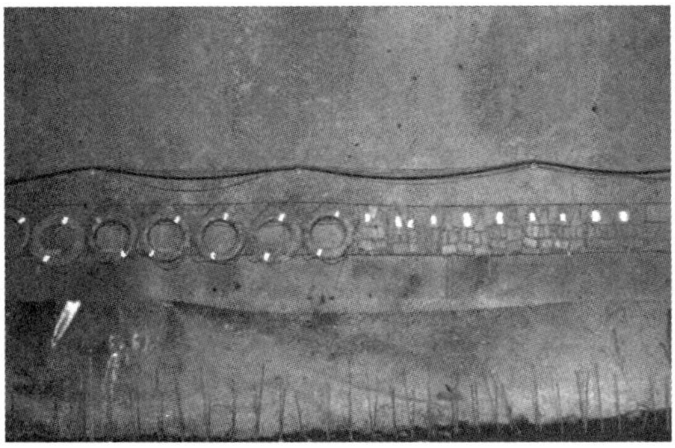

图 4.123　掌子面后方的应急救生设备

图 4.124　掌子面附近的视频监控系统

4.12　斜井施工

4.12.1　对需要设计有斜井的情况，应结合斜井的作用和主洞的地形、地质条件，合理确定斜井的位置，在满足要求的情况下，尽可能缩短斜井的长度，降低造价。

4.12.2　采用无轨运输时，斜井的纵坡不得大于 10%。采用有轨运输机动车牵引时，纵坡不宜大于 2.5%；皮带运输时纵坡不宜大于 25%。

4.12.3　斜井采用有轨运输时应符合下列规定：

（1）运输车输升降的最大速度不得大于设计规定值。

（2）提升绞车应有深度指示器及自动示警装置，并设有防过卷装置。

（3）斜井的提升、连接装置和钢丝绳、绳卡应符合安全使用的要求，并应定期检查、上油保养。

（4）提升绞车与井口、井底均应有联络信号装置，并有专人负责。每次提升、下放、暂停应有明确的信号规定。

（5）井口轨道中心必须设置安全挡车器，并经常处于关闭状态，放车时方准打开。在挡车器下方约 5 ~ 10 m 及接近井底前 10 m 处应各设一道防溜车装置。井底与通道连接处，应设置安全索，车辆行驶时，井内禁止人员通行与作业。

（6）运输斗车之间、斗车和钢丝绳之间，应有可靠的连接装置，并加装保险绳。在斗车上、钢丝绳或车钩上，要有防脱钩设备。

（7）严禁人员乘斗车上下，当斜井垂直深度超过 50 m 时，应有运送人员的专用设施。

4.12.4 轨枕的规格及数量应符合标准规定，间距不宜大于 0.7 m，间距偏差不得超过 50 mm，轨枕的上下面应平整。车辆距坑道壁或支撑边缘的净距不小于 0.2 m，单道一侧的人行道宽度不宜小于 0.7 m。每组钢轨应安装两组防爬设备，每对钢轨应有 3 根轨距拉杆。两条钢轨顶面的高差不得超过 5 mm，两股道上运行车辆之间的空隙不得小于 500 mm。

4.12.5 斜井进入主洞前 20 m 应减小坡度或水平进入主洞，斜井底板与主洞底板高程应大致在同一高程。

4.12.6 斜井进入主洞前，应探明主洞的地质情况，进入主洞的开挖及支护应做专项设计。

4.12.7 在斜井施工期间，应制定防排水应急预案。应根据斜井和主洞的涌水量以及排水设备的能力，每隔 200 ~ 300 m 设置一道积水井，并配备排水设备，排水设备的排水能力要留有 50% 的富余量。

4.12.8 斜井的断面大小、断面形式应满足运输的要求，可每隔一定距离设置错车带。

4.13 竖井施工

4.13.1 竖井位置应结合竖井的作用、地质条件、地形地貌等因素确定。

4.13.2 井口周围应设置安全栅栏和安全门，安全栅栏高度不应小于 600 mm。井口的锁口圈在井身掘进前完成，并配备井盖因升降人员或物料时，井盖方可开启。

4.13.3 通向井口的轨道应设阻车器。

4.13.4 井口、井底、绞车房和工作吊盘间均应有联络信号，并有专人负责，必要时应装设直接电话。

4.13.5 提升机械不得超负荷运行，并应有深度指示器和防止过卷、过速等保护装置以及限速器和松绳信号等。

4.13.6 提升吊桶所用钩头连接装置必须牢固可靠，不得自动脱钩，并应有缓转器。罐笼提升应设置可靠的防坠器。

4.13.7 提升用的钢丝绳和各种悬挂使用的钩、链、环、螺栓等连接装置，应具有规定的安全系数，使用前应进行拉力试验，合格后方可使用。使用中应定期检查、修理和更换。

4.13.8 竖井内应加强排水和通风。

4.13.9 竖井钻孔宜采用伞钻，装渣宜采用抓岩机，爆破的石渣宜大小均匀，以提高装渣效率。

4.13.10 竖井施工宜自上而下单行作业法施工。采用自上而下单行作业法施工时，应完成一段后再进行下一段作业，各段内的工序为顺序作业，实行短掘短砌，提升出渣完成后灌筑井壁混凝土初砌。

4.13.11 竖井采用喷锚支护时，每次支护高度视围岩稳定程度而定，井口段、马头门及地质较差的井身地段宜采用钢筋混凝土衬砌，衬砌分节自下而上进行，并按需要设置壁座或安设锚杆。

4.14 隧道超前地质预报和监控量测

4.14.1 隧道必须开展超前地质预报工作和监控量测工作，应成立专门的监控量测小组或委托其他有经验的单位承担超前地质预报和监控量测。

4.14.2 超前地质预报。

1）一般要求。

（1）隧道超前地质预报方法主要有：地质调查法、钻探法、物探法。

（2）隧道超前地质预报应以地质调查法为基础，针对不同地段地质情况和预报目的，采用一种或几种方法相互补充和印证，进行综合超前地质预报。复杂地质预测、预报应坚持隧道洞内探测与洞外地质勘探相结合，地质方法与物探方法相结合，长期预报与中短期预报相结合，辅助导坑与主洞探测相结合，并贯穿于施工的全过程。如图 4.125 ~ 图 4.128。

稳定性		稳定	拱部掉块	边墙掉块	拱部坍塌	边墙坍塌
	洞周	不稳定	/	边墙有掉块	/	边墙有坍块
	掌子面	不稳定	拱部有掉块	/	拱部有坍块	/

侧壁素描

左侧壁	右侧壁
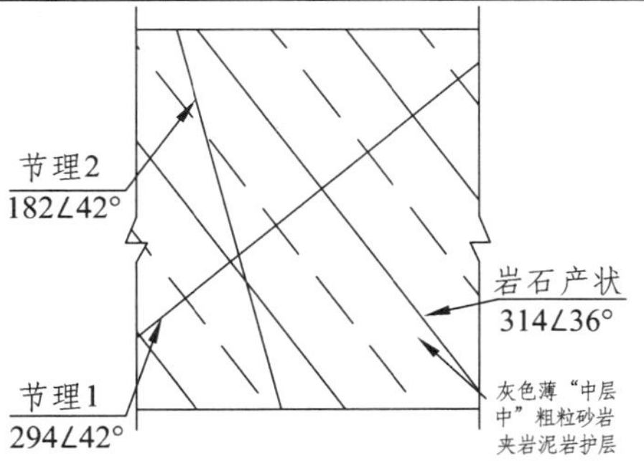	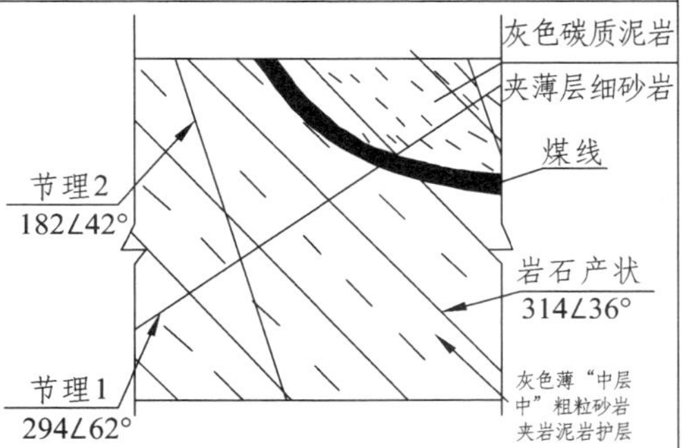

K17+035~025左侧壁素描图

K17+035~025右侧壁素描图

掌子面素描	塌陷的时间
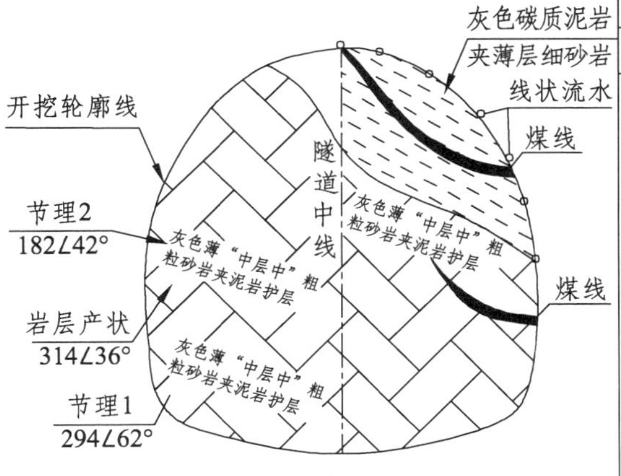	0.5min
	工程措施及主要参数
K17+035掌子面素描图	1.采用上下断面进行开挖施工，短进尺开挖，开挖后对掌子面软弱部分进行初喷，防止松散体坍落； 2.因掌子面左拱腰部围岩以灰色碳质泥岩夹薄层砂岩为主，加上有线状流水出露，而后变更为Ⅱ$_{封}$、Ⅰ$_1$进行支护施工，其余事项见四方会议纪要。

图 4.125　掌子面及侧壁地质素描

2）超前地质预报的主要内容包括：

（1）地质情况及水文地质。

① 地层岩性：如软弱夹层、破碎带、煤层及特殊岩土。

② 地质构造：特别对断层、节理密集带、褶皱构造等。

③ 不良地质：特别是溶洞、暗河、人为坑洞、放射性和有害气体、高地应力、高地温、高岩温等发育情况。

④ 地下水：特别是岩溶管道水、富水断层、富水褶皱轴及富水地层地带等。

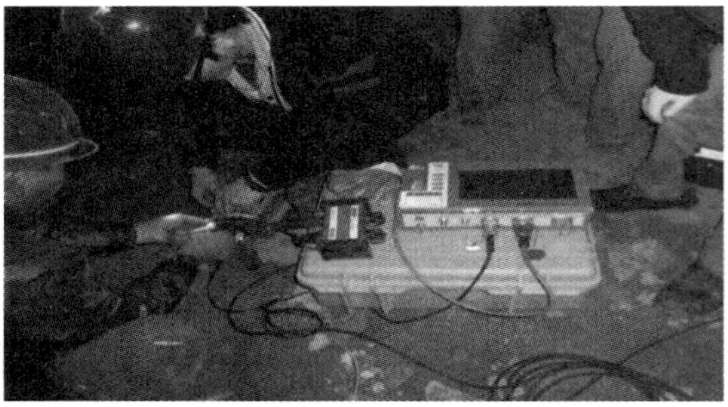

图 4.126　围岩长期预报（TSP）

图 4.127　围岩短期预报（地质雷达）

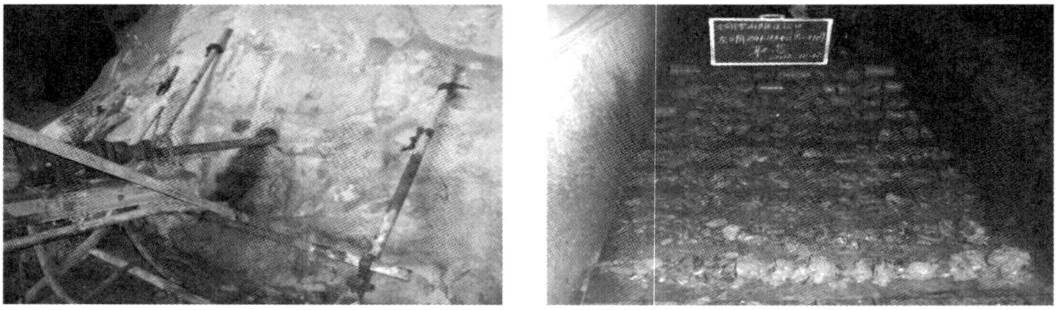

图 4.128　超前钻孔（取芯）探测

（2）对照图纸提供的地质资料，预报地质条件变化情况及其影响程度。

（3）预报可能出现的不良地质及其对施工的影响，以采取处理措施。

① 可能出现塌方、滑动的部位、形式、规模以及发展趋势，提出处理措施。

② 可能出现突涌水的地点、涌水量大小、地下水泥沙含量及其影响。

③ 软岩内鼓、边墙掉块地段及其对施工的影响。

④ 岩体突然开裂或原有裂隙逐渐加宽的位置及其危害程度。

⑤ 对隧道将要穿过的不稳定岩层、较大的断层做出预报，以便及时改变施工方法，采取措施。

⑥ 隧道附近或穿过瓦斯地段的岩（煤）层中，预报瓦斯影响范围，并联合有关其他单位，预报瓦斯的含量，以便采取措施。

4.14.3　监控量测

（1）隧道开工前，应根据设计要求，并结合隧道规模、地质条件、施工方法、支护类型和支护参数、工期安排，以及所确定的量测目的制定施工全过程监控量测方案。地质情况简单的隧道可只进行必测项目，偏压隧道、岩溶隧道、软弱大变形隧道、有断层破碎带等复杂地质隧道宜增加选择项目。

（2）周边位移、拱顶下沉和地表沉降观测等必测项目宜布置在同一断面其量测面，其布设断面间距及测点数量应根据隧道埋深、围岩等级、隧道断面大小、开挖方法、支护形式等确定，Ⅲ级围岩不大于 40 m，Ⅳ级围岩不大于 25 m，Ⅴ级围岩不大于 20 m，有水地段、洞口浅埋段、软弱围岩、破碎带，其监测断面间距应缩小至 5 ~ 10 m。监控量测的项目及观测频率应满足设计及规范要求。

（3）洞口浅埋段、地表有建（构）筑物时，应进行地表沉降观测，洞身Ⅳ、Ⅴ级围岩且覆盖厚度小于 2 h 的隧道，应进行地表沉降观测。

（4）掌子面的地质观察应在每次开挖后进行，主要内容包括工作面状态、围岩变形、围岩风化变质情况、节理裂隙、断层分布和形态、地下水情况及喷射混凝土的效果，及时绘制地质素描图。已支护的地段主要观察围岩、喷射混凝土、锚杆和钢架等的工作状态，有无开裂变形，并及时反馈信息。洞外观察重点放在洞口段、岩溶发育区段地表、浅埋段地表，其观察的主要内容包括地表开裂、地表沉陷、边坡及仰坡稳定状态、地下水渗漏情况、地表建筑物开裂变形、地表植被变化等。

（5）各预埋测点应牢固可靠，并设置专用标识牌，标明测点的名称、部位、编号、埋设日期、埋设里程等内容。监测标识须妥善保护，洞内施工人员应对监测标识加以保护，不得随意破坏。观测标应埋入岩体内 25 ~ 30 cm，不得与钢架焊接在一起。如图 4.129 ~ 图 4.133。

图 4.129　非接触法周边收敛观测标设置

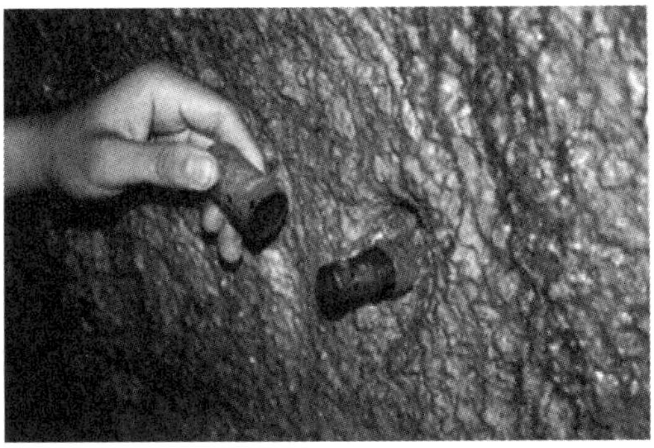

图 4.130　观测标保护

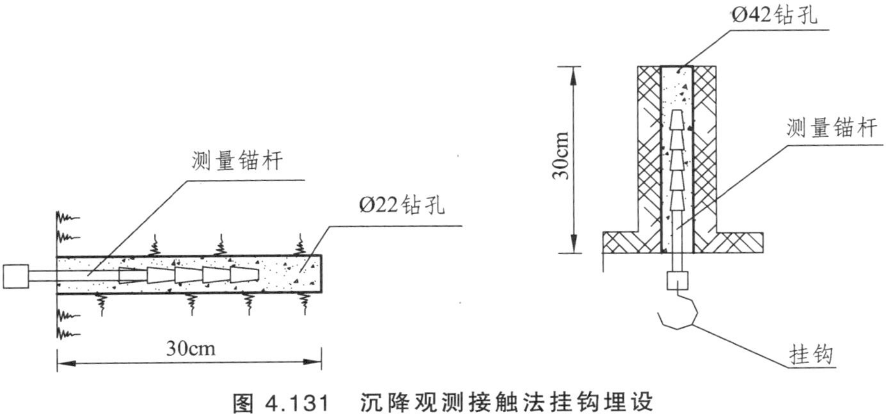

图 4.131　沉降观测接触法挂钩埋设

图 4.132　隧道内监测断面标识牌

图 4.133　地表沉降观测点布置

（6）各测点埋设尽量靠近掌子面，一般为 0.5 ~ 2 m。初始读数应在开挖后 12 h 内读取，最迟不得超过 24 h，而且在下一循环开挖前必须完成初期支护变形值的读取。

（7）遇地质环境复杂、不良地质地段、特长隧道的监控量测作业应安排专人把守，同时还应对数据信息及时处理、及时反馈施工。

（8）监控量测必测项目中周边位移和拱顶下沉采用接触式量测法时仪器测试精度要求为 0.1 mm；采用非接触式量测法时全站仪标称精度最低要求为测距精度（反射片）1 mm + 2 ppm，测角精度 1″。

（9）量测数据整理、分析与反馈。

① 当位移-时间曲线趋于平缓时，应进行数据处理或回归分析，以推算可能出现的位移最大值和变化速度，掌握位移变化的规律。

② 当位移-时间曲线出现反弯点时，则表明围岩和支护已呈不稳定状态，此时应密切监视围岩动态、及时分析原因，提出对策和建议，并及时反馈给有关单位，采取有效措施加强支护，必要时暂停开挖。

（10）围岩稳定性的综合判别。

围岩稳定性的综合判别，应根据量测结果，按下列指标判定：

① 实测位移值不应大于隧道的极限位移，并按位移管理等级施工。一般情况下，宜将隧道设计的预留变形量作为极限位移，而设计变形量应根据检测结果不断修正。

② 根据位移速率判断：速率大于 1 ~ 5 mm/d 时，围岩处于急剧变形状态，应加强初期支护；速率变化在 0.2 ~ 1.0 mm/d 时，应加强观测，做好加固的准备；速率小于 0.2 mm/d 时，围岩达到基本稳定。在高地应力、岩溶地层和挤压地层等不良地质中，应根据具体情况制定判断标准。

③ 根据位移速率变化趋势判断：当围岩位移速率不断下降时，围岩处于稳定状态；当围岩位移速率变化保持不变时，围岩尚不稳定，应加强支护；当围岩位移速率变化上升时，围岩处于危险状态，必须立即停止掘进，采取应急措施。

④ 初期支护承受的应力、应变、压力实测值与允许值之比大于或等于 0.8 时，围岩不稳定，应加强初期支护；初期支护承受的应力、应变、压力实测值与允许值之比小于 0.8 时，围岩处于稳定状态。

（11）隧道信息化施工。

① 通过施工现场的监控量测，判断围岩稳定性，支护、衬砌可靠性，二次衬砌合理施作时间。

② 结合监测结果和综合超前地质预报结果修改施工方法、调整围岩级别、变更支护设计参数提供依据，指导日常施工管理，确保施工安全和质量。

③ 监测后及时根据监测数据绘制拱顶下沉、水平位移等随时间及工作面距离变化的时态曲线，了解其变化趋势，并对初期的时态曲线进行回归分析，综合判断围岩和支护结构的稳定性，并根据变位等级管理标准及时反馈施工。

4.15 隧道施工设备标准化配置

4.15.1 隧道主要施工设备配置见表 4.2 所示，各隧道应根据实际情况配备所需设备。

表 4.2 隧道主要机械设备配置表（进口端或出口端）

序号	设备名称	单位	数量	备注
1	挖掘机	台	2	左右洞各一台
2	侧卸装载机	台	2	隧道出渣
3	装载机	台	2	喷锚拌和站上料
4	自卸汽车	辆	8	左右洞共用
5	变压器	台	1	左右洞共用
6	发电机	台	2	备用
7	电动空压机组	台	8	20 m^3
8	通风机	台	2-4	功率根据需要选用，瓦斯隧道备用 2 台
9	风钻	台	40	
10	湿喷机	台	6	左右洞各 2 台，2 台备用
11	注浆机	台	2	左右洞各一台
12	钻机	台	2	普通钻机及多功能钻机各 1 台
13	开挖喷锚台架	台	2	5 m
14	挂防水板台架	台	2	6 m
15	衬砌台车	台	2	台车长度：10 m ~ 12 m
16	仰拱栈桥	套	2	16 m
17	混凝土输送泵	台	2	左右洞各一台
18	混凝土运输车	台	5	左右洞共用

4.16 施工安全

4.16.1 施工安全风险评估

（1）按照交通运输部《公路桥梁和隧道工程施工安全风险评估制度及指南解析》（2011 年版，交通运输部工程质量监督局编著）及原交通部文件交质监发〔2011〕217 号的要求，开展施工阶段的风险评估与管理工作。应当开展风险评估的范围：

① 穿越高地应力区、岩溶发育区、区域地质构造、煤系地层、采空区等工程地质或水文地质条件复杂的隧道，黄土地区、水下或海底隧道工程；

② 浅埋、偏压、大跨度、变化断面等结构受力复杂的隧道工程；

③ 长度 3 000 m 及以上的隧道工程，Ⅳ、Ⅴ围岩连续长度超过 50 m 或合计长度占隧道全长的 30% 及以上的隧道；

④ 连拱隧道和小净距隧道工程；

⑤ 采用新技术、新材料、新设备、新工艺的隧道工程；

⑥ 隧道改扩建工程；

⑦ 施工环境复杂、施工工艺复杂的其他隧道工程。

（2）隧道工程施工安全风险评估分为总体风险评估和专项风险评估。隧道工程开工前应进行总体风险评估，估测隧道工程施工期间的整体风险大小，确定其静态条件下的安全风险等级，当隧道工程总体风险评估等级达到有Ⅲ级（高度风险）及以上时，将其中高风险的施工作业活动（或施工区段）作为评估对象进行专项风险评估。

（3）施工单位应根据风险评估结论，完善施工组织设计和危险性较大工程专项施工方案，制订相应的专项应急预案，对项目施工过程实施预警控制。对于专项风险等级在Ⅲ（高度风险）级及以上重大风险源，其监控与防治措施、应急预案经施工单位技术负责人和监理工程师审批后，由建设单位组织论证或复评估。建设单位还应对极高风险（Ⅳ级）的施工作业，组织专家或安全评估机构进行论证。施工单位应建立重大风险源的监测及验收、日常巡查、定期报告等工作制度，并组织实施。施工单位项目经理或技术负责人在工程施工前进行安全技术交底，施工现场应设立相应的危险告知牌，并适时组织对典型重大风险源的应急救援演练。

（4）隧道施工安全风险评估工作原则上由施工单位具体负责，当被评项目含多个合同段时，总体风险评估应由建设单位牵头组织，专项风险评估工作仍由合同施工单位具体实施。当施工单位的施工经验或能力不足时，可委托行业内安全评估机构相关风险评估工作。

4.16.2 安全管理

（1）隧道开工前，项目部技术人员应向施工作业人员进行技术和安全交底，详细说明隧道质量和安全的有关技术要求和重大危险源，技术和安全交底台账必须签字确认。

（2）监理单位应按规定认真审查施工单位的质量安全保证体系，审查隧道施工组织设计中的安全技术措施或者专项施工方案是否符合工程建设强制性标准，并监督检查实施情况。对危险性较大的部分、分项工程，还应审查施工单位是否单独编制了安全专项施工方案，并按规定组织专家进行论证、审查。

（3）软弱围岩地段应配备可手动拆卸的逃生钢管（图 4.134），要求管壁厚不小于 10 mm，管径大于 600 mm，每节管长为 1 500 ~ 2 000 mm，逃生管内常备应急物品，如应急药品、食品、饮用水等。钻孔台车应常备拆管头的扳手和应急照明工具。

图 4.134　隧道内设置的逃生管道

（4）施工单位制订应急预案，备好应急抢险物资，定期组织应急演练。双向掘进的隧道，进出口均应设置一处抢险物资储备点；独头掘进的隧道设置一处抢险物资储备点。如图 4.135。

图 4.135　隧道洞口附近储存的应急抢险物资

（5）在隧道的有作业台架上安装防护彩灯或反光标识，确保车辆通行安全；在台架底部配置消防器材，便于应急火灾事故。台架上必须设置栏杆，起安全防护的作用。如图 4.136 ~ 图 4.138。

图 4.136　台架反光标识

图 4.137　台架防护栏杆

图 4.138　台架上的灭火器

（6）火工品的管理必须遵守现行国家标准《爆破安全规程》GB 6722 的有关规定。对有瓦斯溢出的隧道，应根据工点的地质情况，瓦斯溢出程度和设备条件，制订适宜的施工方案。

（7）运输车辆不得人料混装，洞内运输车辆必须限速行驶，洞内倒车与转向时，必须开灯、鸣笛、平交道口和狭窄的施工现场，应设置缓行标识，必要时宜安排人员指挥交通。

（8）在洞口附近应设立危险源告知牌、风险防范控制措施、安全管理制度等“五牌一图”（数量和具体内容可根据业主等单位的相关规定）。洞口应设置门禁系统，并完善各项管理制度，如进洞管理制度，值班人员交接班制度，隧道瓦斯检测制度等。特长隧道及瓦斯、岩溶、岩爆、涌水等不良地质隧道进出洞口、二衬台车、开挖掌子面等重要施工作业点必须设置视频监控点位，并在隧道内设置洞内人员定位系统。如图 4.139 ~ 图 4.142。

（9）隧道施工严格按设计进行，根据实际情况调整开挖支护参数，确保施工安全。加强洞内通风和现场用电管理，配备专业电工，成立通风管理小组，风管出口与掌子面距离不得大于 15 m，爆破时做好对风带的保护。

（10）单头掘进超过 1 200 m 时，应进行专项施工通风设计，通风应满足洞内各项作业所需最大风量，每人应供应新鲜空气 3 m^3/min，采用内燃机械作业时，供风量不宜小于 4.5 m^3/min。全断面开挖时风速不应小于 0.15 m/s，导洞开挖时不应小于 0.25 m/s，瓦斯隧道的风速应大于 0.5 m/s，局部通风不良之处应设置局扇。

（11）特种作业人员，必须经过专业培训和考试，取得合格证后，方予上岗。

（12）瓦斯地段施工前对所有参加隧道施工的人员进行瓦斯知识和防止瓦斯爆炸的安全教育，进行安全防护，接受瓦斯隧道施工安全和防治突出知识，熟悉突出的预兆和防治突出的相关知识，经考试合格后，方准上岗。

（13）构造带、断层破碎带地段施工要求做好超前支护和开挖后的联合支护，并充分利用超前地质预报与监控量测工作成果指导施工。

图 4.139　洞口设置的门禁系统

图 4.140　视频监控室图像

图 4.141　二衬台车处视频监控

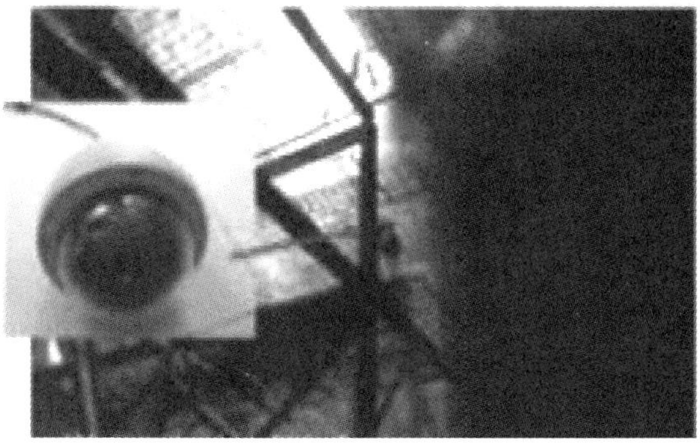

图 4.142　掌子面视频监控

（14）长隧道、特长隧道及高风险隧道应有逃生措施。涌水、突泥地段施工前应做好超前地质预报工作，查明掌子面前方地质条件及富水情况，根据超前地质预报结果采取针对性的措施，这类隧道洞内应设置逃生平台（平台上备有救生圈、救生衣、食品等）、橡皮艇、广播、应急灯及其他应急系统。如图 4.143 ~ 图 4.145。

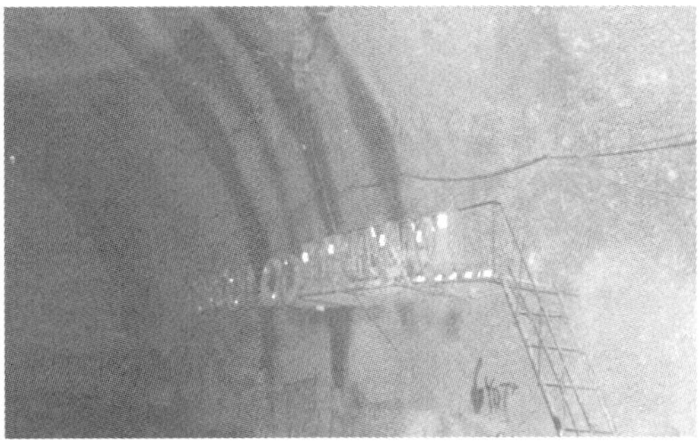

图 4.143　涌水突泥隧道内的逃生平台

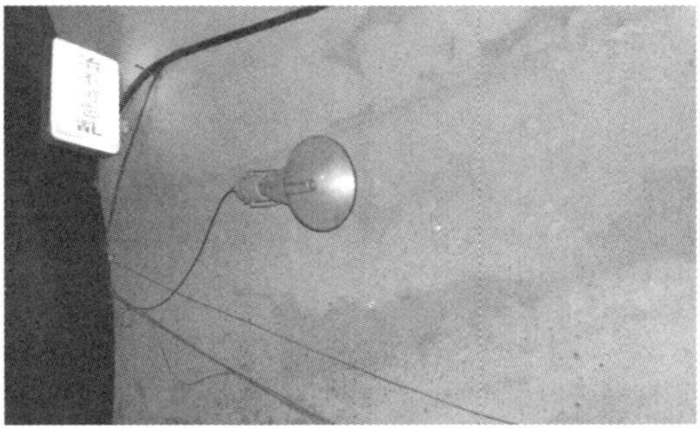

图 4.144　涌水突泥隧道内的广播

（15）制定、修订和完善应急预案，按要求归档并定期演练。

（16）在洞身开挖过程中，为保证洞内工作人员施工安全，软弱围岩地段应配备安全报警设施和足够长度的逃生钢管，要求管壁厚不宜小于 10 mm，管径不宜小于 600 mm，每节管长宜为 1 500 ~ 2 000 mm。

图 4.145　涌水突泥隧道内的逃生指示及应急灯

（17）严格执行《隧道施工安全九条规定》。

① 必须证照齐全，严禁无资质施工、转包、违法分包和人员不经教育培训上岗作业。

② 必须按照标准规范和设计要求编制专项施工方案，确保按方案组织实施，严禁擅自改变施工方法。

③ 必须强化施工工序和现场管理，确保支（防）护到位，严禁支护滞后和安全步距超标。

④ 必须落实超前水文地质探测预报各项规定，监控量（探）测数据超标立即停工撤人，严禁冒险施工作业。

⑤ 必须对有毒有害气体进行监测监控，加强通风管理，严禁浓度超标施工作业。

⑥ 必须严格控制现场作业人数，掘进作业面应实施机械化作业，严禁超员组织施工作业。

⑦ 必须按照规定设置逃生通道，严禁在安全设施不到位的情况下施工作业。

⑧ 必须按照规定严格民用爆炸物品管理，严禁在施工现场违规运输、存放和使用民用爆炸物品。

⑨ 必须按照规定制定应急预案、配备救援装备，严禁事故发生后违章指挥、冒险施救。

4.17　文明施工

4.17.1　成洞段不超过 15 m 设一个固定灯，电线敷设应整齐，靠近掌子面 40 m 内若无敷设线，应配备移动照明灯具，保证洞内照明充足。作业地点必须设置足够的照明，如图 4.146。

图 4.146　隧道内照明

4.17.2　隧道洞口及洞内应保持整洁，弃渣完成后应及时清扫地面上洒落的渣体，钻眼采用湿式作业，放炮后必须进行洒水，出渣前应用水淋湿渣体和附近的岩壁，隧道内经常洒水防尘。材料、机具等严禁乱堆乱放，临时使用的材料应设置专门的台架堆放，使用后的机具要放置到指定地点且放置整齐。如图 4.147 ~ 图 4.149。

图 4.147　隧道洞口文明施工

图 4.148　隧道内文明施工

图 4.149　隧道内材料及机具放置

4.18　环境保护

4.18.1　隧道施工应保护生态环境，施工中必须遵守污染物排放的国家标准和地方标准，防止隧道施工造成周边环境污染和破坏。施工进洞前应完成现场污水处理设施，确保洞内外污水排放达标，不污染环境。隧道施工期间的环境保护措施和相关的设施纳入实施性施工组织设计。

4.18.2 邻近江、河、水库等的隧道施工，应严格保护水源不流失。生活、生产污水不经处理不得直接排入江、河、水库。

4.18.3 隧道施工中要控制地下水的排放，防止过量排放造成地表生态环境的破坏。

4.18.4 为避免施工噪声和振动对周边居民的影响，洞口段开挖应采用浅孔弱爆破。施工场地和运输线路利用地形尽量避开噪声和振动敏感区，施工机械应安设消声器，空压机、通风机等接近居民区时，应设置基础减震槽并采取隔音措施，如图 4.150。必要时对周边居民区爆破震动及噪声进行监测，如图 4.151。

图 4.150　隧道洞口设置的隔音墙

图 4.151　隧道周边居民区爆破震动监测

4.18.5 隧道开挖应采用湿式凿岩，混凝土应采用湿喷工艺，施工机械优先采用电力驱动，内燃机械、车辆应加装消烟净化装置，尽量减少对周围环境的影响。

4.18.6 隧道施工的弃渣堆放应符合下列规定：

（1）隧道开挖的废渣应堆弃在弃渣场内，弃渣场地应远离当地居民居住地点，必须符合安全、环保的相关要求，并获得当地有关部门的许可。如废渣中含有放射性物质，废渣排放后要立即按要求进行处理。

（2）弃渣场应按设计修筑挡墙，有条件的地方应尽可能复耕，无复耕条件的地方应植草、植树。并修好排水沟，恢复原排水系统，避免诱发灾害的产生。

（3）严禁将隧道的废渣弃在受洪水、泥石流、雪崩、滑坡等自然灾害影响地段及居民居住点的上方，并不得堵塞河流及交通要道。

4.18.7 隧道内、外的施工废水的排放应符合下列规定：

（1）隧道内、外的施工废水不得直接排入河沟、河流及农田内，应排在隧道洞口已按设计做好的污水处理池内。

（2）隧道内、外的施工废水经污水处理池（图 4.152）处理后，经检测达到现行图家标准《污水综合排放标准》GB 8978 或当地有关部门环保要求后方可排入河沟、河流及农田内。

图 4.152　隧道洞口设置的三级沉淀池

4.18.8　施工生产和生活用地应贯彻十分珍惜、合理利用和切实保护耕地的基本国策，坚持科学用地，坚持节约用地，坚持少占农田。

4.18.9　施工生产和生活用地使用结束后要做好复耕工作，将施工中曾经被占用或者破坏的土地，恢复或者基本恢复到原有的状态。

5 路基工程

5.1 准备工作

5.1.1 一般规定

（1）路基开工前，应在全面理解设计要求和设计交底的基础上，进行现场调查和核对。

（2）在详细的现场调查后，应根据设计要求、合同、现场情况等，编制实施性施工组织设计，并按管理规定报批。

（3）路基开工前必须建立健全质量、环保、安全管理体系和质量检测体系，并对各类施工人员进行岗位培训和技术、安全交底。

（4）各分项工程开工前，应选取好取、弃土场位置，并应完成首件工程或试验段总结。

（5）临时工程，应满足正常施工需要，应保证路基施工影响范围内原有道路、结构物及农田水利等设施的使用功能。

5.1.2 测量

1）基本要求

（1）控制性桩点，应进行现场交桩，并保护好交桩成果。

（2）在接管工地 14 天之内通知监理工程师，根据监理工程师提供的测量资料和测量标识，在 28 天内将复测结果提交监理工程师。

（3）对有异议的导线点和水准点，应及时报告监理工程师，并提交勘误表，由监理工程师核定解决。

（4）控制点应至少每半年复核一次，冻融地区在冻融后应进行复测。

（5）路基施工与隧道、桥梁施工共用的控制点，应分别满足现行《公路隧道施工技术规范》JTG F60、《公路桥涵施工技术规范》JTG/T F50 的规定。

2）复测及加密

（1）设计单位提供的导线点、水准点，施工单位应组织复测。

（2）原有导线点、水准点不能满足施工需要时，可加密满足相应精度要求的附合导线点、水准点。

（3）同一建设项目内相邻施工段的导线及水准应组织联测，成果应闭合，并满足同等级精度要求。

（4）应对全线路基横断面进行复测，以核对土石方工程量。

3）放样

（1）路基开工前，应采用坐标法进行全段中线放样并固定路线主要控制桩。

（2）中线放样时，应注意路线中线与结构物中心、相邻施工段的中线闭合。

（3）应测出路基用地界、路堤坡脚、路堑坡顶、取土坑、护坡道、弃土堆等的具体位置标线，并应标识清楚。

（4）设计图纸和实际放样不符时，应查明原因后进行处理。

5.1.3 试验

（1）路基施工前，应具备试验检测能力，建立工地试验室。

（2）路基施工前，应对路基基底土进行相关试验。每千米至少 2 个点，土质变化大时，视具体情况增加取样点数。

（3）应及时对来源不同、性质不同的拟作为路堤填料的材料进行复查和取样试验。土的试验项目包括天然含水量、液限、塑限、标准击实试验、CBR 试验等，必要时应做颗粒分析、比重、有机质含量、冻胀和膨胀量等试验。

（4）使用特殊材料作为填料时，应按相关标准作相应试验，必要时还应进行环境影响评估，经批准后方可使用。

5.1.4 场地清理

（1）公路用地范围内原有构造物，应根据设计要求进行处理。

（2）高速公路路堤和填方高度小于 1 m 的公路路堤，应将路基基底范围内的树根全部挖除并将坑穴填平夯实；填方高度大于 1 m 的路堤，可保留树根，但根部不能露出地面。取土坑范围内的树根应全部挖除。

（3）应对路幅范围内、取土坑的原地面表层腐殖土、表土、草皮等进行清理，填方地段还应按设计要求整平压实。清出的表层土宜充分利用。

（4）高速公路路堤通过沼泽地时，应将塔头草挖除，同时浸水部分路堤应选择具有良好水稳性和较高的强度填料填筑。

5.2 一般路基施工

5.2.1 一般规定

（1）路基施工时应做好施工期临时排水总体规划和建设，临时排水设施应与永久性排水设施综合考虑，并与工程影响范围内的自然排水系统相协调。

（2）冻土、强膨胀土、昔格达土、有机质土超过允许含量的土，不得直接用于高速公路路堤填筑；确需使用时，必须采取技术措施进行处理，经检验满足设计要求后方可使用。

（3）填石和土石路堤的路床顶层不得采用细粒土薄层贴补找平，路基填料最小厚度不得小于 10 cm。

（4）不得在路基碾压区域堆料。

（5）路基完工后，应有半年以上的工后沉降，若工期紧，应对路堤采取强夯或冲击碾压等补强碾压措施，特别是填挖交界处、软基路堤、高填路堤，必须采取强夯或冲击碾压技术措施，加速路堤沉降，如图 5.1，并在沉降满足设计要求后方可进行路面施工。

图 5.1　冲击碾压

（6）爆破器材的存放地点、数量、警卫、收发、安全措施应报监理工程师审核，并经相关部门批准。

（7）路基爆破技术专项安全方案应经施工单位技术负责人批准，报监理工程师审批。

5.2.2 挖方路基

1）挖土方路基。

（1）挖土方路基工艺流程见图 5.2。

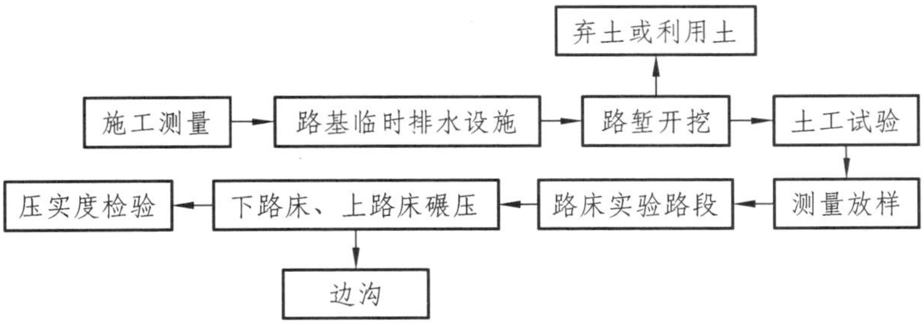

图 5.2　挖土方路基施工流程图

（2）土方路堑开挖前，根据地形需要应先做截水沟，截水沟与排水系统顺接，确保路堑边坡免受雨水冲刷，并开挖至边坡线前，应预留一定宽度，预留的宽度应保证刷坡过程中设计边坡线外的土层不受到扰动。

（3）开挖至零填、路堑路床部分后，应尽快进行路床施工；如不能及时进行，应在设计路床顶标高以上预留至少 30 cm 厚的保护层。

（4）土质路基开挖应根据地面坡度、开挖断面、纵向长度及出土方向等因素，结合土方调配，选用安全、经济的开挖方案，如图 5.3。

图 5.3　土方开挖

（5）路堑端部与填方结合部应挖台阶衔接，台阶宽度应大于 2 m，台阶平面应设置 4% 的倒坡，路床顶面搭接长度应大于 5 m。

（6）坑、洞、穴等，应挖除沉积物后，用合格填料分层回填分层压实。

（7）作为路基填料的土方，应分类开挖分类使用。非适用材料应按设计要求或作为弃方处理。

2）挖石方路基

（1）爆破作业必须符合现行国家标准《爆破安全规程》GB 6722。石方爆破详见爆破流程见图 5.4。

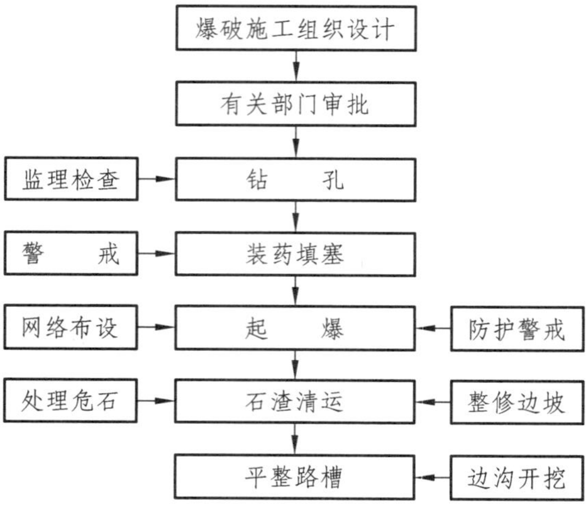

图 5.4　石方爆破流程图

（2）石方开挖应根据岩石的类别、风化程度、岩层产状、岩体断裂构造、施工环境等因素确定开挖方案。

（3）深挖路基施工，应逐级开挖，逐级按设计要求进行防护。

（4）石方开挖严禁采用峒式爆破，近边坡部分宜采用光面爆破或预裂爆破。挖方用于路基填筑时，爆破应考虑路基对填料的粒径和级配要求。

（5）爆破法开挖石方，应先查明空中缆线、地下管线的位置、开挖边界线外可能受爆破影响的建筑物结构类型、居民居住情况等，然后制定详细的爆破技术安全方案。

（6）挖方边坡应从开挖面往下分段整修，每下挖 2 ~ 3m，宜对新开挖边坡刷坡，同时清除危石及松动石块。

（7）石质边坡不宜超挖，然后浆砌回填修补。

（8）石质边坡修整后，边坡上不能有松石、危石。

（9）路床欠挖部分必须凿除。超挖部分应采用无机结合料稳定碎石或级配碎石填平碾压密实，严禁用细粒土找平。

（10）石质路床的边沟应与路床同步施工，利于路床排水畅通。

5.2.3　填方路基

1）流程。

填方路基流程见图 5.5。

2）土质路堤。

（1）性质不同的填料，应水平分层、分段填筑，分层压实。同一水平层路基的全宽应采用同一种填料，不得混合填筑，运料车应按事先划出的方格网卸料，如图 5.6。填筑路床顶最后一层时，压实后的厚度应不小于 100 mm。

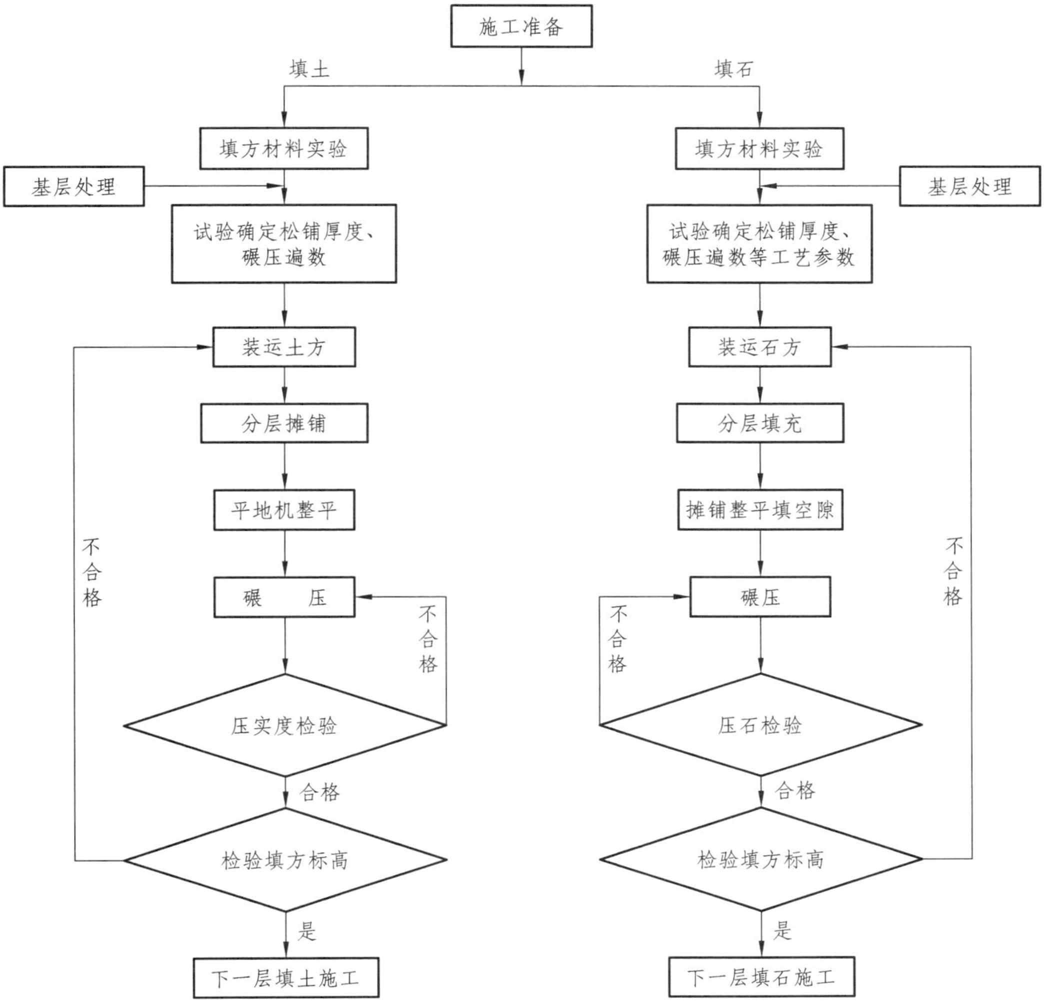

图 5.5　填方路基施工工艺流程图

图 5.6　方格网卸料

（2）路堤填筑时，应全幅从最低处起分层填筑，逐层压实。当原地面纵坡大于12%或横坡陡于1：5时，应按设计要求挖台阶，设置坡度向内并大于4%、宽度大于2 m的台阶。同时考虑排水措施，避免积水，如图5.7。

图5.7　挖台阶

（3）填方分几个作业段施工时，接头部位如不能交替填筑，则先填路段，应按1：1坡度分层留台阶；如能交替填筑，则应分层相互交替搭接，搭接长度不小于2 m。

（4）对黏性较差的砂性土填筑，必须严格控制松铺厚度不大于30 cm，并在最佳含水量状况下，采用拖式羊角碾压路机碾压至密实，如图5.8。

图5.8　羊角碾压路机

3）填石路堤。

（1）在非岩石地基上，填筑填石路堤前，应按设计要求设过渡层。

（2）爆破施工人员应通过合理的爆破方案和爆破参数，统筹考虑填方对石料粒径、级配的要求。硬质岩石应采用微差爆破方式开挖，对于超粒径填料，可集中堆放后进行二次解小或清除处理，或在料场采用履带式破碎机破碎后与其他细料混合后再装运到施工现场。

（3）填料运输前先划定网格并根据填石路堤压实厚度以及每车装载量计算网格尺寸。

（4）卸料完成后，宜用大功率推土机摊平，推土机单次推平距离不宜过长，不得使粗粒料集中或位于上部，影响平整碾压。

（5）对于超粒径块石应用机械解小，不解小的应移走或作为码砌材料。

（6）对于粗粒料明显集中的区域，应采用人工或小型机械撒铺细料嵌缝。

（7）填石路堤其岩性相差较大的填料应分层或分段填筑。严禁将软质石料与硬质石料混合使用。

（8）石方压实机械选用自重不小于 18 t 的振动压路机。

（9）填石路堤的每一压实层，可用试验路段确定的工艺流程和工艺参数，控制压实过程。用试验路段确定的沉降量差指标检测压实质量，一般以最后来回一遍的压沉量小于 3 ~ 5 mm 作为检验合格的标准。

4）土石路堤。

（1）基底处理，在陡、斜坡地段，土石路堤靠山一侧应按设计要求，做好排水和防渗处理。

（2）碾压前应使大粒径石料均匀分散在填料中，石料间孔隙应填充小粒径石料、土和石渣，摊铺时大粒径石料应位于该层底部。

（3）压实后透水性差异大的土石混合材料，应分层或分段填筑，不宜纵向分幅填筑。如确需纵向分幅填筑，应将压实后渗水良好的土石混合材料填筑于路堤两侧。

（4）土石混合材料来自不同料场，其岩性或土石比例相差较大时，宜分层或分段填筑。

（5）填料由土石混合材料变化为其他填料时，土石混合材料最后一层的压实厚度应小于 300 mm，该层填料最大粒径宜小于 150 mm，压实后，该层表面应无孔洞。

（6）对土石路堤填层，在含石量大于 70% 时应采用压沉量差法检测压实质量。

5）桥、涵及结构物的回填。

（1）填料应按设计采用透水性材料、轻质材料、无机结合料等。

（2）基坑回填应分层填筑、分层压实。采用小型夯实机具时，基坑回填的分层压（夯）实厚度不宜大于 150 mm，在结构物上用彩色笔划出每层的压实厚度标线，并应用机械液压夯压实到设计要求的压实度，如图 5.9。

（3）路堤与回填的连结部，应按设计要求预留台阶。台背回填部分的路床宜与路堤路床同步填筑。

（4）小桥涵两侧及顶面填土时，应采取措施防止压实过程对涵洞产生不利后果。

图 5.9 机械液压夯

（5）台背回填路基的自然沉降时间应满足：若施工后经过雨季，自然沉降时间不宜少于 6 个月；若施工后未经过雨季，自然沉降时间不宜少于 9 个月；若采取了相应措施减少自然沉降，自然沉降时间可缩短。

5.2.4 特殊填料路堤

1）粉煤灰路堤。

（1）粉煤灰适用于高速公路路堤填筑，但不得采用粉煤灰填筑上路床。

（2）用于路基填筑的粉煤灰的烧失量不宜大于 20%，粉煤灰中不得含团块、腐殖质及其他杂质。

2）磷矿渣路堤。

（1）磷矿渣适用于高速公路路堤填筑，但不得用于填筑上路床。

（2）磷矿渣含有对人体有害的物质，为防止对地下水的污染，对路堤基底应设置隔水层。

（3）对含水量大的磷矿渣填料应采取晾晒措施。

3）EPS 路堤。

（1）EPS 块体在工地堆放时，应采取防火、防风、防雨水滞留、防有机溶剂及石油类油剂的侵蚀等保护措施，采取措施避免强阳光直接照射。

（2）垫层应厚度均匀、密实，垫层宽度宜超过路基边缘 0.5 ~ 1 m。

（3）采用非标准尺寸 EPS 块体作为填料，应在生产车间加工，现场加工时，宜用电热丝进行切割。施工基面必须保持干燥。EPS 块体应逐层错缝铺设。允许偏差范围之内的缝隙或高差，可用砂或无收缩水泥砂浆找平，并严禁重型机械直接在 EPS 块体上行驶。

4）气泡混合轻质土路堤。

（1）发泡剂应采用合成类高分子表面活性剂，常温条件下，稳定性好，发泡过程中无异味或刺激性味，对环境无不良影响，泡沫应细密且均匀。

（2）气泡混合轻质土配比试验应满足设计抗压强度、湿密度、流动度的要求。

（3）气泡混合轻质土的流动度宜控制在 160 ~ 190 mm，如图 5.10。

图 5.10　混合轻质土施工

（4）气泡混合轻质土路堤地基按设计高程和尺寸进行开挖、清理、整平、压实，设置排水沟或其他排水设施。当在地下水位以下浇注时，应有降水措施，严禁在基底有水的状态下浇注。

5.3　特殊路基施工

5.3.1　软基路基施工

（1）软基路基施工流程见图 5.11。

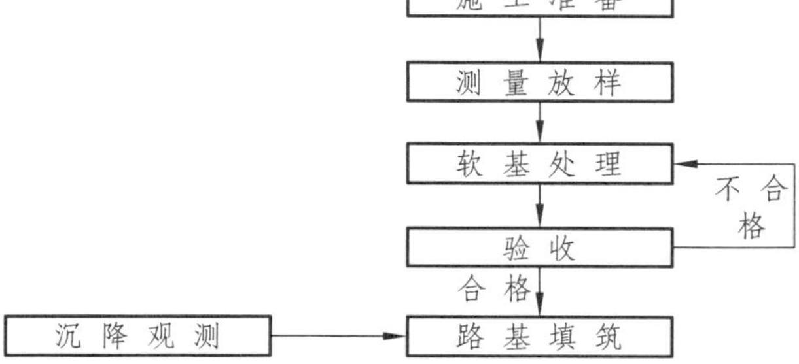

图 5.11　软基施工流程图

（2）采用新技术、新工艺、新设备、新材料时，必须制定相应的工艺、质量标准。

（3）特殊地区路基施工应进行路基的沉降与稳定性施工监测，监测资料报送监理工程师，及时进行路基质量状况的分析评价，为路面铺筑提供依据。

（4）浅层软土（含沼泽）置换层宜选用强度较高的砂砾、碎石土等水稳定性和透水性好的材料，其含泥量不大于 10%。

（5）塑料排水板超过孔口的长度应能伸入砂垫层不小于 500 mm，预留段应及时弯折埋设于砂垫层中，与砂垫层贯通，并采取保护措施。塑料排水板不得搭接。施工中防止泥土等杂物进入套管内，一旦发生应及时清除。

（6）砂桩。

① 材料要求：采用中、粗砂，也可使用砂砾混合料，其渗透系数应大于 5×10^{-2} mm/s。

② 采用单管冲击法、一次打桩管成桩法或复打成桩法施工时，应使用饱和砂；采用双管冲击法、重复压拔法施工时，可使用含水量为 7% ~ 9% 的砂；饱和土中施工可用天然湿砂。

③ 地面下 1 ~ 2 m 土层应超量投砂，通过压挤提高表层砂的密实程度。

④ 实灌砂量未达到设计用量时，应进行处理。如图 5.12。

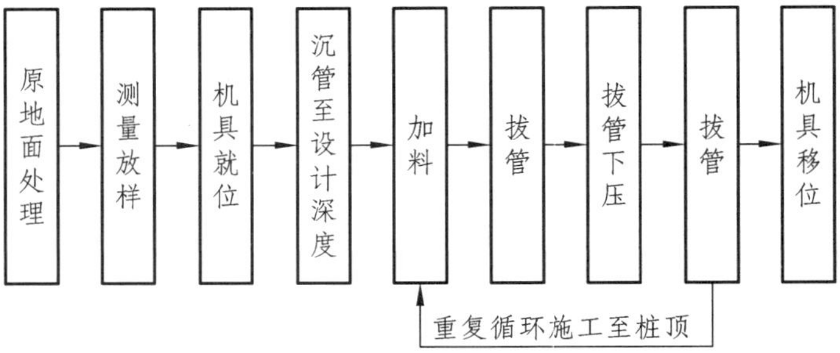

图 5.12　砂桩施工流程图

（7）碎石桩。

① 采用不易风化碎石或砾石，粒径宜为 19 ~ 63 mm，含泥量应小于 10%。

② 应采用机械振动成桩法施作碎石桩。

③ 碎石桩密实度抽查频率为 2%，用重Ⅱ型动力触探测试，贯入量 100 mm 时，击数应大于 5 次。

（8）加固土桩。

① 如加固土桩采用生石灰和粉煤灰应符合相关标准要求，如用水泥应采用普通硅酸盐或矿渣水泥。

② 应首先取得满足设计喷入量的各种技术参数，如钻进速度、提升速度、搅拌速度、喷气压力、单位时间喷入量等。

③ 采用浆液固化剂时，制备好的浆液不得离析，不得停置过长。超过 2 h 的浆

液应降低等级使用。浆液拌和均匀、不得有结块，供浆应连续。

④ 采用粉体固化剂时，严格控制喷粉标高和停粉标高，不得中断喷粉，确保桩体长度；严格控制粉喷时间、停粉时间和喷入量。应采取措施防止桩体上下喷粉不匀、下部剂量不足、上下部强度差异大等问题。

（9）水泥粉煤灰碎石桩。

① 应根据施工方法，选择合理级配和最大粒径的集料。宜选用普通硅酸盐水泥，选用Ⅱ、Ⅲ级粉煤灰。

② 桩体施工应选择合理的施打顺序，避免对已成桩造成损害。并应对已打桩的桩顶进行位移监测。

（10）预制管桩。

① 预制管桩宜采用静压方式施工，流程如图 5.13，也可采用锤击沉桩方式施工。

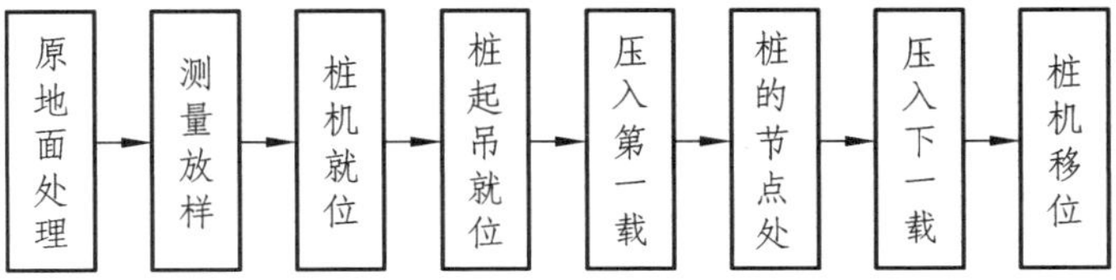

图 5.13　静压管桩施工流程图

② 桩的打设次序应由路基中心线向两侧打设，由结构物向路堤方向打设。

③ 沉桩过程中应严格控制桩身的垂直度。

④ 管桩与托板的连接，对于沉入到设计标高后不需要截桩的薄壁预应力混凝土管桩，与托板连接可用托板连接筋与钢筋板圈焊接后，将桩顶直接埋入托板内。连接筋和桩顶埋入托板内深度，应根据不同的工程情况，按设计要求确定。

⑤ 需要截桩的管桩与托板连接，管桩截断后，将垫块下入管内，并把连接用钢筋笼插入桩内，用与托板相同强度等级的混凝土灌注。

（11）强夯。

① 应采取隔振、防振措施消除强夯对邻近建筑物的有害影响。

② 夯击次数应按现场试夯得到的夯击次数和夯沉量关系曲线确定。

③ 垫层材料应采用透水性好的砂、砂砾、石屑、碎石土等。

④ 强夯施工完成后，应通过标准贯入、静力触探等原位测试，测量地基的夯后承载能力是否达到设计要求。

（12）强夯置换。

① 置换材料应采用级配良好的块（片）石、碎石、矿渣等坚硬的粗颗粒材料，粒径不宜大于夯锤底面直径的 0.2 倍，含泥量不宜大于 10%，粒径大于 300 mm 的颗粒含量不宜大于总质量的 30%。

② 应采取隔振、防振措施消除强夯对邻近建筑物的有害影响。

③ 夯击前先标出夯点位置，测量地面高程。夯击时逐击记录夯坑深度，当夯坑过深而发生起锤困难时，停夯后向坑内填料直至坑顶填平，记录填料数量，如此重复直至满足规定的夯击次数及控制标准，完成一个墩体的夯击。

④ 应按由内而外，隔行跳夯击打的原则完成全部夯点的施工。

5.3.2 膨胀土地区路基施工

（1）路堤填筑工艺。

① 掺石灰宜分二次进行，第一次掺石灰是为“砂化”降低塑性指数，便于粉碎；第二次掺石灰为提高强度，控制膨胀量，两次掺灰拌和也更有利于拌和均匀，如图5.14、图5.15。

图 5.14 第一次掺石灰

图 5.15 第二次掺石灰

② 拌和深度应达到该层底部，拌和后的土块粒径应小于 37.5 mm。

③ 土的天然含水率偏高时宜采用生石灰粉处治。

④ 路基完成后，应及时做封层，其厚度应不小于 200 mm。

（2）路床施工工艺。

路床宜采用砂砾等粗粒料填筑。路床填筑前，膨胀土顶面的横坡宜调整在 3% ~ 4% 之间，并在铺设无纺布土工膜等防水隔离层后方可填筑砂砾料。

（3）路堑开挖与防护。

① 边坡施工过程中，必要时，宜采取临时防水封闭措施保持土体原状含水量。

② 边坡不得一次挖到设计线，应预留厚度 300 ~ 500 mm，待路堑完成后，再分段削去边坡预留部分，并立即进行加固和封闭处理。

③ 采用非膨胀土覆盖或设置柔性防护结构进行防护时，边坡覆盖置换厚度不应小于 2.5 m 并满足机械压实施工的要求，覆盖置换层与下伏膨胀土层之间，应设置排水垫层与渗沟。

④ 采用植物防护时，不应采用阔叶树种。

⑤ 圬工防护时，墙背应设置缓冲层，厚度不应大于 0.5 m。支挡结构基础应大于气候影响深度，反滤层厚度不小于 0.5 m。

4）零填和挖方路段路床。

零填和挖方路段路床 0.8 m 范围的膨胀土应进行超挖、换填处理，换填材料为透水性材料时，底部应设置防渗层。对于强膨胀土路堑，路床换填深度宜加深到 1.0 ~ 1.5 m。若在 1.50 m 范围内可见基岩则清除至基岩。

5.3.3 昔格达地区路基施工

（1）昔格达土应通过掺石灰等技术措施改良并经试验合格后方可用于路堤填筑；但路床部分必须采用强度较高、不易风化崩解的砂砾或硬质、中硬石料，填石最大粒径不超过 10 cm 的石渣填筑。

（2）昔格达土路基应进行沉降观测，观测频率在自然稳定期 1 ~ 3 月一测，根据沉降量变化适当调整。

（3）昔格达土掺灰施工工艺同“5.3.2 膨胀土地区路基”施工工艺。

（4）昔格达路基应避免雨季施工，施工期间应设置边沟以防路基被雨水浸泡。

（5）昔格达土的零填及挖方段应进行换填处理。昔格达土较薄，厚度在 80 ~ 150 cm，宜全部清除并换填；若昔格达土厚度 > 150 cm，宜将路床（0 ~ 80 cm）范围内的昔格达土挖除并换填。

（6）路堑边坡应按设计要求及时进行防护和综合排水施工，坡脚应按设计要求及时施工支挡结构物。

5.3.4 冻土地区路基施工

1）地基处理。

（1）填筑前应将基底范围内的积雪和冰块清除干净并进行压实，压实度不低于 90%。

（2）需要换填处理的地段应开挖至设计深度，选用合适填料及时整平压实。

2）路堤填料。

（1）路堤填料应是未冻结的填料。

（2）取土场取土时应将未融化的冻土夹层清除，含有冻结块的路基填料，应充分晾晒融化后方可使用。

3）路堤填筑。

（1）路堤施工前，应在路基两侧挖出排水沟或边沟，并结合永久排水先做渗沟、渗井等地下排水设施。

（2）冻深范围内的填土严禁混杂，冻胀性不同的土应分层填筑，抗冻性强的土应填在高层位。同一层位路基土的含水量、压实度基本相同。

4）挖方路段。

（1）挖方路段应提前填筑拦水埂，防止边界外的水流入路堑中，应经常疏通排水沟渠。

（2）石质挖方段、零填路段超挖和清除软层后的凸凹面，宜采用贫水泥混凝土找平层，严禁用挖方料和未经稳定处理的混合料回填。

5.3.5 涎流冰地段路基施工

（1）施工应尽量减少对原有自然排水系统的影响。在修建排、挡、截等结构物时，不得随意挖掘取土，并注意保留（护）原自然形成的疏水系统。

（2）在冰冻或高寒的涎流冰地区，路基宜选用水稳性良好的砂砾石土作为填料。

（3）采用浆砌片（块）石砌筑的挡冰墙，未达到设计强度前不得浸水遭受冻胀破坏。聚冰坑，应按设计要求砌筑，并做好防渗施工。

5.3.6 雪害地段路基施工

（1）应本着不破坏自然景观及生态环境的原则，采用科学的施工工艺，尽量减少在施工过程中造成额外的公路雪害。

（2）在修筑高路堤、开挖储雪场及整修山坡的施工中，应及时查明工程地质及水文地质变化，根据实际情况，采取相应措施。

（3）路基排水应充分考虑春季融雪水的渗透作用，根据当地稳定积雪深度及融雪水的情况，采取措施保证路基的稳定及构造物的抗冻融性。

（4）积雪地段路基及构造物应采用水稳性和抗冻融性较好的材料，保证雪害地段路基及防雪工程的稳定性。

（5）雪崩地段路基施工，应配备专门的观测仪器和人员进行监测，及时预报警示山体塌方、碎石跌落、降雨降雪天气、大量地下水涌出等可能造成的山体变化情况，应制定安全预案，避免施工安全事故。

（6）混凝土防雪走廊的原地基应牢固，结构物应满足防水、排水及冻融要求，墙后填土应与山坡相顺接。

5.3.7 泥石流地区路基施工

（1）泥石流地区路基施工，应设置专职巡查人员，监测泥石流动态，遇有异常情况应及时处理，确保施工安全。

（2）排导泥石流构造物基础应牢固，线形应圆滑、渐变，上下游应有足够长的衔接段，行进段沟槽不宜过分压缩，出口不宜突然放宽。流向改变处的转折角不宜超过 15°，避免因急弯突然收缩和扩大而造成淤塞。

（3）排导构造物行进段和出口段的纵坡应满足设计要求或大于沟槽的淤积平衡坡度。

5.3.8 采空区路基施工

1）采空区注浆处理。

（1）注浆孔成孔的孔径、孔深、孔的垂直度及孔位偏差应符合设计要求。

（2）钻进结束后，应对钻孔进行冲洗，钻孔未注浆前，孔口应加盖防护。

（3）注浆浆液应机械拌和，所用原材料应准确计量。

（4）注浆施工，同一地段注浆，应按先帷幕孔、后注浆孔，先低处后高处的顺序进行，帷幕注浆应分序间隔进行。

（5）注浆检测：处置结束后，应监测岩体的空洞、裂隙、浆液的充填情况以及岩体的完整程度、浆液结石体的抗压强度。检测可采用钻探、物探、室内试验、孔内电视和钻孔注浆等方法进行。当采空区埋深小于 30 m 时，宜采用开挖探井、探坑方式进行。

2）采空空间采用干砌、浆砌片石支撑法进行处理。

（1）处置施工时应注意通风安全，应按照从里到外的顺序施工。

（2）干砌片石应分层砌筑，水平缝应大致找平，竖缝应相互错开，浆砌片石应分段分层坐浆砌筑。

3）强夯法处理。

（1）对已经坍陷的采空区应按照设计要求的夯击能、夯点间距、点夯次数、夯击遍数，选取有代表性的区段进行试夯，满足设计要求后，方可正式施工。

（2）强夯处置后的地基检测，应在施工结束后间隔一定时间进行。

5.4 冬、雨季路基施工

5.4.1 一般规定

（1）冬、雨季施工应做好临时排水，并与永久排水设施衔接顺畅。

（2）冬、雨季施工应加强安全管理，制定安全预案，加强气象信息收集工作，避免灾害和事故发生。

5.4.2 冬季施工

（1）在反复冻融地区，昼夜平均温度在 -3 °C 以下，且连续 10 天以上，或者昼夜平均温度虽在 -3 °C 以上，但冻土没有完全融化时，均应按冬季施工办理。

（2）土质路堤和地质不良地区不宜进行冬季施工。河滩低洼地带，可被水淹没的填土路堤不宜冬季施工。

（3）路基基底处理应在冻结前完成表层清理，挖好台阶，并应采取保温措施防止冻结。

（4）路堤填料，应选用未冻结的砂类土、碎石、卵石土、石渣等透水性良好的材料。并在填筑前应将基底范围内的积雪和冰块清除干净。每层松铺厚度应比正常施工减少 20%～30%，且松铺厚度不得超过 300 mm。当天填土应当天完成碾压。

（5）当填筑标高距路床底面 1 m 时，碾压密实后应停止填筑，在顶面覆盖防冻保温层，待冬季过后整理复压，再分层填至设计标高。冬季过后必须对填方路堤进行补充压实。

（6）冬季挖方路基施工，其挖方边坡不得一次挖到设计线，应预留一定厚度的覆盖层，待到正常施工季节后再修整到设计坡面。 路基挖至路床顶面以上 1 m 时，完成临时排水沟后，应停止开挖，待冬季过后再施工。

5.4.3 雨季施工

（1）雨季施工应综合规划、合理设置现场防排水系统，采取有效措施，及时引排地面水。

（2）对施工临时挤占的沟渠、河道应采取措施保证不降低原有的排水能力。

（3）路堤填筑的每一层表面应设 2%～4% 的排水横坡。

（4）在已填路堤路肩处，应采取临时排水措施，引排雨水至排水系统，防止边坡冲刷。

（5）雨季路堑施工宜分层开挖，每挖一层均应设置纵横排水坡，使水排放畅通。

（6）在雨季前应将基底处理好，孔洞、坑洼处填平夯实，整平基底，低洼地段，应在雨季前将原地面处理好，并将填筑作业面填筑到可能的最高积水位 0.5 m 以上，并设纵横排水坡。

（7）填方路堤填料应选用透水性好的碎（卵）石土、砂砾、石方碎渣和砂类土等。利用挖方土作填料，含水量符合要求时，应随挖随填及时压实，且当天填筑的土层应当天或雨前完成压实。

（8）挖方路基的边坡不宜一次挖到设计坡面，应预留一定厚度的覆盖层，待雨季过后再修整到设计坡面。

（9）雨季开挖路堑，当挖至路床顶面以上 30～50 cm 时应停止开挖，并在两侧挖好临时排水沟，待雨季过后再施工。

（10）结构物基坑在雨季开挖后未能及时施工时，应采取防浸泡措施，必要时雨后应对基坑地基承载力再次检测，以确定是否满足设计要求。

5.5 涵洞工程

5.5.1 圆管涵

（1）圆管涵施工流程见图 5.16。

（2）圆管涵基坑的开挖宜采用机械开挖。基坑开挖前放出基坑的开挖线，开挖时测量人员跟随配合观测，基坑开挖至基底标高 10～20 cm，采用人工开挖整修。

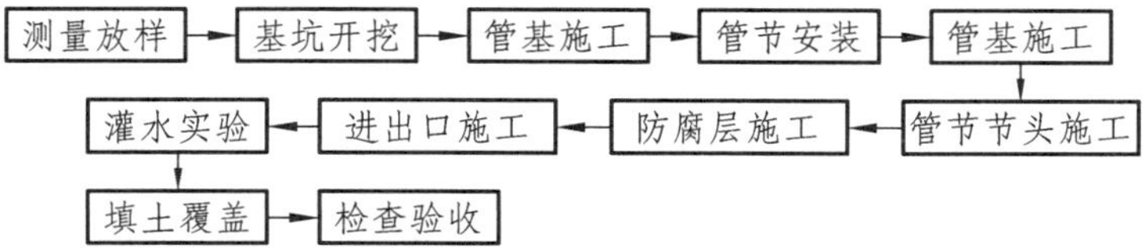

图 5.16　圆管涵施工流程图

（3）基坑开挖完成后，应检测地基承载力，地基承载力符合设计要求方可进行下道工序施工，如不符合要求，则必须采用合适技术措施进行处理至达到要求为止。

（4）圆管涵管节端面应平整并与其轴线垂直。

（5）管节外壁应注明适用的管顶填土高度，相同规格的管节应堆放在一起，以便于取用，防止弄错。

（6）管节在运输、装卸过程中，应采取防碰撞措施，避免管节损坏。

（7）各管节应顺流水坡度安装平顺，管节必须垫稳坐实，管道内不得遗留泥土等杂物。

（8）对插口管、接口应平整，环形间隙均匀，对平接管，接缝宽度 10 ~ 20 mm，禁止用加大接缝宽度来满足涵洞长度要求。接口表面应平整，并用有弹性的不透水材料嵌塞密实，不得有间断裂缝、空鼓和漏水等现象。

5.5.2　盖板涵、通道涵

（1）盖板涵、通道涵施工流程见图 5.17。

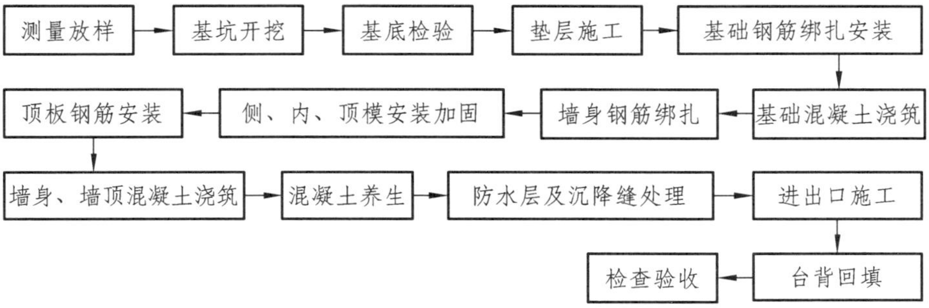

图 5.17　盖板涵、通道涵施工流程图

（2）基坑开挖宜采用机械开挖，人工配合成型。挖掘机开挖距基底标高 10 ~ 20 cm，采用人工修整基底，确保不扰动基底土层。

（3）开挖基坑时一般在基坑两侧留出临时排水沟，以降低基坑水位，以免让地表水或地下水浸湿基底土质。

（4）基坑开挖完成后，应检测地基承载力，地基承载力符合设计要求方可进行下一道工序的施工。

（5）盖板涵、通道涵的混凝土墙身施工应采用钢模板（每块模板的面积不小于 1.2 m^2），模板强度与刚度必须满足施工需要，并可采用移动模板施工，如图 5.18，以确保墙身的混凝土外观满足设计要求。浆砌块石墙身应按圬工的砌筑要求进行施工。

图 5.18　移动模板施工

（6）盖板涵、通道涵的盖板，分为预制、安装和现浇两种施工方法。采用预制时，必须集中预制，严格控制预制板的长度与现场沉降缝的位置严格对应。现浇法的模板支架必须有足够的强度和刚度，沉降缝采用泡沫板隔开，浇筑时可“跳节”施工，基础、墙身、盖板沉降缝应在同一位置、上下垂直、贯通。

（7）盖板涵、通道涵的盖板混凝土浇筑完成后必须及时养生，同时制作两组试块与其同条件养生，混凝土强度达到设计规范要求时方能拆除支架。

（8）盖板涵、通道涵沉降缝的处理均采用沥青麻絮填塞，必须塞满填实。

5.6　路基防排水施工

5.6.1　一般规定

（1）路基施工前宜先完成临时排水设施。施工期间应经常维护临时排水设施，确保排水效果。

（2）路基排水系统的施工安排，宜先进行桥涵工程，并及时完成路基施工现场内外的地表水、地下水的临时和永久排水设施，使工程不受水侵害。

（3）路堤填筑时，各施工作业层面应设 2%～4% 的排水横坡，路基表面不得有积水，并应采取措施防止水流冲刷边坡。

（4）路堑施工中，根据施工时的气候条件，施工前应采取防、排、截，临时与永久相结合的综合措施，及时拦截可能进入路界水。随路堑开挖进度修筑适当的临时排水设施，及时将地表水、地下水排走。

5.6.2 地表排水

（1）边沟沟底纵坡应平顺，与其他排水设施圆滑顺畅衔接，挖方路段纵向凹曲线边沟应采取一端加深边沟的方法，解决凹曲线边沟积水问题。

（2）截水沟应先施工，与其他排水设施应衔接平顺。截水沟应结合地形合理布置并接顺，在转折处应以曲线连接，沟底纵坡不应小于 0.3%，以免水流停滞。

（3）排水沟线形要平顺，转弯处宜为弧线形，应与汇集水流的边沟、截水沟衔接平顺。排水沟应与地形地貌相适应，出水口应设置跌水和急流槽将水流引出路基以外或引入其他横向排水系统。

（4）急流槽宜采用浆砌圬工结构，基础应嵌入稳固的基面上。急流槽较长时，应分节砌筑，分节长度宜为 5 ~ 10 m，接头处应用防水材料填缝。急流槽底面应设置抗滑平台，并应设置端护墙。

（5）跌水槽基础应嵌入稳固的基面上。无消力池的跌水，其台阶高度应小于 60 cm，每阶高度与长度之比应与原地面坡度相协调。

5.6.3 地下排水

（1）暗沟（管）沟底必须埋入不透水层内，沟壁最低一排渗水孔应高出沟底至少 20 cm。暗沟顶面必须设置混凝土盖板或石料盖板，板顶上填土厚度应大于 50 cm。

（2）各类渗沟均应设置排水层、反滤层和封闭层。渗沟透水材料应采用筛选洗净的砂砾、粗砂、碎石、片石或无砂混凝土，其中小于 2 mm 颗粒含量不得大于 5%。

（3）渗井填充料小于 0.15 mm 的颗粒含量应小于 5%，按单一粒径分层填筑，不得将粗细材料混杂填塞。下层透水层范围内应填碎石或卵石，上层不透水范围内应填砂或砾石。井壁与填充料之间应设反滤层，填充料与反滤层应分层同步施工。

5.7 路基防护与支挡

5.7.1 一般规定

（1）各类防护和加固工程应置于稳定的基础或坡体上。坡面防护施工前，应对边坡进行修整，清除边坡上的危石及不密实的松土。

（2）坡面防护层应与坡面密贴结合，不得留有空隙。

（3）在多雨地区或地下水发育地段，路基防护工程施工过程中，应采取有效措施截排地表水和导排地下水。

（4）施工过程中的临时防护措施应与永久防护工程相结合。

（5）坡面防护工程应在路面铺筑前完成。

5.7.2 坡面植物防护

（1）应选用根系发达、易成活、易生长、抗病虫的植物，寒冷地区应选择耐寒植物，干旱地区应选择耐旱植物。

（2）坡面植被防护施工前，应事先完成坡面修整工作。修整后的坡面应大面积平整、排水顺畅，与周围自然地形协调。

（3）种植植被后，应适时进行洒水、施肥等养护管理，直到植被成活；草籽应撒布均匀，同时做好保护措施；灌木（树木）应在适宜季节栽植。

（4）施工时宜避开雨天，避免回填的底土和客土过湿或冲刷。

（5）喷播植草混合料的配合比（植生土、土壤稳定剂、水泥、肥料、混合草籽、水等）应根据边坡坡度、地质情况和当地气候条件确定，混合草籽用量每 1 000 m^2 不宜少于 25 kg。气温低于 12 °C 不宜喷播作业。

5.7.3 坡面圬工防护

（1）圬工防护工艺流程见图 5.19。

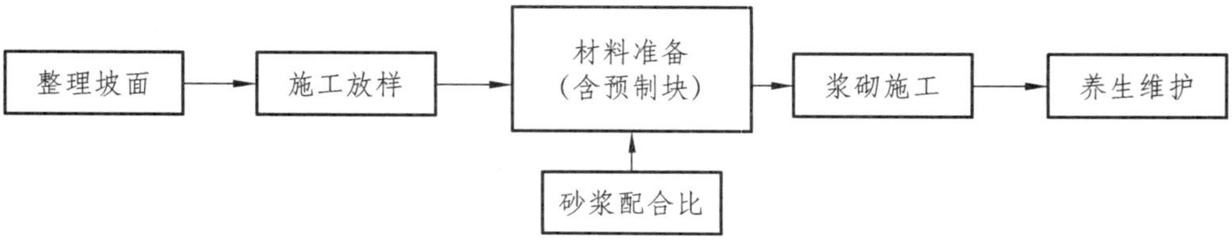

图 5.19 圬工防护工艺流程图

（2）坡面圬工防护可采用片石或预制块，其强度应满足设计要求，预制块宜采用塑钢模具，确保预制块表面光洁，如图 5.20。

图 5.20 塑钢模具

（3）坡面圬工防护施工前，应采取措施对泉水、渗水进行处治，修整坡面，清除浮石或不稳定岩块，并按设计要求设置泄水孔、排放积水。

（4）浆砌片石护坡。

① 砌筑应彼此镶紧，接缝要错开，缝隙间用小石块填满塞紧。护坡基础宜选用

较大石块砌筑，护坡应设置泄水孔和反滤层。

② 浆砌片石护坡每 10 ~ 15 m 应设置一道伸缩缝，缝宽宜为 20 ~ 30 mm。在基底地质有变化处，应设沉降缝。伸缩缝与沉降缝可合并设置。

③ 砂浆砌体完工后，立即进行养生。

（5）浆砌片石护面墙。

① 修筑护面墙前，应清除边坡风化层至新鲜岩面。对迅速风化的岩层，清挖到新鲜岩面后应立即修筑护面墙。

② 护面墙的基础施工前应核实地基承载能力和埋深，地基承载能力不足时，应采取加固措施。冰冻地区应埋置在冰冻深度以下至少 250 mm。

③ 护面墙背应与路基坡面密贴，边坡局部凹陷处，应挖成台阶后用与墙身相同的圬工砌补，不得回填土石或干砌片石。坡顶护面墙与坡面之间应按设计要求做好防渗处理。

④ 应按设计要求做好伸缩缝。当护面墙基础修筑在不同岩层上时，应在变化处设置沉降缝。泄水孔的位置和反滤层的设置应符合设计要求。

（6）浆砌预制块施工工艺参照片石施工工艺执行。

5.7.4 边坡锚固防护

1）一般规定。

（1）边坡锚固防护施工前，应清除坡面松散的浮石和岩渣，用浆砌片石填补空洞，并对坡面缝隙进行封闭处理。边坡修整后应平整、密实，无溜滑体、蠕变体和松动岩体。

（2）边坡开挖和钻孔过程中，应对岩性及构造进行编录和综合分析，与设计相比出入较大时，应按规定处理。

（3）孔位应放样准确，钻孔过程中应严格控制孔轴线偏差。终孔深度宜大于设计孔深不小于 100 mm。

（4）在钻孔的过程中，应根据不同的岩土条件，选用适宜的钻孔机具和方法。钻孔直径符合设计要求，不致使孔壁过分扰动，确保杆体插入和注浆过程中不致塌孔。宜选用无水钻进，不得采用泥浆护壁工艺。

（5）成孔后应及时清净孔内粉尘、石渣。成孔后不能立即插入锚杆或锚索时，宜在孔口采取临时封堵措施，避免水或其他杂物进入孔内。

2）非预应力锚杆。

（1）锚杆应安装在孔位中心。地下水发育地段安装锚杆，安装前应将孔内的水排出，也可采用早强速凝药包式锚杆。

（2）灌浆用砂浆应随拌随用，放置超过初凝时间的砂浆应废弃。

（3）宜先插入锚杆然后灌浆，灌浆宜采用孔底注浆法，灌浆管应插至距孔底 50 ~ 100 mm，并随水泥砂浆的注入逐渐拔出，灌浆压强宜不小于 0.2 MPa。

（4）首次注浆浆液硬化后，应检查浆液是否充满，如未充满应进行二次补浆。

（5）锚杆长度小于 3 m 时，也可采用先注浆后插锚杆的工艺施工。

（6）锚杆安装后，不得敲击、摇动。普通砂浆锚杆在 3 天内，早强砂浆锚杆在 12 h 内，不得在杆体上悬挂重物。

3）预应力锚索。

（1）严禁使用有机械损伤、电弧烧伤和严重锈蚀的钢绞线。严禁将钢绞线及锚索直接堆放在地面或露天储存，避免受潮、受腐蚀。

（2）锚索束制作宜在现场厂棚内进行，应随制作随安装，避免长期存放。锚索的长度应根据钻孔的实际深度确定，钢绞线必须采用机械切割下料，不允许接长。制作好的锚索应按设计进行编号。

（3）锚索入孔前，必须核对锚索编号与孔号是否一致。锚索束应顺直地安放在钻孔中心。

（4）锚索安装后应及时灌浆。灌浆用浆液应严格按照配合比拌制，随拌随用，放置超过初凝时间的浆液应废弃。灌浆应饱满、密实。灌浆过程中注浆管路应保证畅通。无黏结锚索孔灌浆宜一次注满锚固段和自由段。

4）预应力锚索、锚杆张拉。

（1）张拉设备应按规定进行标定，标定间隔期不宜超过 6 个月。拆卸检修的张拉设备或压力表经受强烈撞击后，应重新标定。

（2）孔内砂浆的强度未达到设计规定的允许张拉强度前，不得进行张拉。

（3）张拉应采用张拉力进行控制，用伸长值校核。当实际伸长值大于计算伸长值的 10% 或小于 5% 时，应暂停张拉，查明原因并处理后，方可继续张拉。

（4）锚索锁定后，在 48 h 内若发现有明显的预应力松弛时，应查找原因，并进行补偿张拉。

5）预应力锚杆、锚索封孔。

（1）封孔灌浆应在锚索张拉、检测合格、锁定后进行。

（2）封孔灌浆时，进浆管必须插到底，灌浆必须饱满。

（3）封孔灌浆后，锚头部分应涂防腐剂，并按设计要求及时进行封闭。

5.7.5 重力式挡土墙

（1）挡土墙施工工流程见图 5.21。

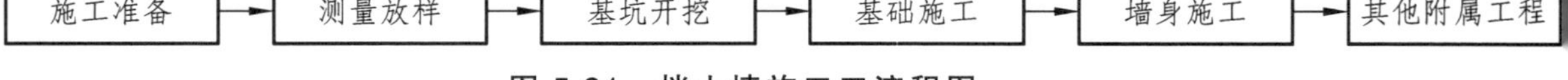

图 5.21 挡土墙施工工流程图

（2）挡土墙施工前，应按设计做好墙背截、排水、反滤及防渗设施，完成施工期间临时排水设施。

（3）墙背填料宜采用砂性土、卵石土、砾石土或块石土等透水性好、抗剪强度高的材料。必须采用黏性土作为填料时，应在墙背设置厚度不小于 30 cm 的砂砾或其他透水性材料排水层。排水层顶部应用厚度不小于 50 cm 的黏性土层封闭。

（4）基坑开挖之前应做好场地临时排水，开挖过程中应现场核对地质情况，与设计不符时，应及时报告处理。基坑开挖宜分段跳槽进行，分段位置宜结合伸缩缝、沉降缝等设置位置确定。设计挡墙基底为倾斜面时，应严格按设计倒坡控制基底标高。

（5）基层开挖完成后应及时进行检验。基底检验合格后，应及时进行下道工序施工。

（6）硬质岩石上的浆砌挡墙基础宜满坑砌筑。浆砌片石底面应卧浆铺砌，立缝要填浆补实，不得有空隙和立缝贯通现象。

（7）混凝土挡墙其混凝土浇筑后应及时进行养生，养生时间不宜少于 7 天。并应在墙体强度达到设计强度的 75% 以后，方可进行墙背回填。回填应分层填筑、分层压实。扶壁式挡土墙回填时应按先填墙趾、后填墙踵的顺序进行。

5.7.6 锚杆挡土墙

（1）应按照基坑开挖、基础浇（砌）筑、锚杆制作、钻孔、锚杆安放与注浆、肋柱和挡土板预制、肋柱安装、挡土板安装、墙后回填料的填筑与压实的工序进行施工。

（2）挡土板和锚杆的施工应逐层由下向上同步进行，挡土板之间的安装缝应均匀，且宜小于 10 mm，同一肋柱上两相邻跨的挡土板搭接处净间距（间隙）不宜小于 30 mm，并应按施工缝处理。挡土板安装时应防止与肋柱相撞以免损坏角隅或开裂。挡土板后的防排水设施及反滤层应与挡土板安装同步进行。

5.7.7 抗滑桩

（1）抗滑桩施工前，应详细了解滑坡工程地质资料，做好应急预案。整平孔口地面，设置地表截、排水及防渗设施。完成对滑坡变形、移动监测点的设置，并进行连续观测。

（2）桩基应分节开挖，分节不宜过长，每节高度宜为 0.6 ~ 2.0 m。不得在土石层变化处和滑动面处分节。本节支护结束、护壁混凝土终凝后方可开挖下一节。

（3）护壁应经过设计计算确定，应考虑到各种不利情况。护壁混凝土应紧贴围岩灌注，灌注前应清除孔壁上的松动石块、浮土。

（4）开挖桩群应从两端沿滑坡主轴间隔开挖，桩身强度不低于设计强度的 75% 时方可开挖邻桩。

（5）挖除的渣土弃渣严禁堆放在滑坡范围内。

（6）桩基开挖过程中，应随时核对滑动面情况，及时进行岩性资料编录，当其实际情况与设计不符时，应及时进行处理。

（7）抗滑桩钢筋笼接头不得设置在土石分界处和滑动面处。灌注前，应检查断面净空和钢筋保护层厚度，清洗混凝土护壁，排除桩内积水。灌注应连续进行，不得中断，施工暂停超过混凝土终凝时间的，应按断桩处理。

（8）挡土板应在桩身混凝土达到设计强度后方可安装。挡土板安装时，应边安装边回填，并做好挡土板后排水设施。

（9）桩间采用土钉墙或喷锚支护时，桩间土体应分层开挖、分层加固。

（10）锚索（杆）桩板式路堤挡土墙应严格控制墙背填土的压实度，压实时不得直接碾压锚索（杆）。

5.7.8 柔性防护

1）施工准备

（1）柔性防护施工前应核查边坡，并清除坡面防护区域内威胁施工安全的浮土及浮石，对不利于施工安装和影响系统安装后正常功能发挥的局部地形（局部堆积体和凸起体等）进行适当修整和加固。

（2）柔性防护系统所用钢筋锚杆、钢丝绳锚杆、隔栅网、钢柱及附件的强度、防腐性能应符合设计及相应产品标准的要求。

2）主动柔性防护

（1）主动防护系统施工应按钻孔、安设锚杆、安装纵横向支撑绳、挂网、缝合的工序进行。

（2）锚杆孔位应准确，局部坡面凹陷处应增加锚杆，以保证防护网紧贴坡面。锚孔注浆用砂浆应根据设计选用，且强度不应低于 M20，灌浆后的养护期不应少于 3 天。

（3）个别孔位因岩质疏松、破碎不能成孔时，应凿除松散部位，并用强度不低于 C15 的混凝土回填。

（4）纵横向支撑绳应与锚杆外露环套逐个连接固定，安装后应拉紧，使其紧贴坡面。

（5）挂网应从上向下进行，并应保证网间的重叠宽度和缝合的要求。柔性防护网分两层时，应先挂小孔径网，后挂大孔径网。

（6）缝合应从上向下进行，缝合应牢固，缝合绳应与网绳固定联结 。

（7）安装完毕后，应检查钢绳网与山体之间贴合是否紧密。如果存在局部与岩体间隙过大（悬空体积大于 1 m^3），应在相应部位增设锚杆。

3）被动柔性防护

（1）被动防护系统应按照施工地脚锚杆、安设钢柱和锚杆、安设支撑绳及附件、挂网的工序进行。

（2）钻孔并安设地锚锚杆、锚栓。锚杆灌注砂浆标号应根据设计确定，且不应低于 M20。

（3）支撑绳安置完成后应用绳卡等附件固定牢固，侧拉索的安设应在上拉绳安装好后进行。下支撑绳应紧贴地面，不留缝隙。

（4）柔性网挂好后应用缝合绳固定。有 2 层柔性网时，小孔径的网应安设在靠近山体侧。网底边应紧贴地面，不留缝隙。

5.8 路基安全施工

5.8.1 一般规定

（1）工程开工前必须进行现场调查，根据施工地路段的地形、地质、水文、气象等，制定相应的安全保护措施。施工中应及时掌握气温、雨雪、风暴、汛情等预报，做好安全防范工作。

（2）路基施工前，应了解施工范围内地下埋设的各种管线、电缆、光缆等情况并与相关部门联系，制定合理的安全保护措施。施工中如发现有危险品及其他可疑物品时，应即停止施工，报请监理等有关部门处理。

（3）应按照国家有关规定配置消防设施和器材、设置消防安全标识。施工现场应设置醒目的安全、警示标识和安全防护设施。

5.8.2 安全施工

（1）路基施工应制定安全预案，确保施工安全。

（2）施工现场的临时用电应符合现行行业标准《施工现场临时用电安全技术规范》JGJ 46 要求。夜间施工时，现场应配备具有保证施工安全要求的照明设施。

（3）施工便道、便桥应设立警示和交通标识，必要时应设专人维护、指挥交通。施工车辆必须遵守道路交通法规。

（4）施工作业人员，必须遵守本工种的各项安全技术操作规程。作业人员、进入现场人员必须按规定佩戴和使用劳动防护用品。由人工配合机械进行辅助作业时，作业人员应注意观察，严禁在机械正在作业的范围内进行辅助作业。

（5）多台机械同时作业时，各机械之间应注意保持必要的安全距离。机械在路基边坡、边沟、基坑边缘、不稳定体（地段）上作业时，应采取必要的安全措施。

（6）在靠近结构物附近挖土时，必须采取安全防护措施。对于在路基范围内暂时不能迁移的结构物，应留出土台，土台周围应设警示标识。

（7）结构物基坑开挖，应根据土质、水文和开挖深度等选择安全的边坡坡度或支撑防护，在施工过程中进行监测，并及时采取相应的处理措施。开挖弃土或坑边材料的堆放不得影响基坑的稳定。沟槽（基坑）开挖深度超过 2 m 时，其边缘上面作业应按高处作业要求进行安全防护并设置警告标识。开挖沟槽（基坑）位于现场通道或居民区附近时，应设置安全护栏。

（8）采用围堰法施工沿河路基防护基础时，应制定针对出现洪水、渗漏水、流沙、涌沙、围堰变形等情况的安全预案。

（9）作业高度超过 1.2 m 时，应设置脚手架，脚手架应通过专业设计，必须进行强度、刚度及稳定性等方面的验算。施工过程中，对脚手架应经常检查，发现松动、变形或沉陷应及时加固。

（10）用提升架运送石料时，应有专人指挥和操作，严禁超负荷运行。严禁使用提升架载人。临时起吊设备的制作、安装必须符合国家相关规定。

（11）砌筑作业时，脚手架下不得有人操作及停留，不得重叠作业。砌筑护坡时，严禁在坡面上行走，不得采用从上到下自由滚落的方式运输材料。

（12）喷浆作业时应密切注意压力表变化，出现异常时，应停机、断电、停风并及时排除故障。作业区内严禁在喷浆嘴前方站人。

（13）预应力张拉时，预应力张拉设备必须安装牢固，千斤顶近旁严禁站人，无关人员不得进入现场。

（14）预制构件安装前，应根据现场条件制定详细的吊装方案，所有起重设备必须符合国家关于特种设备的安全管理规定。

（15）拆除作业应制定安全可靠的拆除方案。拆除的废弃物应运到指定地点。

5.8.3 爆破作业

（1）爆破作业人员必须持证上岗。进行爆破器材保管、加工、运输及爆破作业的人员，不得穿戴易产生静电的衣物。

（2）爆破器材应按规定要求进行检验，失效和不符合技术条件要求的不得使用。

（3）选择炮位时，炮孔应避开正对的电线、路口、结构物。严禁在残眼上打孔。

（4）爆破时，应清点爆炸数与装炮数量是否相符。发生哑炮时，必须按相关规定进行处理。如发现危坡、危石等，应按规定及时处理，未处理前，应在现场设立警戒或危险标识，无关人员不得接近。

（5）清方过程中，发现有哑炮、残药、雷管时，必须及时请爆破人员进行处理。

（6）已装药的炮孔必须当班爆破。

（7）夜间不宜进行爆破作业。遇雷雨时应停止爆破作业，所有作业人员应立即撤离爆破区。

5.9 环境保护

5.9.1 防止水土污染和流失

（1）施工前，应制定相应的预防水土污染和水土流失措施，考虑土地资源的合理利用，缩短临时占地使用时间。

（2）在崩塌滑坡危险区和泥石流易发区严禁取土、挖砂、采石。

（3）施工过程中，各种排水沟渠的水流不得直接排放到饮用水源、农田、鱼塘中。

（4）不得随意丢弃生产及生活垃圾，垃圾的掩埋或处理应按当地环保部门的要求进行。不得随意排放含油废水及生活污水。

（5）使用工业废渣填筑路基，当废渣中含有可溶性有害物质，可能造成土质、水污染时，应采取措施，予以处理。

（6）在自然保护区、森林、草原、湿地及风景名胜区进行施工时，应遵守国家环境保护的相关规定。

5.9.2 噪声、空气污染的防治

（1）在居民聚居区或其他噪声敏感建筑物附近施工时，当噪声超过规定时，应及时采取措施，减少施工活动对沿线居民的干扰。

（2）对施工作业人员，在噪声较大的现场作业时，应采取有效防护措施。

（3）路基施工过程中应采取措施控制扬尘、废气排放等。

（4）路基施工堆料场、拌和站、材料加工厂等宜设于主要风向的下风处的空旷地区。当无法满足时，应采取必要的环保措施。

（5）粉状材料运输应采取措施防止材料散落。

（6）粉煤灰、石灰等在露天堆存时，应采取防尘、防水措施。

（7）采用粉状材料作为路基填料或对路基填料进行现场改良施工时，应避免在大风天作业，施工人员应配戴防尘口罩等劳动保护用品，并采取环境保护措施。

6 路面工程

6.1 准备工作

6.1.1 一般规定

（1）项目经理部、料场、拌和场建设标准应按本指南“第 2 章　工地建设”执行。

（2）承包人应按合同文件要求组织人员、设备进场，以满足施工要求。

（3）承包人必须建立施工质量保证体系，按质量管理体系制定和完善质量要求，明确质量责任及考核办法，建立质量责任人档案，落实质量责任制。

（4）路面工程施工前，应做好路基、桥梁及隧道工程等的验收和移交工作，并办理相应书面手续。路面工程施工期间，每一结构层施工前，应对其下层进行检查，合格后方可进行该结构层施工。

6.1.2 技术准备

（1）路面工程开工前，应做好设计文件技术交底工作，监理单位、承包人应对设计文件进行复核。对设计中存在的问题及建议，应及时以书面形式提请设计单位答复。

（2）应建立符合要求的工地试验室，工地试验室建成后应向有关部门履行备案手续。在正式开工前，应与相关试验检测机构，做好沥青、集料、混合料等原材料、成品料的试验比对工作。

（3）承包人进驻工地后，应按规定对路线的导线点及水准点进行复测，并根据需要进行相应测点的加密。

（4）施工组织设计，承包人应在签订合同协议书后 28 天内完成施工组织设计的编制工作。

（5）承包人应在开工准备工作就绪后，编制完整的《总体开工报告》。

（6）在正式施工前，承包人应对所有参加施工人员分层次组织技术培训和技术交底。培训内容应包括：施工工艺、质量控制、安全措施、环境保护等。

6.1.3 机械准备

（1）工程施工机械设备，必须类型齐全、配套完整，并满足施工质量、进度、安全等要求。

（2）承包人在投标文件中承诺的施工机械设备进场计划，必须严格执行。每个冷、热拌和场主要机械设备配置不低于表 6.1 要求。

表 6.1 每个冷、热拌和场机械设备配置表

结构层类型		机械设备名称	单位	数量	备注
垫层	级配碎石	拌和机（500 t/h）	台	1	
		摊铺机	台	2	性能一致
		装载机	台	2	
		双钢轮振动压路机（12 t～15 t）	台	1	
		单钢轮振动压路机（20 t 以上）	台	2	
		轮胎压路机（25 t 以上）	台	1	
		自卸汽车（15 t 以上）	辆	不少于 15	
	天然砂砾	摊铺机	台	2	
		装载机	台	2	
		单钢轮振动压路机（20 t 以上）	台	1	
		轮胎压路机（25 t 以上）	台	1	
		自卸汽车（15 t 以上）	辆	不少于 15	
底基层、基层	石灰稳定土、二灰稳定土；水泥稳定碎（砾）石	拌和机（500 t/h）	台	1	
		摊铺机	台	2	
		单钢轮振动压路机（20 t 以上）	台	2	
		轮胎压路机（25 t 以上）	台	1	
		双钢轮振动压路机（12 t～15 t）	台	1	
		水车	辆	2	
		自卸汽车（15 t 以上）	辆	不少于 15	
面层	热拌沥青混合料	间歇式沥青拌和机（4000 型以上）	台	1	
		摊铺机	台	2	性能一致

续表

结构层类型		机械设备名称	单位	数量	备注
面层	热拌沥青混合料	双钢轮振动压路机（12～15 t）	台	3	
		振荡压路机	台	2	
		轮胎压路机（25 t 以上）	台	不少于 3	
		自卸汽车（15 t 以上）	辆	不少于 15	在冬季，车厢板应加隔热层，顶面双层覆盖。
	水泥混凝土面层	间歇式拌和设备	台	1	
		滑模摊铺机	台	1	
		三辊轴机组	台	1	根据需要
		硬刻槽机	台	1	
		机动翻斗车	台	不少于 3	
桥面铺装层	桥面板处理、桥面防水黏结层	抛丸机或铣刨机	台	1～2	
		智能型沥青洒布机	台	1	
		集料洒布机	台	1	

注：对沥青路面压路机应配备倒车雷达。

6.1.4　料场及材料准备

（1）料场、拌和场建设标准按照本指南“第 2 章　工地建设”执行。

（2）路面施工前，应做好石灰、粉煤灰、水泥、沥青、集料等各项材料的采购，并根据工程进度，保证材料供应。

（3）正式施工前，材料储量应满足连续施工需要，其中基层集料满足 5～7 天的用量要求，面层集料应达到总量的 25% 以上。

6.1.5　下承层验收与准备

1）路基、桥梁及隧道工程验收。

（1）当路面工程与路基、桥梁或隧道工程由不同承包人承担施工时，路面施工承包人应参加业主与监理组织的路基、桥梁与隧道工程的验收，验收合格后须办理交接手续。

（2）路基、桥梁、隧道验收应按照设计及规范要求，执行现行行业标准《公路工程质量检验评定标准》JTG F80。

（3）软基处理段应检查连续两个月沉降量是否符合设计要求，并将其路面施工计划安排在工期后期实施。

2）路面工程作业面准备。

（1）垫层、底基层作业面准备。

① 路基外形复查。外形检查内容包括高程、中线偏位、宽度、横坡度和平整度；

② 清除路基表面浮土、杂物，必要时应用 18 t 振动压路机进行碾压检验，路基顶面必须平整无坑洼。在碾压过程中，如发现土过干，表面松散，应适当洒水，如土过湿，发生“弹簧”现象应采取技术措施处理。

③ 进行中线恢复。直线段每 15 ~ 20 m 设一桩，平曲线段每 10 ~ 15 m 设一桩，并在两侧路肩边缘外 0.3 ~ 0.5 m 设指示桩，并进行水准测量，标出上覆层边缘的设计高程。

（2）基层作业面准备。

① 底基层外形检查：底基层外形检查内容包括高程、中线偏位、宽度、横坡度和平整度。

② 底基层缺陷检查和修复。

③ 应用扫帚和鼓风机将下承层浮浆及杂物清理干净。

（3）透层、下封层作业面准备。

① 基层外形检查：基层外形检查内容包括高程、中线偏位、宽度、横坡度和平整度；

② 基层缺陷检查和修复：水泥稳定碎（砾）石和二灰碎石基层应完整板结，如出现裂纹，应采取裂纹防反射技术措施。

（4）黏层作业面准备。

① 按相关规定对中、下面层的外观质量与内在质量进行全面检查，对局部质量缺陷（如严重离析和开裂、油污染等）进行修复。

② 对中、下面层表面的污染物必须清扫干净，必要时用水冲刷，对于局部被水泥等杂物污染冲刷不掉的，应采用人工将表面水泥砂浆凿除。

（5）沥青面层作业面准备。

① 检查下封层完整性：对已成型的下封层，用硬物刺破后应与基层表面相黏结，以不能整层被撕开为合格。下封层表面浮动矿料应清扫至路面以外。

② 在进行中、上面层施工前，应检查黏层洒布情况，如出现多洒、少洒和漏洒等缺陷，应进行处理。

③ 检查桥面防水黏结层：对局部外露、脱落和两侧宽度不足部分应按施工要求进行补洒。

（6）桥面或隧道面防水黏结层作业面准备。

桥梁或隧道面工程表面应平整、粗糙，采用喷砂抛丸、精铣刨设备并配合人工凿除水泥混凝土浮浆、浆疤、污染物、灰尘等，用硬扫帚和鼓风机将下承层浮灰及杂物清理干净。

6.2 石料开采、集料加工与储运

6.2.1 一般规定

（1）本章适用于自行开采石料与集料加工，若直接采购成品集料，可按本章要求对石料开采、集料加工过程进行检查与验收。

（2）石料开采、集料加工与储运等过程应符合国家环境保护、安全等规定。石料开采应取得相关主管部门的行政许可。

（3）不同岩性、不同料源的石料不得混杂开采、加工、混堆、混运。

（4）雨雪天不得进行集料加工。

6.2.2 石料开采

（1）根据岩石性能、储量、允许年开采量、运输条件，选择满足工程需求的石料场。

（2）石料的岩性（密度）、强度、吸水率等应符合路面施工的技术要求。

（3）爆破作业应取得当地相关部门的批准，特殊工种人员应持证上岗。炸药运输、储存和使用方法应符合现行国家标准《爆破安全规程》GB 6722 及危险品管理的相关规定。

（4）对岩体断面上存在的表层植被、覆盖土、软弱夹层、风化石层等应及时清理。

（5）石料装运过程中，严禁泥土、风化石、树皮、草根等杂物混入。

（6）宜建立专门的石料分拣堆放场地，并进行场地硬化处理。

6.2.3 集料加工

（1）集料加工生产能力应满足工程需要。集料生产设备包括二次或二次以上破碎方式的碎石生产线（其中至少有一次采用反击或圆锥式破碎方式）、除尘设备、振动喂料机和三层以上的振动筛。

（2）集料首次破碎宜采用颚式破碎机，二次破碎宜采用反击式破碎机，如集料针片状含量偏高，可采用冲击式或圆锥式破碎机整形。

（3）采用振动喂料机对进入破碎机的石料进行最后一次筛选，筛除石料中泥土等不适宜材料。

（4）集料加工的规格应满足路面结构层要求。振动筛的筛网尺寸根据生产需要进行确定，并定期检查，不符合要求应及时更换。

（5）沥青面层用集料，应严格控制各规格料中的粉尘含量，在二次破碎生产线、振动筛上均应安装除尘装置。如采用水洗法除尘，应在适当位置设置沉淀池。

（6）在集料加工过程中，应采用洒水设备洒水作业，保护环境，以减少扬尘和集料的二次污染。

（7）成品料的下料口处各规格集料必须分开堆放，相互之间采用隔墙分离，严禁不同规格集料之间相互串料，并且下料口锥形集料高度不应大于 3 m。

6.2.4 集料储运

（1）集料堆放场地应进行硬化。场内运输道路应采用水泥混凝土路面。

（2）各规格集料应分开堆放，相互之间采用隔墙分离，严禁出现串料和混料现象。

（3）在粗集料堆放时，宜按 10° ~ 15° 的倾角分层堆放。运料车在坡角处紧密卸料，然后由推土机或装载机向高处推平，减少集料离析，禁止运料汽车从料堆顶部向下卸料。

（4）成品集料运输过程中，应采取覆盖措施，防止二次污染。

6.2.5 质量控制

（1）在石料开采和集料加工过程中，应有专人进行检查，防止风化石、泥块、杂草等不合适材料进入集料生产线。

（2）集料加工过程中，在每次开机前，应对破碎机、振动筛、除尘器、皮带输送机等设备进行检查，对筛网的完整性、成品集料的粉尘含量进行检查，若发现问题应及时处理。

（3）集料加工过程中，应按要求检查各规格集料的质量。如发现集料质量波动较大，应停止生产，并检查、排除生产设备、加工工艺等环节存在的问题。

6.3 垫层

6.3.1 一般规定

（1）级配碎石混合料垫层需采用集中厂拌、摊铺机摊铺的施工方法。

（2）在正式施工前，必须铺筑试验段，对试验段施工工艺进行总结，试验段的质量检查频率应是正常路段的两倍。

（3）施工期的日最低气温应在 5 °C 以上，严禁雨天施工。

（4）级配碎石用于底基层或基层时，可参照垫层施工工艺施工，同时需满足相应设计文件要求。

6.3.2 级配碎石垫层

1）材料要求。

（1）集料。

① 集料必须清洁，不含有机物、土块、杂物及其他有害物质。

② 集料的针片状含量、压碎值、液塑限等指标应符合规范及设计文件的要求。

③ 集料应按设计文件要求规格分级筛分备料。

（2）水。

水应洁净，不含有害物质。来自可疑水源应按照现行相关标准要求进行化验鉴定。

2）混合料配合比设计。

（1）级配碎石混合料应采用重型击实方法或振荡击实方法进行混合料配合比设计。

（2）级配碎石颗粒组成和塑性指数等应符合现行行业标准《公路路面基层施工技术细则》JTG F20 相关要求。

（3）级配碎石 CBR 值应满足设计文件要求，回弹模量应不小于 300 MPa。

（4）调整各种矿料比例设计粗、中、细 3 组初试级配，对每种级配选取 5 个含水量进行重型击实试验，确定级配碎石的最佳含水量及最大干密度。

（5）在最佳含水率下成型试件，选取 CBR 值最大者作为设计级配。

3）试铺段施工。

（1）试铺段应在主线选择经验收合格的下卧层上进行，长度为 300 ~ 400 m，宜采用两种试铺碾压方案，每一种试铺方案为 100 ~ 200 m。

（2）当使用的原材料和混合料、施工机械、施工方法符合要求，试铺段各项检验结果符合规定后，编写试铺总结，经审批后作为申报正常路段开工的依据。

4）施工要点。

（1）拌和。

① 每天拌和前应测定各种规格集料的含水量，结合天气、运距等情况调整外加水量。一般情况下，混合料的含水量比最佳含水量宜提高 0.5% ~ 1%，在气温高、风速大、天气干燥的情况下，宜提高 1% ~ 2%。早晚与中午的含水量要有适当区别。

② 应有足够数量的装载机加料，确保拌和机各仓集料充足，同时避免料仓窜料。

③ 拌和机出料不应采取自由跌落式的落地成堆、装载机装料运输的办法。应配备带活页门漏斗的料仓，由漏斗出料直接装车运输。装车时车辆应前后移动，分前、后、中三次装料，避免混合料离析。

（2）运输。

① 运输车辆应采用大吨位的自卸车，运输车辆数量须满足拌和、出料及摊铺需要，并略有富余。

② 混合料在运输过程中必须覆盖，以减少水分损失。

（3）摊铺。

① 在级配碎石垫层边缘打好厚度控制线支架，根据松铺系数计算松铺厚度，确定控制线高度，挂好控制线，其控制线钢丝的拉力应不小于 800 N。

② 采用单机摊铺时应采用两侧走钢丝的方法控制高程；采用两台摊铺机梯队作业时，两台摊铺机前后间距宜控制在 10 m 以内，前台摊铺机应采用路侧钢丝和设置在路中的导梁控制路面高程，后台摊铺机路侧采用钢丝、路中间采用两台滑靴控制高程和厚度。前后两台摊铺机应重叠 50 ~ 100 mm。

③ 摊铺速度一般宜在 2 m/min 左右。摊铺过程中，根据拌和能力和运输能力确定摊铺速度，避免摊铺机停机待料的情况。

④ 摊铺过程中，应随时注意材料离析情况，应设专人随时消除粗细集料离析现象。对于粗集料集中或细集料集中的地方，应分别添加细集料或粗集料，并拌和均匀。对严重离析部位应挖除后用符合要求的混合料填补。

⑤ 熨平板前的混合料高度以略高于螺旋布料器 2/3 高度为宜，且全长同高。螺旋布料器在全部工作时间内应匀速转动，避免过快或停顿。

（4）碾压。

① 在摊铺、修整后，压路机应在全宽范围内紧跟碾压，一次碾压段落长度一般为 50 ~ 80 m。碾压应遵循“先轻后重、先慢后快、横断面从低到高”的原则。碾压段落必须层次分明。

② 碾压程序应按试铺段确认的方法进行，碾压时，应重叠 1/3 轮宽。各部位碾压遍数应尽量相同，压路机碾压不到的部位用小型平板式振动器施振密实。

③ 碾压应遵循试铺段确定的程序与工艺。宜按照稳压（静压）→弱振→强振→稳压收面的工序进行压实。

④ 严禁压路机在正在施工和刚完成的路段上调头或急刹车。除非特殊情况，应尽可能避免紧急制动。当出现拥包时，应铲平处理。

⑤ 为保证级配碎石垫层边缘压实度，应有 10 cm 的超宽压实。对用方木或型钢模板支撑时，超宽可适当减小。

（5）接缝处理。

① 当采用梯队摊铺时，纵向接缝应一次碾压密实。如有间隔时间较长的纵向接缝，应预留一定的宽度暂不碾压，在后续摊铺后跨缝一次碾压密实。

② 横向接缝应与路面车道方向垂直设置。

6.3.3 天然砂砾垫层

天然砂砾垫层与级配碎石垫层施工工艺基本相同，可参照级配碎石垫层施工要求执行。

（1）天然砂砾符合规定的级配要求，塑性指数在 6（潮湿多雨地区）或 9（其他地区）以下时，可以直接用作垫层。

（2）天然砂砾级配不符合要求时，应掺配碎石或破碎卵石，掺配比例由试验确定。

（3）塑性指数偏大的砂砾，可加少量石灰降低其塑性指数，也可以用无塑性的砂或石屑进行掺配，使其塑性指数降低到符合要求。

6.4 底基层

6.4.1 一般规定

（1）本标准石灰、粉煤灰稳定土简称“二灰稳定土”。二灰稳定土底基层必须采用中心站集中厂拌法施工。

（2）在正式施工前，先铺筑试验段，对施工工艺进行总结，试验路段的质量检测频率应是正常路段的两倍。

（3）压实厚度不宜超过 20 cm，最小压实厚度应大于 10 cm。但压实厚度可根据所选用的摊铺机、压路机种类适当增加压实厚度。

（4）施工期的日最低气温应在 5 °C 以上，二灰稳定土宜在温暖气候养生 15 天以上。应避免在雨季进行石灰稳定土底基层施工。

6.4.2 石灰、粉煤灰稳定土

1）材料要求。

（1）石灰。

① 应采用Ⅱ级或以上石灰。施工时用灰等级与标准试验一致。

② 石灰应尽量缩短堆放时间，宜分批进料，做到既不影响施工进度，又不过多存放，如存放时间较长，应采取覆盖封存措施，妥善保管。

③ 使用消石灰时，石灰消解宜在使用前 7 ~ 10 天进行。消石灰应过 10 mm 筛后使用。消解石灰用水应适量（每吨石灰用水约 0.35 ~ 0.4 t），不得形成扬尘或灰膏而影响使用。

④ 使用生石灰时，应采用 1 mm 筛孔过筛，去除烧结不透的石灰。

（2）土。

① 宜采用塑性指数 12 ~ 20 的黏土（亚黏土），其有机质含量应不大于 10%，硫酸盐含量小于 0.8%。

② 土块粉碎后，最大尺寸不应超过 15 mm，9.5 mm 和 2.36 mm 筛孔的通过量应分别大于 95% 和 75%。

③ 粉煤灰中的 SiO_2、Al_2O_3 和 Fe_2O_3 的总含量应大于 70%，烧失量不应超过 20%，比表面积宜大于 2 500 cm^2/g，SO_3 含量不大于 3.0%。

2）试验路段施工。

（1）正式开工前，应在主线上铺筑底基层试铺段，长度不少于单幅 200 ~ 300 m。

（2）当使用的原材料和混合料、施工机械、施工方法符合要求，试铺段各项检验结果符合规定后，编写试铺总结，经审批后作为申报正常路段开工的依据。

3）施工程序。

中心站集中厂拌法二灰稳定土底基层应按图 6.1 所示程序组织施工。

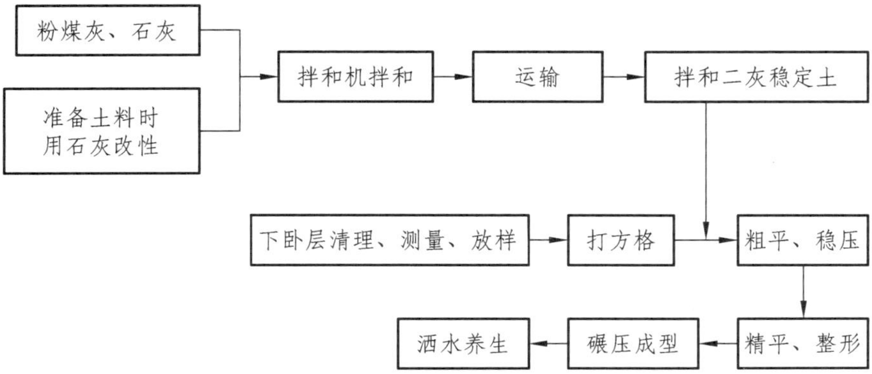

图 6.1　厂拌法施工程序

4）施工要点。

（1）拌和与摊铺。

高速公路底基层混合料必须采用中心集中站厂拌法施工。

① 采用生石灰时，应将生石灰粉装入储料罐中；当采用水泥、石灰综合稳定时，则水泥应装入另外的储料罐中。粉煤灰可通过料仓配料。

② 施工可按照现行行业标准《公路路面基层施工技术细则》JTG F20 中心站集中厂拌法施工要求执行。

（2）碾压。

① 用轻型压路机或振动压路机静压一遍。

② 用 20 t 以上的压路机弱振碾压 1～2 遍，再强振 2～3 遍、弱振 1～2 遍，最后用轻型压路机或胶轮收压，直至规定压实度。一般碾压 6～8 遍（来回为一遍），碾压宽度宜重叠 1/3 轮宽。

③ 碾压应遵循由路边向路中、先轻后重、低速行驶碾压的原则，避免出现推移、起皮和漏压的现象。碾压程序和碾压遍数应通过试铺确定。

④ 应注意天气变化，降雨应停止底基层施工，对已经摊铺的石灰稳定土底基层应尽快碾压密实。石灰稳定土如遇降雨未能及时碾压，应采取覆盖的措施。

（3）接缝。

底基层的横向施工接缝应采用与表面垂直的平接缝，并应确保接缝处平整度。

（4）养生。

① 碾压完毕应及时洒水养生、保持底基层湿润，石灰稳定土表面不应过干。应采用塑料薄膜覆盖养生，防止石灰稳定土表面水分蒸发而开裂。养生期间禁止车辆通行，养生期一般为 15 天。

② 二灰稳定土双层施工时，若未掺加水泥，则第一层石灰稳定土碾压成型后可连续铺筑第二层，期间无需预留养生期。

6.4.3 石灰、粉煤灰稳定碎石和水泥稳定碎（砾）石

石灰、粉煤灰稳定碎石底基层施工，参照本指南 6.5.4 节执行；水泥稳定碎（砾）石底基层施工，参照本本指南 6.5.3 条执行。

6.5 基层

6.5.1 一般规定

（1）基层结构应采用集中厂拌、摊铺机摊铺、压路机碾压的施工工艺。

（2）当沥青路面基层采用密级配沥青碎石基层（简称“沥青碎石基层”）结构时，混合料公称最大粒径应与层厚相适应，压实厚度宜不小于集料公称最大粒径的 3 倍，其中 ATB-25 适宜压实厚度为 8 ~ 12 cm，ATB-30 适宜压实厚度为 9 ~ 15 cm；采用水泥稳定碎（砾）石与石灰、粉煤灰稳定碎石（简称“二灰碎石”）基层结构时，应采用分层铺筑。

（3）在正式施工前，必须铺筑试验段，对施工工艺进行总结，试验段的质量检查频率应是正常路段的两倍。

（4）沥青碎石基层施工，对同一拌和场两台拌和机，如果使用相同品种的矿料，可使用同一目标配合比，但每台拌和机必须独立进行生产配合比设计。如果矿料产地、品种等发生变化，必须重新进行目标配合比及生产配合比设计。

（5）沥青碎石基层与下卧层之间应设置下封层或喷洒透层沥青，如沥青碎石基层的下卧层为级配碎石时，应设置透层和黏层，施工间隔时间应尽量缩短。

（6）沥青碎石基层应在不低于 10 °C 气温下进行施工，同时严禁雨天、路面潮湿的情况下施工。施工期间，应注意天气变化，已摊铺的沥青碎石基层因遇雨未进行压实的应予以铲除。雨天过后，等下卧层完全干燥后方可进行沥青碎石基层的施工。

（7）水泥稳定碎（砾）石与二灰碎石的施工期宜在冰冻到来半个月前结束，禁止在气温低于 5 °C 状态下施工，并宜避免在高温天气施工，气温高于 35 °C 应采取特殊措施施工。

（8）雨季施工时，应特别注意天气变化，避免水泥稳定碎（砾）石、二灰碎石混合料遭雨淋。降雨时，应停止施工，对已经摊铺的混合料应尽快碾压密实，并及时覆盖。禁止在雨天施工。

（9）无特殊情况，基层施工应连续作业，中午不得停工，尽量减少施工接缝，桥头施工应与正常路段一次成型。

6.5.2 沥青碎石基层

1）材料要求。

（1）沥青。

① 宜采用 A 级道路石油沥青，根据项目所在地的气候环境特点及道路的功能性要求选择沥青标号。

② 沥青必须按品种、标号分开存放，桶装沥青应直立堆放，加盖苫布。沥青在储罐中的贮存温度应控制在 130～170 °C。暂不使用的沥青可在常温下长期储存。

（2）集料。

① 集料应充分利用当地材料合理选材，节约资源，沿线石灰岩、花岗岩、玄武岩、辉长岩、辉绿岩、卵碎石等均可作为加工碎石的原材料。

② 如选用卵石轧制，在河滩取料应进行筛分，卵石粒径不得小于 5 cm。

③ 粗集料应采用石质坚硬、清洁、不含风化颗粒、近立方体颗粒的碎石，粒径大于 2.36 mm。一般采用反击式破碎机轧制的碎石，必要时采用冲击式破碎机整形，严格控制针片状颗粒含量。

④ 粗集料宜采用石灰岩等碱性石料，当使用其他种类的粗集料时，如粘附性难以达到要求，可掺加消石灰、水泥或用饱和石灰水处理后使用，必要时可同时在沥青中掺加耐热、抗水损、长期性能好的抗剥落剂。

（3）填料。

填料一般采用矿粉，矿粉必须采用石灰岩或岩浆岩中的强基性岩石等憎水性石料经磨细得到，原石料中的泥土杂质应除净。矿粉应洁净、干燥。

2）试验段施工

（1）试验段应选在具有代表性的主线直线段，采用两种或两种以上的压实方案，每种方案长度不少于 300 m。

（2）当使用的原材料、混合料、施工机械、施工方法符合要求，试验段各检测结果符合规定后，编写试铺总结，经审批后作为申报正常路段开工的依据。

3）施工要点

（1）拌和。

① 严格控制沥青和集料的加热温度以及沥青混合料的出厂温度，集料温度应比沥青温度高 10～15 °C。

② 拌和楼控制室要逐盘打印沥青及各种矿料的用量和拌和温度，随时在线检查矿料级配和油石比，并定期对拌和楼的计量和测温进行校核。

③ 每盘拌和周期一般不少于 45 s，其中干拌时间一般不少于 5 s，具体拌和时间由试拌确定，必须使集料颗粒全部裹覆沥青结合料。目测混合料有无花白、冒青烟和离析等异常现象。若有异常，应查明原因，及时调整。

④ 每台拌和机每天上午、下午各取一组混合料试样做马歇尔试验和抽提筛分试

验，检验油石比、矿料级配和沥青混合料性质。

⑤ 每天施工结束后，根据拌和楼打印的各料数量，进行总量控制。以各冷料仓、各热料仓及矿粉筛分结果计算平均施工级配、油石比，与生产配合比设计结果进行校核；以每天产量计算平均厚度，与设计厚度进行校核。

（2）运输。

① 应采用大吨位的运输车辆运输，一般应不小于 15 t，车辆数量应根据运输距离、摊铺速度确定，适当留有富余，摊铺机前方应有不少于 5 辆运料车等候卸料，以确保现场连续摊铺的需要。

② 采用数字显示插入式热电偶温度计检测沥青混合料的出厂温度和运到现场温度，插入深度要大于 15 cm。在运料卡车侧面中部设置专用检测孔，孔口距车厢底面约 30 cm。

③ 运料车进入摊铺现场时，轮胎上不得粘有泥土等可能污染路面的脏物，必要时应用水洗净轮胎后方可进入施工现场。

④ 拌和机或储料仓向运料车放料时，料车应“前、后、中”移动，分 3 ~ 5 次装料，减少离析。

⑤ 运料车应采用厚苫布覆盖严密，苫布至少应下挂到车厢板的一半，苫布与车厢应采用麻绳栓接牢固，卸料过程中仍应继续覆盖直到卸料结束，详见图 6.2，确保混合料温度稳定。

图 6.2 不揭篷布摊铺

⑥ 卸料过程中，运料车不得撞击摊铺机，应在摊铺机前 20 ~ 30 cm 处停住，挂空挡靠摊铺机推动前进。

⑦ 运输车辆在装料前应将车厢清洗干净，车厢底板和侧板涂抹适量的隔离剂。

（3）摊铺。

① 可以采用 1 台摊铺机摊铺，也可以采用 2 台摊铺机同时摊铺，选用两台摊铺

机时应采用梯队作业，摊铺机必须为同一机型，新旧程度相同，摊铺机各项参数设置一样。摊铺速度应根据拌和机的产量、施工机械配套情况及摊铺厚度、摊铺宽度，按 1.5 ~ 2.5 m/min 予以调整选择，做到缓慢、均匀、不间断地摊铺。做到每天收工停机一次。

② 混合料未压实前，施工人员不得进入踩踏。一般不得人工整修，只有在特殊情况下（如局部离析），才可在现场主管人员指导下人工找补或更换混合料，缺陷较严重时应予铲除，并调整摊铺机或改进摊铺工艺。

③ 摊铺厚度应采用钢丝引导的控制高程方式。钢丝为扭绕式，直径不小于 6 mm，钢丝拉力 800 ~ 1000 N，每 5 m 设一钢丝支架。采用两台摊铺机实施摊铺施工，靠中央分隔带侧摊铺机在前，外侧架设钢丝，摊铺机上安装横坡仪控制摊铺层横坡。两台摊铺机中间采用在可调高程支架上搁置导梁作为高程控制的基准梁，后面摊铺机右侧架设钢丝，左侧在摊铺好的层面上通过滑靴控制高程。

④ 摊铺机应调整到最佳工作状态。摊铺前熨平板应预热至规定温度。熨平板必须拼接紧密，不应存有缝隙。熨平板和夯锤振级应适中并保持恒定，使铺面达到 85% 左右的初始密实度，调好螺旋布料器两端的自动料位器，并使料门开度、链板送料器的速度和螺旋布料器的转速相匹配。螺旋布料器内混合料表面略高于螺旋布料器 2/3 高度，采用大功率摊铺机时可全覆盖螺旋布料器，详见图 6.3，熨平板挡板前混合料的高度应在全宽范围内保持一致，减少离析现象。

图 6.3　混合料覆盖螺旋布料器

⑤ 摊铺时尽量缩短料车更换的间隔时间，第一辆车卸料完毕后立即离开，同时第二辆运料车倒退，准备卸料，使新料与摊铺机料斗余料混合，以减少温度离析。

⑥ 摊铺机的料斗侧板不得频繁翻起，避免摊铺时产生温度离析。

（4）压实。

① 沥青混合料的压实应尽可能采用重型压路机，并选择合理的压路机组合方式及碾压步骤。初压应在混合料不产生推移、开裂等情况下尽量在较高温度下进行。

初压应采用钢轮压路机，复压采用轮胎与振动压路机交替碾压，终压应采用钢轮压路机收压。

② 压路机应以缓慢而均匀的速度碾压，压路机的适宜碾压速度随初压、复压、终压及压路机的类型而区别。

③ 为避免碾压时混合料推挤产生拥包，碾压时应将驱动轮朝向摊铺机。碾压路线及方向不应突然改变。压路机起动、停止必须减速缓行，不得刹车制动。压路机折回应呈阶梯状，不应处在同一横断面上。

④ 禁止使用柴油、机油等作为胶轮压路机隔离剂，宜用自动喷淋装置喷洒食用混合液等隔离剂喷淋胶轮，图 6.4，防止沥青混合料粘轮。

图 6.4 自动喷淋装置

⑤ 钢轮压路机碾压过程中，喷水量不宜过大，使钢轮表面湿润不粘轮即可，确保碾压温度。

（5）施工接缝的处理。

① 纵向施工缝：两台摊铺机梯队摊铺的纵向接缝，应采用松铺斜接缝，以热接缝形式做一次跨接缝碾压。如果两台摊铺机相隔距离较长，先摊铺层应留下 10 ~ 20 cm 宽暂不碾压，作为后续摊铺的基准面，并跨缝一次碾压密实。上、下层纵缝位置应横向错开 15 cm（热接缝）以上或 30 ~ 40 cm（冷接缝）。

② 横向施工缝：全部采用平接缝，用三米直尺沿纵向放置，在摊铺段端部的直尺呈悬臂状，以摊铺层与直尺脱离接触处定出接缝位置，用锯缝机割齐后铲除斜坡层，用拖布将接缝处灰浆擦洗干净，并涂抹改性乳化沥青黏层；继续摊铺时，切缝处应保持干燥，摊铺机熨平板从接缝处起步摊铺；碾压时用钢轮压路机进行横向压实，从先铺层上跨缝逐渐移向新铺层。接缝碾压完毕再纵向碾压新铺层。上、下层横缝应错开 1 m 以上。对于横向施工缝的处理，也可在沥青碎石层尚未完全冷却时采用刨缝的方式。

③ 当天碾压完毕应将压路机停放未铺新铺层的下卧层上过夜，第二天压路机开

回新施工铺层上后，再按横缝处理要求铲除接缝处斜坡层继续摊铺沥青混合料。

4）质量控制。

（1）所用主要原材料必须进行留样备查。

（2）原材料进场、生产过程中，必须对各种原材料进行检测，质量检测项目、频率按照现行行业标准《公路沥青路面施工技术规范》JTG F40 相关规定执行。

（3）铺筑过程中必须随时对铺筑混合料质量进行检测，质量检测项目、频率按本标准热拌沥青混合料要求执行。

（4）施工过程中随时进行外观（色泽、油膜厚度、表面空隙）检查，发现渗水、严重离析时，必须采取补救措施。

（5）施工过程中应利用计算机实行动态质量管理，计算最大理论密度压实度、试件空隙率、矿料间隙率、油石比、关键筛孔通过率等指标的算术平均值、极差、标准偏差、变异系数以及各项指标的合格率。

6.5.3 水泥稳定碎（砾）石基层

1）材料要求。

（1）水泥。

① 水泥稳定碎（砾）石基层应优先采用普通硅酸盐水泥、矿渣硅酸盐水泥、火山灰质硅酸盐水泥，其初凝时间应在 4 h 以上，终凝时间宜在 6 h 以上、10 h 以内，宜采用 42.5 级缓凝水泥，快硬、早强和受潮变质水泥不得使用。

② 散装水泥入罐时，安定性合格后方能使用，温度不能高于 50 °C，温度较高时应采用降温措施。

（2）集料。

① 应洁净、干燥、表面粗糙、无风化、无杂质。

② 最大粒径为 26.5 mm，应按四级及四级以上规格备料，可按 19 ~ 26.5 mm，9.5 ~ 19 mm，4.75 ~ 9.5 mm，0 ~ 4.75 mm（0 ~ 2.36 mm、2.36 ~ 4.75 mm）四种或五种规格备料。

③ 碎石的压碎值小于 30%，粗集料针片状颗粒含量小于 20%，采用卵石加工的集料破碎面 2 个及以上应达到 70%，细集料含 0.075 mm 以下的粉尘小于 10%。

④ 应采用洁净水，不含有害物质。

2）混合料配合比设计。

（1）水泥稳定碎（砾）石混合料配合比设计应采用骨架密实型结构，采用振动成型压实法或重型击实法进行混合料配合比设计。

（2）取工地使用的水泥，按不同水泥剂量分组试验。一般水泥剂量按 3.0% ~ 4.5% 范围，分别取 4 ~ 5 种水泥剂量比例制备混合料，用振动成型法或重型击实法确定各组混合料的最大干密度和最佳含水量。

（3）根据确定的最佳含水量，分别拌制不同水泥剂量的水泥稳定碎（砾）石混合料，按压实标准（击实标准，98%），采用振动成型法或静压法制备混合料试件，在标准条件下养护 6 天，浸水 1 天后取出，做无侧限抗压强度试验。

（4）为减少基层裂缝，应在满足设计强度的基础上限制水泥用量。在合成级配满足要求的同时限制细料用量。

3）试验段施工。

（1）正式开工之前，应进行试验段施工。试验段应选择在验收合格的主线下卧层上进行，试验段总长度为 300～400 m，可采用两种不同的试铺碾压方案，每一种试铺方案 150～200 m。

（2）当使用的原材料和混合料，施工机械、施工方法符合要求，试验段各检测结果符合规定后，编写试铺总结，经审批后作为申报正常路段开工的依据。

4）施工要点。

（1）拌和。

① 拌和机各料仓开口大小和皮带计量精度应事先标定，并在施工过程中经常检查和调整。

② 施工中细集料宜采用篷布覆盖，避免细集料含水量过大，导致施工过程中料仓口堵塞。

③ 开始拌和前，拌和场的备料至少应能满足 5～7 天的摊铺用料。

④ 每次开始拌和前，应检查场内各处集料的含水量，计算当天的施工配合比，外加水与天然含水量的总和要比最佳含水量略高 1% 左右。

⑤ 每次开始拌和之后，出料时应取样检查是否符合设计的配合比，进行正式生产之后，每天定时检查拌和情况，抽检其配合比、含水量是否变化。要按原材料含水量、施工气温条件及时调整拌和机的加水量。

⑥ 水泥罐出料口，必须配备外置式振动器和空压机吹风管，详见图 6.5。

图 6.5　外置式振动器

⑦ 为减少混合料从拌和机输送皮带顶端进入成品仓时发生离析，应在输送皮带顶端安装防离析装置，详见图 6.6。

图 6.6　防离析装置

（2）运输。

参照底基层混合料运输方式执行。

（3）摊铺。

参照底基层混合料摊铺工艺执行。

（4）碾压。

参照底基层混合料碾压工艺执行。

（5）养生及交通管制。

① 碾压完毕，经质量检查合格后，立即开始养生。

② 养生方法：采用土工布覆盖养生时，应先人工将土工布覆盖在碾压完成的水泥稳层顶面，然后用洒水车洒水养生。在 7 天内应保持基层处于湿润状态，28 天内正常养护。采用专用养生膜养生时，如养生膜发生破损，应派洒水车重新洒水，重新覆盖养生膜。对基层也可以采用乳化沥青透层进行养生。

③ 用洒水车洒水养生时，洒水车应在另幅行驶，水龙带应跨中分带，人工手持喷头洒水，喷头要用喷雾式，不得用高压式喷管，应使水略向上或水平方向喷出，使水自由落在路面，以免冲刷基层结构，洒水应均匀一致，每天洒水次数应视气候而定，整个养生期间应始终保持水泥稳定层表面湿润。

④ 在养生期间应封闭交通，禁止车辆通行。

⑤ 下基层施工结束 7 天后即可进行上基层水泥稳定碎（砾）石的施工。两层水泥稳定碎（砾）石施工间隔不宜超过 30 天，并严禁暴冻暴晒。

5）质量控制。

（1）水泥、集料质量检测项目及频率按现行规范执行。

（2）混合料级配检验应在拌和机运输皮带上取样，抗压强度检验应在料车上取样。

（3）除用滴定法检测水泥剂量要求外，还应进行总量控制检测。要求记录每天的实际水泥用量、集料用量和实际工程量，计算对比水泥剂量的一致性。

（4）压实度检查应在碾压结束后立即进行，对于小于规定值的测点应立即进行处理，直到测点全部符合要求为止。

6.5.4 石灰、粉煤灰稳定碎石基层

1）材料要求。

（1）石灰。

① 应采用Ⅱ级或Ⅱ级以上石灰。

② 石灰要分批进料，做到既不影响施工进度，又不过多存放，应尽量缩短堆放时间，如存放时间较长，应采取覆盖封存措施，妥善保管。

（2）粉煤灰。

粉煤灰中 SiO_2、Al_2O_3 和 Fe_2O_3 之和总含量应不小于 70%，烧失量不应超过 20%，比表面积宜大于 25 00 cm^2/g，SO_2 含量应不大于 3%。

（3）水泥。

当二灰碎石 7 天强度不能满足设计要求时，为提高早期强度，可外加 1%～2% 的水泥，水泥的技术指标与水泥稳定碎石的要求相同。

（4）集料。

集料要求与水泥稳定碎石基层相同。

2）施工要点。

其要求与水泥稳定碎石基层相同。

6.6 透层、下封层、黏层

6.6.1 一般规定

（1）半刚性基层表面宜喷洒透层油，在透层油渗透入基层后（5～10 mm）方可开展下道工序。

（2）在使用无机结合料铺筑的基层上应铺筑下封层。下封层应采用专用机械单层式层铺法施工。

（3）透层、下封层及黏层施工宜采用智能型沥青洒布车一次均匀洒布。

（4）下封层在正式施工前应按要求做试铺路段，质量检查合格并进行试铺总结后，方可正式施工。

（5）沥青面层之间如不是连续施工必须喷洒黏层油，如连续施工且无污染可不喷洒黏层油。

（6）黏层应在上覆层施工前 1～2 天进行，不宜过早施工。

（7）结构物与沥青层接触部位，必须均匀涂刷黏层油，同时还应注意保护桥头、涵顶及路面两侧的结构物不受污染。

（8）透层、下封层及黏层应在干燥和较热的天气施工。气温低于 10℃或大风，或即将降雨时，不得施工。

（9）透层、下封层及黏层施工结束后，立即进行封闭管理，避免后期污染。

6.6.2 透层

1）材料要求。

（1）透层油宜采用渗透性好的乳化沥青。

（2）透层油的黏度可通过乳化沥青的浓度适当调节。

2）施工要点。

（1）在基层碾压成型、表面稍变干燥、但尚未硬化的情况下喷洒透层油。也可以在基层养生结束后，再喷洒透层油。

（2）透层每次施工段落长度根据洒布车装油的数量决定，确保每车油单幅全宽喷洒完毕。

（3）透层油采用智能型沥青洒布车喷洒，喷洒数量通过试验确定，一般为 0.7～1.5 L/m^2。透层油喷洒后，基层表面不得有漏洒及浮油现象，在后期施工车辆作用下不得粘起油皮。

（4）沥青洒布车喷嘴的轴线应与路面垂直，并保证所有喷嘴的角度一致，同时保证洒布管的高度，尽量使同一地点能够接受到两个或三个喷洒嘴喷洒的沥青。

（5）透层油宜用沥青洒布车一次喷洒均匀，注意起步、终止以及纵向搭接处的洒布量。

（6）透层油洒布后，如有花白遗漏应人工补洒，喷洒过量的立即撒布石屑或砂吸油，必要时作适当碾压。

（7）洒布完成后应及时封闭交通，不得有车辆通行等损害透层的现象发生。水分蒸发后应尽早施工下封层。

3）质量控制。

（1）透层油的质量应符合现行行业标准《公路沥青路面施工技术规范》JTG F40 相关规定。

（2）施工过程中随时进行外观检查，确保透层油洒布均匀，数量符合规定。

（3）采用钻孔或挖掘检查透层油渗透入基层的深度，宜不小于 5 mm，对于级配碎石基层透层油的渗透深度应通过试验确定。

6.6.3 下封层

1）材料要求。

（1）下封层常用的沥青材料有：乳化沥青、改性乳化沥青、普通沥青、改性沥青、橡胶沥青等，各种沥青材料的技术指标要求应符合规范及设计要求。

（2）高速公路路面下封层主要分为同步碎石封层和稀浆封层，其集料应采用石质坚硬、清洁、不含风化颗粒的细集料和粗集料。同步碎石封层采用 4.75 ~ 9.5 mm 或 9.5 ~ 13.2 mm 的单粒径粗集料，稀浆封层采用 0 ~ 2.36 mm 和 2.36 ~ 4.75 mm 两级细集料参配使用。

（3）同步碎石下封层分为：乳化沥青同步碎石封层、改性乳化沥青同步碎石封层、普通热沥青同步碎石封层、改性沥青同步碎石封层、橡胶沥青同步碎石封层五种，采用同步碎石封层车同时洒布沥青和碎石，并配胶轮压路机碾压的施工工艺。

（4）稀浆封层下封层施工，采用稀浆封层车将乳化沥青、细集料、矿粉和水及时拌和并摊铺，并配胶轮压路机碾压的施工工艺。

2）试验段施工。

（1）正式开工之前，应进行试验段施工。试验段应选择在经验收合格的主线下卧层上进行，长度为 300 ~ 400 m。

（2）当使用的原材料，施工机械、施工方法符合要求，试铺段各项检测结果符合规定后，编写试铺总结，经审批后作为申报正常路段开工的依据。

3）施工要点。

（1）同步碎石封层施工。

① 下封层施工前，应将下卧层表面清扫干净，再用鼓风机将浮灰吹净，使表层集料颗粒部分外露，必要时用水冲洗，雨后或用水清洗的表面，水分必须蒸发干净、晒干。

② 沥青喷洒、集料撒布应均匀，多洒的沥青应铲除，多撒的集料应在铺筑沥青路面下面层前清扫完毕，漏洒的部分应该补洒。

③ 沥青喷洒：道路石油沥青宜在温度 155 ~ 165 °C，改性沥青宜在温度 165 ~ 175 °C，橡胶沥青宜在温度 180 ~ 190 °C 条件下，用智能型沥青洒布车均匀喷洒在经过处理且干燥的下卧层上。乳化沥青、改性乳化沥青在常温下喷洒。

（2）集料撒布。

① 同步碎石封层应采用同步封层车同步施工工艺，如图 6.7，如采取异步施工工艺，黏结剂洒布后应立即用集料撒布机撒布集料。集料应撒布均匀，两幅搭接处不应漏撒，也不应多撒。

② 一个施工段施工完成后，根据总量核实黏结剂和集料的平均用量。

③ 集料撒布后立即用轻型轮胎压路机均匀碾压 2 遍，每次碾压重叠 1/3 轮宽，碾压应做到两侧到边，确保有效压实宽度。

④ 碾压完毕后，应封闭交通、养护管理。

（3）稀浆封层施工。

① 拌和好的稀浆混合料流入摊铺箱，当混合料体积达到摊铺箱容积 1/2，并在路幅方向布满料后，稀浆封层车以 1.5 ~ 3 km/h 的速度匀速前进，并保持拌和量与摊铺量基本一致，避免影响摊铺厚度。

图 6.7　同步碎石车

② 摊铺过程中应随时检测摊铺厚度，发现厚度不当应及时调整摊铺厚度。

③ 纵向搭接宽度不宜大于 8 cm，横向接缝做成对接，不平整度小于 6 mm。

④ 在破乳初凝后和固化前采用胶轮碾压 2 遍。

⑤ 稀浆封层渗水系数应小于 20 mL/min。

6.6.4　黏层

1）材料要求。

黏层材料宜采用乳化沥青或改性乳化沥青。

2）施工要点。

（1）黏层油喷洒。

① 洒布数量宜通过试验确定，一般宜为 0.35 ~ 0.75 L/m^2。喷洒应均匀，注意起步或终止和接缝的洒布量。

② 喷洒的黏层油必须成均匀雾状，在路面全宽度内均匀分布成一薄层，不得有洒花漏空或成条状，也不得有堆积。对于局部喷量过多的段落应刮除，对于漏洒的应人工补洒。在路缘石、雨水进水口、纵向排水沟壁等局部位置采用人工涂刷。

③ 沥青洒布车喷嘴的轴线应与路面垂直，并保证所有喷嘴的角度一致，同时保证洒布管的高度，尽量使同一地点能够接受到两个或三个喷洒嘴喷洒的沥青。

（2）喷洒黏层油后，应封闭交通、养护管理。

6.7　热拌沥青混合料面层

6.7.1　一般规定

（1）混合料公称最大粒径应与层厚相适应，满足现行行业标准《公路沥青路面设计规范》JTG F40 要求。

（2）热拌沥青混合料面层施工前，应对混合料进行配合比设计，配合比设计分目标配合比设计、生产配合比设计和生产配合比验证三个阶段。在施工过程中，不得随意变更经设计、监理确定的标准配合比。

（3）对同一拌和场两台拌和机，如果使用相同品种的矿料和沥青，可使用同一目标配合比，但每台拌和机必须独立进行生产配合比设计。矿料和沥青产地、品种等发生变化，必须重新进行配合比设计。

（4）在正式施工前，必须铺筑试验段，对施工工艺进行总结，试验段的质量检查频率应是正常路段的两倍。

（5）各沥青层之间宜设置黏层，施工间隔时间应尽量缩短，做到连续施工并粘结成为整体。

（6）沥青面层应在不低于 10 °C 气温下进行施工，同时严禁雨天、路面潮湿的情况下施工。施工期间，应注意天气变化，已摊铺的沥青层因遇雨未进行压实的应予以铲除。雨天过后，等下卧层完全干燥后方可进行沥青面层的施工。

6.7.2 施工准备

（1）做好沥青混合料面层施工前的技术、机械、试验检测仪器、料场与材料及作业面等各项准备。

（2）应对沥青混合料拌和机、摊铺机、压路机等各种施工机械和设备进行调试，对机械设备的配套情况、技术性能、计量设备等进行检查或标定。

（3）应准备施工过程中所需要的各种记录表格和现场温度、厚度检测设备，根据摊铺长度估算当日生产吨位，明确拌和场、施工现场、试验室责任联系人，实现拌和场与施工现场畅通联系、动态控制。

（4）铺筑沥青面层前，应检查基层或下卧沥青层的质量，不符合要求的不得铺筑，下卧层已被污染时，必须清洗或经铣刨处理后方可铺筑沥青混合料。

6.7.3 材料要求

1）粗集料。

（1）粗集料应采用石质坚硬、清洁、不含风化颗粒、近立方体颗粒的碎石。一般采用反击式破碎机轧制的碎石，必要时采用冲击式或圆锥式破碎机整形，严格控制针片状颗粒含量。

（2）合理利用当地材料，沥青中、下面层粗集料可采用花岗岩、石灰岩、玄武岩、辉长岩、辉绿岩、卵碎石等石料，如采用卵碎石原材料，应预筛、选取粒径大于 8 cm 的卵碎石进行轧制。沥青上面层用粗集料宜采用玄武岩、辉长岩或辉绿岩碎石。条件受限时，可采用其他种类岩石。

（3）粗集料分为 3 档或 3 档以上规格，宜按公路沥青路面施工技术规范 S 系列集料规格生产和使用。

2）细集料。

（1）细集料宜采用机制砂或石屑，应洁净、干燥、无风化、无杂质；如掺加天然砂，可采用河砂并宜采用粗、中砂。

（2）生产细集料必须采用干燥除尘设备（如布袋除尘器），机制砂宜采用专用的制砂设备单独生产。

3）填料。

（1）填料矿粉必须采用石灰岩或岩浆岩中的强基性岩石等憎水性石料经磨细得到，原石料质量满足要求。矿粉应洁净、干燥。

（2）沥青面层填料可采用强碱水泥或消石灰替代部分矿粉。水泥质量应符合现行国家标准《通用硅酸盐水泥》GB 175 的规定，消石灰宜为Ⅱ级或Ⅱ级以上标准。

4）沥青。

（1）满足设计提出的沥青技术要求，在四川一般地区普通沥青采用 A 级沥青 70 号，在高寒地区采用 A 级 90 号。

（2）沥青必须按品种、标号分开存放，桶装沥青应直立堆放，加盖苫布。沥青在储罐中的贮存温度应控制在 130 ~ 170 °C。暂不使用的沥青可在常温下长期储存。

5）改性沥青。

（1）满足设计提出的改性沥青技术要求，在四川一般地区改性沥青采用 SBS 改性，在高寒地区采用 SBS 改性或 SBR 改性。

（2）改性沥青宜在固定式工厂或在现场设厂集中生产，也可在拌和场现场边生产边使用，改性沥青的加工温度不宜超过 180 °C。

（3）现场生产的改性沥青宜随配随用，若需短时间保存，在保存过程中和使用前必须搅拌均匀，确保不发生离析。改性沥青生产设备应设置采样口，以便随机采集样品，采集的试样应立即在现场灌模。

（4）成品改性沥青到达施工现场后，应存贮在沥青罐中，沥青罐中必须设置搅拌设备，使用前改性沥青必须搅拌均匀。在施工过程中应定期取样检验产品质量，质量不符要求的改性沥青不得使用。

6）纤维稳定剂。

SMA 或 OGFC 的纤维稳定剂宜采用木质素纤维，木质素纤维按沥青混合料总质量的 0.3% ~ 0.4% 掺入混合料中，絮状纤维取下限、颗粒纤维取上限。

7）抗剥落剂。

抗剥落剂宜采用非胺类化合物，应选用有较强抗老化性能、与沥青配伍性能良好、符合环保要求的产品，也可以采用消石灰、强碱水泥做抗剥落剂。

6.7.4 混合料配合比设计

1）目标配合比设计

（1）AC、OGFC、SMA 热拌沥青混合料配合比设计由马歇尔试验设计和沥青混合料性能检验两部分组成。Superpave 热拌沥青混合料设计由旋转压实仪试验设计和混合料性能检验两部分组成。各结构层混合料配合比设计宜采用“骨架、嵌挤、密实”型结构，级配呈“S”形曲线。

（2）AC、OGFC、SMA 热拌沥青混合料的矿料级配应符合现行行业标准《公路沥青路面施工技术规范》JTG F40 规定的设计级配范围要求，Superpave 热拌沥青混合料矿料级配应符合《高速公路施工标准化技术指南》Superpave 混合料设计技术要求。

（3）各结构层在承包人拌和场备料量达到 30% 以上时，从拌和场取集料进行目标配合比设计，优选矿料级配、确定最佳沥青用量（或油石比），使沥青混合料技术性能符合配合比设计技术标准和检验要求，以此作为目标配合比，供生产配合比设计使用。

2）生产配合比设计

（1）拌和机热料筛分用的振动筛应根据混合料的规格选用。筛网的筛分能力（即每小时通过的集料量）与混合料级配、集料品种、类型、集料的洁净程度、筛孔尺寸、筛子的倾角和振荡力有关。筛网配备尺寸可按表 6.2 选用，拌和机筛网组合可按表 6.3 执行。

表 6.2　间歇式拌和机用振动筛的等效筛孔（方孔筛）

标准筛筛孔/mm	2.36	4.75	9.5	13.2	16	19	24.5	31.5	37.5	53
振动筛筛孔/mm	3～4	6	11	15	19	22	30	35	41	60

表 6.3　拌和机热料仓筛网尺寸　　单位：mm

结构层类型	筛网组合				
	1号仓	2号仓	3号仓	4号仓	5号仓
上面层（13型）	3或3×4（长方形）	6	11	15	
中面层（20型）	3或3×4（长方形）	6	11	15	22
下面层（25型）	3或3×4（长方形）	6	11	15	30

（2）确定最佳油石比（最佳沥青用量）。

① AC 型混合料取目标配合比设计的最佳油石比 OAC、OAC±0.3% 和 OAC±0.6% 等 5 个油石比，SMA、Superpave、OGFC 混合料取目标配合比设计的最佳油石比 OAC、OAC±0.3% 三个油石比，根据计算的矿料配合比例，用试验室小型拌和机拌制沥青混合料进行试验，按目标配合比设计方法选定最佳油石比。

② 生产配合比确定的最佳油石比与目标配合比确定的最佳油石比之差应不超过±0.2%，且生产配合比与目标配合比设计的空隙率之差应不超过±0.2%。如超出此规定，应分析原因，重新进行生产配合比设计，并进行混合料性能检验。

3）生产配合比设计验证（试拌）。

（1）采用生产用拌和机对生产配合比进行试拌，一般试拌 5 ~ 8 盘，试拌时，拌和机各项参数（矿料加热温度、沥青加热温度、冷料仓进料比例及进料速度）须按正常生产状态进行设置。

（2）试拌后的沥青混合料应进行马歇尔试验或旋转压实检验，并进行沥青含量、筛分试验，混合料级配与生产配合比之差应符合现行行业标准《公路沥青路面施工技术规范》JTG F40 的规定。

（3）试拌后的沥青混合料各项技术指标经检验合格后，方可铺筑试铺路段。

6.7.5 试验段施工

（1）试验段应选在具有代表性的主线直线段，采用两种或两种以上的试铺碾压方案，每种方案长度不少于 150 m。

（2）当使用的原材料和混合料，施工机械、施工方法符合要求，试验段各检测结果符合规定后，编写试铺总结，经审批后作为申报正常路段开工的依据。

6.7.6 施工要点

1）沥青混合料拌和。

（1）集料上料过程中，装载机从底部（每次预留 10 cm 厚）按顺序竖直装料，减小集料离析。

（2）拌和机在拌和过程中应逐盘采集并打印沥青及各种矿料用量、沥青混合料拌和量和拌和温度等各种参数，随时在线检查矿料级配和油石比。每个台班结束时打印出一个台班的统计量，并进行沥青混合料生产质量及铺筑厚度的总量检验。总量检验的数据有异常波动时，应立即停止生产，分析原因。

（3）普通沥青混合料每盘的拌和周期一般不少于 45 s，其中干拌时间一般不少于 5 s；改性沥青混合料拌和时间适当延长，改性沥青 SMA 混合料拌和周期一般为 60 ~ 70 s（见表 6.4）。拌和时间应根据具体情况由试拌确定，保证沥青均匀裹覆。

表 6.4　改性沥青 SMA 混合料拌和时间及加料次序

生产次序	1	2	3
生产环节	集料、纤维同时加、然后加矿粉	加沥青	出料
拌和时间	干拌大于 10 s，湿拌约 50 s，总拌和周期约 60 ~ 70 s		

（4）严格控制沥青和集料的加热温度以及沥青混合料的出厂温度，集料温度应比沥青温度高 10 ~ 15 °C。

① 道路石油沥青混合料的拌和施工温度宜根据 135 °C 及 175 °C 条件下测定的黏度-温度曲线确定。改性沥青混合料的施工温度参考沥青供应商的技术说明。条件不具备时，可按现行行业标准《公路沥青路面施工技术规范》JTG F40 的规定执行，并根据实际气温及运距适当调整。

② 每天开始几盘集料应提高加热温度，并干拌几锅集料废弃，以预热拌缸，再正式加沥青拌和混合料。

（5）拌和机的矿粉仓应配备振动装置，添加消石灰、水泥等外掺剂时，若与矿粉混合使用时应注意二者因密度不同发生离析。

（6）拌和机回收的粉尘严禁使用，直接湿排处理。

（7）拌和机宜备有保温性能好的成品储料仓，贮存过程中混合料降温不得大于 10 °C、且不能有沥青滴漏，普通沥青混合料的贮存时间不得超过 72 h；改性沥青混合料的贮存时间不宜超过 24 h；SMA 混合料只限当天使用，OGFC 混合料宜随拌随用，否则储料罐应带搅拌器。

（8）沥青混合料试件制备前，应在达到击实成型温度的烘箱中短期老化 2 h。对于在储存仓中存储时间超过 2 h 的混合料，可不再进行短期老化处理。

（9）每台拌和机应定期检查拌和机热料仓矿料组成情况，以 1 次/天为宜。

（10）生产添加纤维的沥青混合料时，纤维必须在混合料中充分分散，拌和均匀。拌和机应配备同步投料装置。松散的絮状纤维应与集料同时喷入拌和锅，干拌时间 5 s，颗粒纤维可与粗集料同时加入，干拌 10～15 s，然后喷入沥青。

2）沥青混合料运输。

参照本指南 6.5.2 第 3 条第 2 款执行。

3）沥青混合料摊铺。

（1）摊铺机铺筑前应提前 0.5～1 h 预热熨平板，使其温度不低于 100 °C，铺筑过程中，应使熨平板的振捣或夯锤压实装置保持恒定的振动频率和振幅，并保证面层的初始压实度达 85% 左右。熨平板连接应紧密，避免摊铺的混合料出现划痕。

（2）下面层摊铺和桥面上、下铺装层摊铺时，应采用钢丝引导控制高程的方式。钢丝为扭绕式，直径不小于 6 mm，每个张拉段 200 m 左右，钢丝拉力 800～1 000 N，每 10 m 设一钢丝支架。采用两台摊铺机实施摊铺施工时，靠中央分隔带侧摊铺机在前，两台摊铺机外边侧架设钢丝，摊铺机上安装横坡仪控制摊铺层横坡，保证两台摊铺机横坡度一致。前面摊铺机的中间侧依靠可调节高度的三脚架上的导梁控制高程，后面摊铺机的内侧在摊铺好的层面上走“雪撬”控制高程。如下卧层平整度较好，下面层找平也可采用“雪撬”式找平装置，中、上面层找平一般采用自动找平装置，两台摊铺机摊铺层的纵向热接缝应避开行车轮迹带。两台摊铺机前后距离不应超过 10 m。

（3）摊铺机作业方向应与路面车辆行驶方向一致，摊铺速度应控制在 2～3 m/min，根据拌和机的产量、施工机械配套情况及摊铺厚度、摊铺宽度予以调整，做到缓慢、均匀、连续摊铺。做到每天仅在收工时停机一次。

（4）摊铺过程中，应随时检测松铺厚度，发现异常应立即调整。

（5）运料车辆在卸料更换时应做到快捷、有序，运料车卸料完毕，应迅速离开，下一车后退离摊铺机 30 cm 左右停住，挂空挡，准备卸料，让摊铺机推动运料车前进，然后卸料，保证摊铺机料斗不脱料，尽量减少摊铺机料斗在摊铺过程中拢料或在料多时拢料。

（6）运料车箱内余料，应倒在离摊铺机较近的紧急停车带处或废弃。

（7）其他要求参照本指南 6.5.2 相关条文执行。

4）沥青混合料压实

（1）沥青路面施工应配备足够数量的压路机，在气温低、风速大、碾压层薄时，应增加压路机数量。

（2）沥青混合料面层的压实应采用钢轮和胶轮压路机，双钢轮压路机应不小于 12 t，轮胎压路机应不小于 26 t。OGFC 沥青混合料宜采用小于 12 t 的双钢轮压路机。

（3）应选择合理的压路机组合方式及碾压步骤。初压应在混合料不产生推移、开裂等情况下尽量在较高温度下进行。初压一般采用双钢轮压路机；AC 和 Superpave 型混合料复压宜采用胶轮和振动压路机交替碾压，SMA、OGFC 宜采用双钢轮压路机碾压并且 OGFC 只能采取静压方式；终压采用双钢轮压路机静压。单幅两车道可按表 6.5 ~ 6.7 执行。

表 6.5　AC、Superpave 混合料面层碾压模式

碾压阶段	压路机类型	数量	碾压模式
初压	双钢轮振动压路机（12 t 以上）	2 台	静压和微振各 1 遍
复压	钢轮振动压路机（12 t 以上） 轮胎压路机（25 t 以上）	2 台 3 台	胶轮与钢轮交替碾压，各 2 遍
终压	双钢轮振动压路机（12 t 以上）	1 台	静压 1 遍 ~ 2 遍

表 6.6　SMA 混合料面层碾压模式

碾压阶段	压路机类型	数量	碾压模式
初压	双钢轮振动压路机（12 t 以上）	2 台	静压和微振各 1 遍
复压	双钢轮振动压路机（12 t 以上）	2 台	振压 2 遍
终压	双钢轮振动压路机（12 t 以上）	1 台	静压 1 遍 ~ 2 遍

表 6.7　OGFC 混合料面层碾压模式

碾压阶段	压路机类型	数量	碾压模式
初压	双钢轮振动压路机（12 t 以下）	2 台	静压 2 遍
复压	双钢轮振动压路机（12 t 以下）	2 台	静压 2 遍
终压	双钢轮振动压路机（12 t 以下），轮胎压路机	1 台	静压 1 遍 ~ 2 遍 100° 以下轮胎压 1 ~ 2 遍

（4）压路机应以缓慢而均匀的速度碾压，压路机的适宜碾压速度随初压、复压、

终压及压路机的类型而区别，应符合表 6.8、表 6.9 的要求。

表 6.8 AC 和 Superpave 混合料面层碾压速度

压路机类型	初压速度/（km/h）		复压速度/（km/h）		终压速度/（km/h）	
	适宜	最大	适宜	最大	适宜	最大
钢轮压路机	1.5 ~ 2	3	2.5 ~ 3.5	5	2.5 ~ 3.5	5
轮胎压路机	—	—	3.5 ~ 4.5	8	—	—
钢轮振动压路机	1.5 ~ 2（静压）	5（静压）	4 ~ 5（振动）	8（振动）	2 ~ 3（静压）	5（静压）

表 6.9 SMA、OGFC 混合料面层碾压速度

压路机类型	初压速度/（km/h）	复压速度/（km/h）	终压速度/（km/h）
静压钢轮压路机	2 ~ 3	OGFC、4 ~ 5	2.5 ~ 5
钢轮振动压路机	2 ~ 4	4 ~ 5	—

（5）为避免碾压时混合料推挤产生拥包，碾压时驱动轮应朝向摊铺机。压路机相邻带重叠 1/3 ~ 2/3 宽度。碾压路线及方向不应突然改变。压路机起动、停止必须减速缓行，不得急刹车、停留、掉头；压路机折回位置应呈阶梯状，不应在同一横断面。

（6）面层的碾压方式、温度按试验段总结执行，并依据气温和风速变化进行必要调整。

（7）在当天碾压完成的沥青面层上，不得停放压路机及其他施工设备，并防止矿料、油料和杂物散落在沥青面层上。

（8）碾压现场应设专人对碾压温度、碾压工艺进行管理和检查，做到不漏压、不超压。初压、复压、终压段落应设置明显标识。

（9）SMA 路面碾压应遵循“紧跟、慢压、高频、低幅”的原则，若发现碾压有推移现象，应检查级配、油石比是否符合规定；若发现玛蹄脂上浮、石子压碎、棱角磨光等应停止碾压。

（10）应用沾有隔离剂的拖布擦涂轮胎或采用自动装置喷洒轮胎，防止沥青混合料粘轮，禁止使用柴油、机油等作为压路机隔离剂。

（11）钢轮压路机碾压过程中，应使用洁净的可饮用水作为隔离剂，喷水量不宜过大，使钢轮表面湿润不粘轮为度。

（12）压实完成 12 h 后或路面温度低于 50 °C，方能允许施工车辆通行。

5）施工接缝处理。

施工接缝处理方式与沥青稳定碎石基层相同。

6.7.7 质量控制

（1）沥青面层主要原材料必须留样备查。

① 在沥青到达施工现场时，应对每车沥青留 3 份样，每个样品不少于 2 kg，运输车辆的司机、承包人及监理单位的取样人员应签名。

② 抗剥落剂到达现场时，对每批次抗剥落剂应留样，当一批抗剥落剂超过 5 t 时，应每 5 t 留 1 个样品，每个样品 1 kg。供货商的送样人员、承包人及监理单位的取样人员应签名。

③ 木质素纤维到达现场时，应对每批次纤维应留样，当一批纤维超过 50 t 时，应每 50 t 留一个样品，每个样品 500 g。供货商的送样人员、承包人及监理单位的取样人员应签名。

（2）渗水系数标准：中、上面层不大于 80 mL/min，下面层不大于 120 mL/min。渗水试验下面层合格率应不小于 80%，上面层合格率应不小于 90%，中面层 AC 类混合料合格率应不小于 90%，中面层 Superpave 类混合料合格率应不小于 80%。

（3）SMA 路面施工过程中如发现“油斑”或局部光面较多时，应仔细检查油石比、矿料级配是否偏离设计，拌和是否均匀，有无纤维、矿粉结团和用量偏离设计等情况，严重者应予铲除，并调整配合比。

（4）沥青面层的压实度采取重点对碾压工艺进行过程控制，适度钻孔抽检压实度的方法。各方应联合进行钻孔检测，随机选点取样，避免重复钻孔。

6.8 水泥混凝土面层

6.8.1 一般规定

（1）水泥混凝土面层应采用强制搅拌楼集中拌和，滑模摊铺机或三辊轴机组摊铺的施工工艺。在滑模摊铺机无法作业的局部位置，应采用小型机具施工。

（2）水泥混凝土面层施工前，必须进行混凝土配合比设计，配合比设计过程包括试验室配合比、施工配合比以及施工配合比微调与控制。

（3）在正式施工前，应铺筑试铺段，并对试铺段进行总结。

（4）混凝土拌合物应满足可摊铺性、匀质性和质量的稳定性，利于施工。

（5）水泥混凝土面层施工如遇下述条件之一，不得施工：现场降雨；风力大于 6 级，风速在 10.8 m/s 以上的强风天气；现场气温高于 40 °C 或拌和物摊铺温度高于 35 °C；摊铺现场连续五昼夜平均气温低于 5 °C；最低气温低于 – 3 °C。

6.8.2 施工准备

1）做好水泥混凝土面层施工前的技术准备、机械准备、试验检测仪器准备、料场与材料准备及作业面准备工作。

2）基准线设置。

（1）滑模摊铺混凝土面层的施工应设置基准线。基准线设置形式有单向坡双线式、单向坡单线式和双向坡双线式三种。

（2）基准线宽度除应保证摊铺宽度外，应满足两侧 650 ~ 1 000 mm 横向支距的要求。基准线桩纵向间距：直线段不应大于 10 m，竖、平曲线路段视曲线半径大小应加密布置，最小 2.5 m。

（3）线桩固定时，基层顶面到夹线臂的高度宜为 450 ~ 750 mm。基准线桩夹线臂夹口到桩的水平距离宜为 300 mm。基准线桩应钉牢固。

（4）单根基准线的最大长度不宜大于 450m。基准线拉力不应小于 1000N。

（5）基准线设置后，严禁扰动、碰撞和振动。一旦碰撞变位，应立即重新测量纠正。多风季节施工，应缩小基准线桩间距。

3）下卧层准备。

（1）摊铺水泥混凝土之前，应再次检查下卧层的标高，对超出允许范围的部分应削除并重做沥青下封层；低于允许范围的部分不得使用其他材料填补。

（2）水泥混凝土面层摊铺施工之前，应清扫下卧层的表面并检查其裂缝情况。

① 当出现有不规则的严重裂缝时，应将该段基层切割废弃，重新铺筑基层。废弃段基层的切缝断面应整齐，且应与路线中线垂直。

② 基层的单条裂缝可进行灌缝处理，并骑缝布设加筋玻纤格栅。对布设的加筋玻纤格栅应采用热沥青粘贴，并采用 U 型钢钉将玻纤格栅钉牢于基层表面。

③ 当基层上存在有横向人为切缝时，该切缝应采用合适的填缝料灌满，铺筑的水泥混凝土路面板上应设一条横向缩缝与基层上的人为切缝对齐。

6.8.3 材料要求

1）水泥。

（1）水泥混凝土面层应采用旋窑生产的道路硅酸盐水泥，也可以采用硅酸盐水泥和普通硅酸盐水泥，不宜采用早强或早凝水泥。

（2）选用水泥时，应通过混凝土配合比试验，根据其配制弯拉强度、耐久性和工作性优选适宜的水泥品种、强度等级。

（3）散装水泥的夏季出厂温度高于 65 °C，混凝土搅拌时的水泥温度不宜高于 60 °C 且不宜低于 10 °C。

（4）工地所用散装水泥应使用水泥储罐储存，当水泥储存时间过长时，应取样检测储存水泥的各项性能，确认合格后使用。

（5）在同一路段上铺筑水泥混凝土面层时，不应使用 2 种或以上不同牌号的水泥。

2）粗、细集料。

（1）粗集料。

① 粗集料应使用质地坚硬、耐久、洁净，粒径大于 4.75 mm 的碎石，技术指标不低于Ⅱ级的规定。

② 粗集料不得使用不分级的统料，应按最大公称粒径的不同采用 2 ~ 4 个粒级的集料进行掺配，粒级可分为 4.75 ~ 9.5 mm、9.5 ~ 16 mm、9.5 ~ 19 mm、16 ~ 26.5 mm、19 ~ 26.5 mm、16 ~ 31.5 mm 六种。碎石最大公称粒径不应大于 31.5 mm，碎石中粒径小于 0.075 mm 的石粉含量不宜大于 1%。

（2）细集料。

① 细集料应采用质地坚硬、耐久、洁净的天然砂、机制砂或混合砂，技术指标应符合现行行业标准《公路水泥混凝土路面施工技术细则》JTG/T F30 不低于Ⅱ级的规定。特重、重交通混凝土路面宜使用河砂，砂的硅质含量不应低于 25%。

② 细集料的级配要求应符合现行行业标准《公路水泥混凝土路面施工技术细则》JTG/T F30 的规定，天然砂宜为中砂，也可使用细度模数在 2.0 ~ 3.5 之间的砂。同一配合比用砂的细度模数变化范围不应超过 0.3，否则应分别堆放，并调整配合比中的砂率后使用。

③ 路面混凝土所使用的机制砂应检验砂浆磨光值，其值宜大于 35，不宜使用抗磨性较差的泥岩、页岩、板岩等水成岩类母岩品种生产机制砂。配制机制砂混凝土应同时掺引气高效减水剂。

3）水。

水应洁净，不含有害物质。来自可疑水源应按照现行相关标准要求进行化验鉴定。

4）外掺材料。

（1）粉煤灰技术指标应符合现行行业标准《公路水泥混凝土路面施工技术细则》JGT/T F30 规定的电收尘Ⅰ级、Ⅱ级干排粉煤灰或磨细粉煤灰。粉煤灰宜采用散装灰。

（2）使用的减水剂、缓凝剂、抗渗剂、引气剂等外加剂质量应符合规范要求，且必须保证供应材料性能的稳定，中途不得更换供应商和品种型号。

5）钢筋。

（1）钢筋网、传力杆、拉杆等钢筋应顺直，不得有裂纹、断伤、刻痕、表面油污和锈蚀，质量应符合国家有关标准的技术要求。

（2）传力杆钢筋加工应锯断，不得挤压切断。断口应垂直、光圆，用砂轮打磨掉毛刺，并加工成 2 ~ 3 mm 圆倒角。

6）接缝材料。

（1）胀缝板宜选用能适应混凝土面板膨胀和收缩，施工时不易变形，弹性复原率高，耐久性良好的弹性塑胶板、橡胶泡沫板或沥青纤维板。

（2）填缝料应具有与混凝土板缝壁黏结牢固，回弹性好，不溶于水，不渗水，高温时不挤出、不流淌，抗嵌入能力强，耐老化龟裂，负温拉伸量大，低温时不脆裂，耐久性好等性能。填缝料有常温施工式和加热施工式两种，常温施工式填缝料主要有聚（氨）酯、硅树脂类，氯丁橡胶、沥青橡胶类等。加热施工式填缝料主要有沥青玛蹄脂类、聚氯乙烯胶泥类、改性沥青类等。

（3）填缝时应使用背衬垫条控制填缝形状系数。背衬垫条应具有良好的弹性、柔韧性、不吸水、耐酸碱腐蚀和高温不软化等性能。背衬垫条材料有聚氨酯、橡胶或微孔泡沫塑料等，其形状应为圆柱形，直径应比接缝宽度大 2 ~ 5 mm。

7）其他材料。

（1）用于胀缝传力杆端部的套帽应采用塑料或塑胶管，厚度应为 1.0 ~ 2.0 mm，要求端部密封不透水，内径较传力杆直径大 1.0 mm，套帽长度 270 mm，顶部空隙长度为 30 mm。

（2）养生剂宜选用一级品，喷洒剂量不少于 0.3 kg/m^2，不得使用易被雨水冲刷掉的和对混凝土强度有影响的养生剂。

6.8.4 配合比设计

（1）路面混凝土的配合比设计程序、方法按照现行行业标准《公路水泥混凝土路面施工技术细则》JGT/T F30 要求进行。

（2）路面混凝土的配合比设计应根据施工条件的不同（气温、施工机械、坍落度变化等）进行多组配合比设计，以确定不同施工条件下的混凝土配合比。

（3）路面混凝土的配合比设计时，水泥用量应按弯拉强度、工作性、耐久性、经济性四项技术经济要求选定，即在满足弯拉强度、工作性、耐久性三项技术要求的前提下，以混凝土单位重量水泥用量最小为经济性评价标准。当采用强度等级为 42.5 的水泥，水泥用量宜为 360 ~ 400 kg/m^3，掺用粉煤灰时，最大胶材总量不宜大于 420 kg/m^3。

（4）在进行配合比设计时，应针对减水剂品种和施工时的气温条件，按现行行业标准《公路水泥混凝土路面施工技术细则》JGT/T F30 选择混凝土坍落度，测试混凝土坍落度随时间延长的损失变化规律，以便指导路面混凝土的摊铺施工。

（5）当掺用引气剂时，通过含气量试验确定引气剂掺量。引气剂与减水剂或其他外加剂复配在同一水溶液中时，应注意它们的可共溶性，防止外加剂溶液发生絮凝、沉淀现象，如产生絮凝现象，应分别加入搅拌机拌匀。

6.8.5 试铺段施工

（1）在正式摊铺混凝土面层前，必须铺筑试铺段，试铺段长度不小于 200 m。试铺段面层的铺筑应在拌和机经调整已达到性能稳定、滑模摊铺机性能状态良好、操作工人熟练的情况下进行，保证试铺段能按生产路的条件施工，以总结经验指导正式施工。

（2）试铺段分为试拌及试铺两个阶段，通过试铺段应达到下述目的。

① 通过试拌检验搅拌楼性能及确定合理搅拌工艺，检验适宜摊铺的搅拌楼拌和参数：上料速度，拌和容量，搅拌均匀所需时间，新拌混凝土坍落度、振动黏度系数、含气量、泌水性、VC 值和生产使用的混凝土配合比等。

② 通过试铺检验主要机械的性能和生产能力，检验辅助施工机械组配合理性，检验面层摊铺工艺和质量：模板架设固定方式或基准线设置方式，摊铺机械（具）的适宜工作参数，包括松铺系数、摊铺速度、振捣时间与频率、滚压遍数、碾压遍数、压实度、中间和侧向拉杆置入情况等，检验整套施工工艺流程。

③ 试铺时，分时段取样进行坍落度试验，检查混凝土拌和物坍落度随施工时间延长的变化。

④ 检查锯缝机的性能，确定锯缝时间、刻槽时间与施工气温的关系，选择合理的锯缝深度和养护方法。

⑤ 根据试铺段总结现有配套机械系统的生产能力、搅拌楼产量，提出材料供应要求、铺筑进度，从而制订面层混凝土摊铺施工进度计划。

（3）对试铺面层各项技术指标进行检测，技术要求符合设计或规范规定时，试铺段面层可作为生产路面予以认可，编写试铺总结，否则应重做试铺段。

6.8.6 施工要点

1）拌和。

（1）每台搅拌楼在投入生产前，必须进行标定和试拌。在标定有效期满或搅拌楼搬迁安装后，均应重新标定。

（2）正常情况下，施工中应每 15 天校验一次搅拌楼计量精确度。搅拌楼配料计量偏差不得超过表 6.10 的规定。不满足时，应分析原因，排除故障，确保拌和计量精确度。

表 6.10　搅拌楼的混凝土拌和计量允许偏差

材料名称	水泥	掺合料	砂	粗集料	水	外加剂
每盘/%	±1	±1	±2	±2	±1	±1
累计每车/%	±1	±1	±2	±2	±1	±1

（3）应使用自动配料生产，并按需要打印每天（周、旬、月）对应路面摊铺桩号的混凝土配料统计数据及偏差。

（4）应根据拌合物的黏聚性、均质性及强度稳定性试拌确定最佳拌和时间。一般情况下，单立轴式搅拌机总拌和时间宜为 80～120 s，全部原材料到齐后的净拌和时间不宜短于 40 s；行星立轴和双卧轴式搅拌机总拌和时间为 60～90 s，净拌和时间不宜短于 35 s；连续双卧轴搅拌楼的净拌和时间不宜短于 40 s。最长总拌和时间不应超过高限值的 2 倍。

（5）混凝土拌和过程中，不得使用沥水、夹冰雪、表面沾染尘土和局部暴晒过热的集料。

（6）外加剂应以稀释溶液加入，其稀释用水和原液中的水量，应从拌和加水量中扣除。使用间歇搅拌楼时，外加剂溶液浓度应根据外加剂掺量、每盘外加剂溶液筒的容量和水泥用量计算得出。连续式搅拌楼应按流量比例控制加入外加剂。加入搅拌锅的外加剂溶液应充分溶解，并搅拌均匀。有沉淀的外加剂溶液，应每天清除稀释池中的沉淀物。

（7）应按试铺段铺筑总结的参数，规范进料顺序。拌和引气混凝土时，应按拌合物含气量最大或较大时确定净拌和时间，每次拌和数量不应大于其额定容量的 90%。

（8）粉煤灰或其他掺合料应采用与水泥相同的输送、计量方式加入。粉煤灰混凝土的净拌和时间应比不掺的延长 10 ~ 15 s。

（9）混凝土拌和物出料温度宜控制在 10 ~ 35 °C。

（10）混凝土拌和物应均匀一致，有生料、干料、离析或外加剂、粉煤灰成团现象的非均质拌和物严禁用于路面摊铺。一台搅拌楼的每盘之间，各搅拌楼之间，拌和物的坍落度最大允许偏差为 ± 10 mm。拌和物坍落度应为最适宜摊铺的坍落度值与当时气温时运输坍落度损失值两者之和。

2）运输。

（1）水泥混凝土的运输可使用自卸车，自卸车车厢应不漏浆、加设篷盖，其配置数量应满足实际最快施工进度不停工待料的要求。浇灌车及自卸车车厢不得存留结硬的混凝土和污染装运的混凝土。

（2）运输到现场的拌和物必须具有适宜摊铺的工作性。不同摊铺工艺的混凝土拌合物从搅拌机出料到运输、摊铺完毕的允许最长时间应符合表 6.11 的规定。不满足时应通过试验、加大缓凝剂或保塑剂的剂量。

表 6.11　混凝土拌和物出料到运输、铺筑完毕允许最长时间

施工气温*/°C	到运输完毕允许最长时间/h		到铺筑完毕允许最长时间/h	
	滑模	三辊轴、小型机具	滑模	三辊轴、小型机具
5 ~ 9	2.0	1.5	2.5	2.0
10 ~ 19	1.5	1.0	2.0	1.5
20 ~ 29	1.0	0.75	1.5	1.25
30 ~ 35	0.75	0.50	1.25	1.0

注：*指施工时间的日间平均气温，使用缓凝剂延长凝结时间后，本表数值可增加 0.25 ~ 0.5 h。

（3）运输车辆在模板或导线区调头或错车时，严禁碰撞基准线，一旦碰撞，应告知测工重新测量纠偏。

（4）车辆倒车及卸料时，应有专人指挥，严禁碰撞摊铺机和前场施工设备及测量仪器。

3）滑模摊铺。

（1）摊铺准备。

① 所有施工设备和机具均应处于良好状态，并全部就位。

② 基层、封层表面应清扫干净、洒水湿润，但不得积水。

③ 横向连接摊铺时，前次摊铺面层纵缝的溜肩胀宽部位应切割顺直。侧边拉杆应校正扳直，缺少的拉杆应钻孔锚固植入。纵向施工缝的上半部缝壁应满涂沥青。

（2）布料。

① 面层开始摊铺时，停留待卸的运料车所载混凝土数量应至少超过连续摊铺20 m，摊铺机方可起步作业。

② 滑模摊铺机前的正常料位高度应在螺旋布料器叶片最高点以下，亦不得缺料。卸料、布料应与摊铺速度相协调。

③ 当坍落度在 10 ~ 50 mm 时，布料松铺系数宜控制在 1.08 ~ 1.15 之间。布料机与滑模摊铺机之间施工距离宜控制在 5 ~ 10 m。

④ 摊铺钢筋混凝土面层、桥面或搭板时，严禁任何机械开上钢筋网。

（3）滑模摊铺机的施工参数设定及校准。

① 振捣棒下缘位置应在挤压板最低点以上，振捣棒的横向间距不宜大于450 mm，均匀排列。两侧最边缘振捣棒与摊铺边沿距离不宜大于 250 mm。

② 挤压底板前倾角宜设置为 3° 左右。提浆夯板位置宜在挤压底板前缘以下 5 ~ 10 mm 之间。

③ 两边缘超铺高程根据拌和物稠度宜在 3 ~ 8 mm 间调整。搓平梁前沿宜调整到与挤压板后沿高程相同，搓平梁的后沿比挤压底板后沿低 1 ~ 2 mm，并与路面高程相同。

④ 滑模摊铺机首次摊铺面层，应挂线对其铺筑位置、几何参数和机架水平度进行调整和校准，正确无误后，方可开始摊铺。

⑤ 在开始摊铺的 5 m 内，应在铺筑行进中对摊铺出的面层标高、边缘厚度、中线、横坡度等参数进行复核测量。所摊铺的面层精确度应控制在现行行业标准《公路水泥混凝土路面施工技术细则》JGT/T F30 的规定值范围内。

（4）铺筑作业技术要点。

① 操作滑模摊铺机应缓慢、匀速、连续不间断地作业。摊铺速度应根据拌和物稠度、供料多少和设备性能控制在 0.5 ~ 3.0 m/min 之间，一般宜控制在 1 m/min 左右。拌和物稠度发生变化时，应先调振捣频率，后改变摊铺速度。

② 应随时调整松方高度板控制进料位置，开始时宜略设高些，以保证进料。正常摊铺时应保持振捣仓内料位高于振捣棒 100 mm 左右，料位高低上下波动宜控制在 ± 30 mm 之内。

③ 正常摊铺时，振捣频率可在 6 000 ~ 11 000 r/min 之间调整，宜采用 9 000 r/min 左右。应防止混凝土过振、欠振或漏振。应根据混凝土的稠度大小，随时调整摊铺的振捣频率或速度。摊铺机起步时，应先开启振捣棒振捣 2 ~ 3 min，再缓慢平稳推进。摊铺机脱离混凝土后，应立即关闭振捣棒组。

④ 滑模摊铺机满负荷时可铺筑的路面最大纵坡为：上坡 5%；下坡 6%。上坡时，挤压底板前仰角宜适当调小，并适当调轻抹平板压力；下坡时，前仰角宜适当调大，并适当调大抹平板压力。

⑤ 滑模摊铺机施工的最小弯道半径不应小于 50 m；最大超高横坡不宜大于 7%。

⑥ 单车道摊铺时，应视路面设计要求配置一侧或双侧打纵缝拉杆的机械装置。2 个以上车道摊铺时，除侧向打拉杆的装置外，还应在假纵缝位置处配置拉杆自动插入装置。

⑦ 软拉抗滑构造时表面砂浆层厚度宜控制在 4 ± 1 mm，硬刻槽路面的砂浆表层厚度宜控制在 2 ~ 3 mm。

⑧ 养护 5 ~ 7 天后，方允许摊铺相邻车道，严禁重车在养护面层上行驶，且不得破坏养生覆盖物。

（5）混凝土面层修整。

① 滑模摊铺过程中应采用自动抹平装置进行抹面。对少量局部麻面和明显缺料部位，应在挤压板后或搓平梁前，补充适量拌和物，由搓平梁或抹平板机械修整。

② 人工操作修整时，应配备移动式凳桥。

③ 人工操作抹面抄平器，精整摊铺后表面的缺陷，不得在整个表面用加铺薄砂浆层修补路面标高。

④ 对打侧向拉杆时被挂坏的侧边；滑模摊铺机连续铺装桥面时上桥梁台阶，振捣漏料部位；抹平板未抹到的边缘；及出现倒边、塌边、溜肩现象等处，应顶侧模或在上部支方铝管，用人工边缘补料修整。左右连接摊铺的纵缝处应进行人工适量修整。

⑤ 对滑模摊铺机起步摊铺段及施工接头，应采用水准仪抄平，采用三米直尺边测边修整。

4）三辊轴机组摊铺。

（1）摊铺准备。

① 所有施工设备和机具均应处于良好状态，并全部就位。

② 基层、封层表面应清扫干净、洒水湿润，但不得积水。

③ 设置模板。

（2）布料。

卸料均匀，布料应与摊铺速度相适应。坍落度为 10 ~ 40 mm 的拌和物，松铺系数为 1.12 ~ 1.25。

（3）振捣。

混凝土拌合物布料长度大于 10 m 时，应开始振捣作业。排式振捣机振实时，作业速度宜控制在 4 m/min 以内。

（4）拉杆安装。

面板振实后，应随即安装纵缝拉杆。

（5）整平。

① 三辊轴整平机按作业单元分段整平，作业单元长度宜为 20 ~ 30 m，振捣机振实与三辊轴整平两道工序之间的时间间隔不宜超过 15 min。

② 三辊轴滚压振实的料位高差宜高于模板顶面 5 ~ 20 mm，过高时应铲除，过低时应及时补料。

③ 三辊轴整平机在一个作业单元长度内，应采用前进振动、后退静滚方式作业，一般为 2 ~ 3 遍。最佳滚压遍数应经试铺确定。

④ 在三辊轴整平机作业时，应及时处理轴前料位的高低情况，过高时，应辅以人工铲除，轴下有间隙时，应使用混凝土找补。

⑤ 滚压完成后，将振动辊轴抬离模板，用整平轴前后静滚整平，直到平整度符合要求，表面砂浆厚度均匀为止。

⑥ 表面砂浆厚度宜控制在 4 ± 1 mm，三辊轴整平机前方表面过厚、过稀的砂浆必须刮除丢弃。

（6）精平饰面。

应采用 3 ~ 5 m 刮尺，在纵、横两个方向进行精平饰面，每个方向不少于两遍。也可采用旋转抹面机密实精平饰面两遍。

5）小型机具摊铺。

（1）摊铺。

① 混凝土拌合物摊铺前，应按设计和规范要求架设模板，并对模板的位置、高度、顶面高程及支撑稳固情况，传力杆、拉杆的安设等进行全面检查。修复破损基层，并洒水润湿。用厚度标尺板全面检测板厚与设计值相符，方可开始摊铺。横向多块板面的收费广场，可采用跳仓法施工。

② 专人指挥自卸车，尽量准确卸料。

③ 人工布料应用铁锹反扣，严禁抛掷和楼耙。人工摊铺混凝土拌和物的坍落度应控制在 5 ~ 20 mm 之间，拌和物松铺系数宜控制在 1.10 ~ 1.25 之间，料偏干，取较高值；反之，取较低值。

④ 因故造成 1 h 以上停工或达到 2/3 初凝时间，致使拌和物无法振实时，应在

已铺筑好的面板端头设置施工缝，废弃不能被振实的拌和物。

（2）振实。

① 采用人工插入式振捣棒振实，在待振横断面上，每车道路面应使用 2 根振捣棒，组成横向振捣棒组，沿横断面连续振捣密实，并应注意路面板底、内部和边角处不得欠振或漏振。

② 振动板振实，在振捣棒已完成振实的部位，可用人工拖动平板振动器，纵横交错两遍全面提浆振实，每车道路面应配备 1 块振动板。

③ 振动梁振实，每车道路面宜使用 1 根振动梁。振动梁应具有足够的刚度和质量，底部应焊接或安装深度 4 mm 左右的粗集料压实齿，保证（4 ± 1）mm 的表面砂浆厚度。在振动梁拖振整平过程中，缺料处应用混凝土拌和物填补，不得用纯砂浆填补，料多余部位应铲除。

（3）整平饰面。

① 每车道路面应配备 1 根滚杠（双车道两根）。振动梁振实后，应拖动滚杠往返 2 ~ 3 遍提浆整平。第一遍应短距离缓慢推滚或拖滚，以后应较长距离匀速拖滚，并将水泥浆始终赶在滚杠前方。多余水泥浆应铲除。

② 拖滚后的表面宜采用三米刮尺，纵横各 1 遍整平饰面，或采用叶片式或圆盘式抹面机往返 2 ~ 3 遍压实整平饰面。

③ 在抹面机完成作业后，应进行清边整缝，清除粘浆，修补缺边、掉角。应使用抹刀将抹面机留下的痕迹抹平。精平饰面后的面板表面应无抹面印痕，致密均匀，无露骨，平整度应达到规定要求。

6）钢筋混凝土面层摊铺。

（1）摊铺前，按设计图纸准确放样钢筋网的设置位置、面层板块、地梁和接缝位置等。

（2）进行钢筋网、边缘钢筋、角隅补强钢筋和支架钢筋的加工与安装。钢筋应采用支架安装。

（3）对钢筋网及钢筋骨架的质量进行检验。

（4）布料。

① 连续配筋混凝土面层应采用钢筋网预设安装，整体一次布料。

② 混凝土应卸在侧向布料机的料箱内，再由侧向布料机转运到摊铺位置。钢筋网上的混合料应由布料机均匀布料。

③ 坍落度相同时的布料松铺高度，宜比相应机械施工方式普通混凝土面层大 10 mm 左右。

（5）摊铺。

① 拌和物的坍落度可比相应摊铺方式普通混凝土面层规定大 10 ~ 20 mm。

② 滑模摊铺机摊铺钢筋混凝土面层时，应适当减速摊铺或增大振捣频率。拌和

物坍落度相同时，钢筋混凝土面层的振捣密实持续时间应比普通混凝土面层的规定时间延长 5 ~ 10 s。

③ 在一块钢筋网连续面板内，应防止摊铺中断，每块板内不应留施工缝，必须摊铺到达横缝位置或钢筋网片的端部，方可停止。

④ 摊铺被迫中断时，必须设置横向施工缝，纵向钢筋应保持连续，穿过接缝，并应用 1 倍数量的长度不小于 2 m 的纵向钢筋作加密处理，横向施工缝距最近横缝的距离不应小于 5 m。

（6）连续配筋混凝土面层端部锚固可采用毛勒接缝形式，摊铺时应注意端部锚固结构的施工。

7）面层接缝。

（1）混凝土路面板块划分。

① 板块划分除应按设计的尺寸要求之外，还应将纵向施工缝与车道分划线或车道与硬路肩的分划线重合。

② 当混凝土路面板紧靠路侧的防撞墙时，应采取刷沥青等措施使面层混凝土与防撞墙混凝土隔离，或将混凝土路面板横向缩缝与防撞墙的分节缝处对齐。

③ 匝道及变宽路面板块的划分：匝道路面纵缝应避开轮迹位置；在变宽路面的变宽起点处不宜切纵缝，须在离开起点 5 ~ 10 m 处开始切纵缝；弯道纵缝应与路线中心线平行，小半径弯道的纵缝可由小折线组成，但折线接头处应准确相连。

（2）纵缝施工。

① 当一次摊铺宽度小于路面和硬路肩总宽度时，应设纵向施工缝，位置应避开轮迹，并重合或靠近车道线，构造可采用平缝加拉杆型。当所摊铺的面板厚度大于等于 260 mm 时，也可采用插拉杆的企口型纵向施工缝。纵向施工缝的拉杆可用摊铺机的侧向拉杆装置插入。

② 当一次摊铺宽度大于 4.5 m 时，应采用假缝拉杆型纵缝，即锯切纵向缩缝，纵缝位置应按车道宽度设置，并在摊铺过程中用专用的拉杆插入装置插入拉杆。

③ 钢筋混凝土面层、桥面和搭板的纵缝拉杆可由横向钢筋延伸穿过接缝代替。

④ 插入的侧向拉杆应牢固，不得松动、碰撞或拔出。若发现拉杆松脱或漏插，应在横向相邻路面摊铺前，钻孔重新植入。当发现拉杆可能被拔出时，宜进行拉杆拔出力（握裹力）检验。

（3）横向缩缝施工。

① 每天摊铺结束或摊铺中断时间超过 30 min 时，应设置横向施工缝，其位置宜与胀缝或缩缝重合，确有困难不能重合时，施工缝应采用设螺纹传力杆的企口缝形式。横向施工缝应与路中心线垂直。横向施工缝在缩缝处采用平缝加传力杆型。在胀缝处其构造与胀缝相同。

② 普通混凝土路面横向缩缝宜等间距布置。不宜采用斜缝。不得不调整板长时，

最大板长不宜大于 6.0 m，最小板长不宜小于板宽。

③ 水泥混凝土路面横向缩缝应设置传力杆。缩缝传力杆的施工方法可采用前置钢筋支架法或传力杆插入装置（DBI）法。钢筋支架应具有足够的刚度，传力杆应准确定位，摊铺之前应在基层表面放样，并用钢钎锚固，宜使用手持振捣棒振实传力杆高度以下的混凝土，然后机械摊铺。传力杆无防粘涂层一侧应焊接，有涂料一侧应绑扎。用 DBI 法置入传力杆时，应在路侧缩缝切割位置做标记，保证切缝位于传力杆中部。

④ 混凝土面层横向缩缝均应采用切缝法施工。切缝作业应符合下列规定：

a. 横向缩缝的切缝方式有全部硬切缝、软硬结合切缝和全部软切缝三种，切缝方式的选用，应由面层摊铺完毕到切缝时的昼夜温差确定，可按表 6.12。

表 6.12 根据施工气温所采用的切缝方式

昼夜温差*/°C	切缝方式	缩缝切深
< 10	宜全部硬切缝，最长时间不得超过 24 h	硬切缝 1/4 ~ 1/5 板厚
10 ~ 15	软硬结合切缝，每隔 1 ~ 2 条提前软切缝，其余用硬切缝补切	软切深度不应小于 60 mm；不足者应硬切补深到 1/3 板厚，已断开的缝不补切
> 15	宜全部软切缝，抗压强度约为 1 ~ 1.5 MPa，人可行走。软切缝不宜超过 6 h	软切缝深大于等于 60 mm，未断开的接缝，应硬切补深到不小于 1/4 板厚

注：*注意降雨后刮风引起路面温度骤降，面板温差在表中规定范围内，应按表中方法，提早切缝。

b. 对分幅摊铺的路面应在先摊铺的混凝土板横向缩缝已断开的部位作标记。在后摊铺的面层上应对齐已断开的横缩缝提前软切缝；

c. 切缝深度应为 1/3 ~ 1/4 板厚，最浅不得小于 70 mm。

（4）胀缝设置与施工。

① 普通混凝土路面、钢筋混凝土路面的胀缝间距视集料的温度膨胀性大小、当地年温差和施工季节综合确定：高温施工，可不设胀缝；常温施工，集料温缩系数和年温差较小时，可不设胀缝；集料温缩系数或年温差较大，路面两端构造物间距大于等于 500 m 时，宜设一道中间胀缝；低温施工，路面两端构造物间距大于等于 350 m 时，宜设一道胀缝。邻近构造物、平曲线或与其他道路相交处的胀缝应按现行行业标准《公路水泥混凝土路面设计细则》JGT/T F30 的规定设置。

② 普通混凝土面层的胀缝应设置胀缝补强钢筋和钢筋支架、胀缝板和传力杆。胀缝宽 20 ~ 25 mm，使用沥青或塑料薄膜滑动下封闭层时，胀缝板及填缝宽度宜加宽到 25 ~ 30 mm。距胀缝板顶部 4 ~ 6 cm 处切缝，切缝深度是胀缝板厚度的 4/5。胀缝的两侧粘贴塑料薄膜，以防胀缝板连浆，待混凝土达到设计强度时，取出顶部的 4 ~ 6 cm 胀缝板，立即进行嵌缝施工。传力杆一半以上长度的表面应涂防粘涂层，端部应戴活动套帽，套帽材料与尺寸应符合要求。胀缝板应与路中心线垂直，缝壁

垂直，缝隙宽度一致，缝中完全不连浆。

③ 胀缝应采用前置钢筋支架法施工，也可采用预留一块面板，高温时再铺封。前置法施工，应预先加工、安装和固定胀缝钢筋支架，并在使用手持振捣棒振实胀缝板两侧的混凝土后再摊铺。整平表面，胀缝应连续贯通整个路面板宽度。

④ 拉杆、胀缝板、传力杆及其套帽、滑移端设置精确度应符合现行行业标准《公路水泥混凝土路面施工技术细则》JGT/T F30 的规定。

（5）灌缝。

① 混凝土板养生期满后，应及时灌缝。

② 灌缝技术要求

a. 应先采用切缝机清除接缝中夹杂的砂石、凝结的泥浆等，再使用大于等于 0.5 MPa 压力的水和压缩空气彻底清除接缝中的尘土及其他污染物，确保缝壁及内部清洁、干燥。缝壁检验以擦不出灰尘为灌缝标准。

b. 使用常温聚氨酯和硅树脂等填缝料时，应按规定比例将两组份材料按一小时灌缝量混拌均匀后使用。

c. 使用加热填缝料时应将填缝料加热至规定温度。加热过程中应将填缝料融化，搅拌均匀，并保温使用。

d. 灌缝的形状系数宜控制在 2 左右，灌缝深度宜为 15 ~ 20 mm，最浅不得小于 15 mm。先挤压嵌入直径 9 ~ 12 mm 多孔泡沫塑料背衬条，再灌缝。气温较高时施工的灌缝，顶面应与板面齐平；气温较低时应填为凹液面，中心低于板面 1 ~ 2 mm。填缝必须饱满、均匀、厚度一致并连续贯通，填缝料不得缺失、开裂和渗水。

e. 常温施工式填缝料的养生期，低温天宜为 24 h，高温天宜为 12 h。加热施工式填缝料的养生期，低温天宜为 2 h，高温天宜为 6 h。在灌缝料养生期间应封闭交通。

③ 路面胀缝和桥台隔离缝等应在填缝前，取出顶部的 4 ~ 6 cm 胀缝板，涂黏结剂后，嵌入胀缝专用多孔橡胶条或灌进适宜的填缝料。当胀缝的宽度不一致或有啃边、掉角等现象时，必须用填缝料灌缝。

8）抗滑构造施工。

（1）抗滑构造技术要求。

① 混凝土面层完成时的表面抗滑技术要求应符合现行行业标准《公路水泥混凝土路面施工技术细则》JGT/T F30 的规定。

② 构造深度应均匀，不损坏构造边棱，耐磨抗冻，不影响路面和桥面的平整度。

（2）抗滑构造施工。

① 混凝土路面应采用硬刻槽，为降低噪音宜采用非等间距刻槽，尺寸宜为：槽深 3 ~ 5 mm，槽宽 3 mm，槽间距在 12 ~ 24 mm 之间随机调整。路面结冰地区，硬刻槽的形状宜使用上宽 6 mm、下窄 3 mm 的梯形槽。硬刻槽机重量宜重不宜轻，一

次刻槽最小宽度不应小于 500 mm，硬刻槽时不应掉边角，亦不得中途抬起或改变方向，并保证硬刻槽到面板边缘。混凝土抗压强度达到 40% 后可开始硬刻槽，并宜在两周内完成。硬刻槽后应随即将路面冲洗干净，并恢复面层的养生。

② 在弯道或要求减噪的路段宜纵向刻槽。

③ 年降雨量小于 250 mm 地区的混凝土路面，可不拉毛和刻槽。高寒和寒冷地区混凝土路面的停车带边板和收费站广场，可不制作抗滑沟槽。

（3）新建路面或旧路面抗滑构造不满足要求时，可采用硬刻槽或喷砂打毛等方法加以恢复。

9）养生

（1）混凝土面层铺筑完成或软作抗滑构造施工完毕后应立即开始养生，宜采用喷洒养生剂同时保湿覆盖的方式养生。在雨天或养生用水充足的情况下，也可采用覆盖保湿膜、土工毡、土工布、麻袋等洒水方式湿养生，不宜使用围水方式养生。

（2）采用喷洒养生剂养生时，喷洒应均匀、成膜厚度应足以形成完全密闭水分的薄膜，喷洒后的表面不得有颜色差异。喷洒时间宜在表面混凝土泌水完毕后进行。喷洒高度宜控制在 0.5 ~ 1 m。应使用一级品养生剂，最小喷洒剂量不得少于 0.3 kg/m^2。

（3）使用土工毡、土工布、麻袋等覆盖物保湿养生时，应及时洒水，保持混凝土表面始终处于潮湿状态。昼夜温差大于 10 °C 以上的地区或日平均温度较低时，采用保湿膜养生。

（4）养生时间应根据混凝土弯拉强度增长情况而定，不宜小于设计弯拉强度的 80%，应特别注重前 7 天的保湿（温）养生。一般养生天数宜为 14 ~ 21 天，高温天不宜少于 14 天，低温天不宜少于 21 天。掺粉煤灰的混凝土面层，最短养生时间不宜少于 28 天，低温天应适当延长。

（5）养生初期，应封闭交通，在达到设计强度 40% 后，行人方可通行。面板达到设计弯拉强度后，方可开放交通。

6.8.7 质量控制

（1）混凝土原材料检测。

混凝土原材料的质量检测项目和频率应按现行规范的规定执行。

（2）混凝土拌和物检测。

混凝土拌和物的质量检测项目和频率应按现行规范的规定执行。

（3）混凝土面层检测。

混凝土面层检测项目、方法和频率应按相关规范的规定进行。在混凝土面层铺筑过程中，各技术指标的质量标准应符合现行行业标准《公路水泥混凝土路面施工技术细则》JGT/T F30 规定。

6.9 水泥混凝土桥面沥青铺装层

6.9.1 一般规定

（1）大中型水泥混凝土桥桥面铺筑的沥青铺装层，应满足与混凝土桥面的黏结、防止渗水、抗滑及有较高抵抗振动变形的能力等功能性要求，并设置有效的桥面排水系统。

（2）铺装沥青层的下卧层必须符合平整、粗糙、整洁的要求，桥面纵横坡符合要求。

（3）水泥混凝土桥面在防水黏结层施工前，水泥混凝土桥面板表面应作铣刨拉毛处理，清除浮浆，除去过高的突出部位，并应经过验收合格。

（4）桥头搭板黏结层应与桥面防水黏结层同步施工，技术要求与桥面防水黏结层相同，防水黏结层宜采用结构性防水黏结层。

（5）水泥混凝土桥面铺装应在干燥和气温较高的天气铺设防水黏结层及摊铺沥青混合料，应避免雨、雾等潮湿条件下施工，防止混凝土中的水分在施工或使用过程中遇热变成水汽使防水黏结层产生鼓包。气温低于 10 °C 时，不得进行施工。

（6）为避免桥梁结构其他部位遭受污染，应采用塑料薄膜和胶黏带事先覆盖。

（7)桥面防水黏结层应在桥面沥青铺装层施工前 1～2 天内进行施工，不宜过早。

（8）桥面防水黏结层整个施工铺筑过程直至铺设保护层前，立即进行封闭管理，杜绝后期污染。

（9）桥面铺装和土石方路基和桥头搭板上的路面应连接平顺，采取措施，预防桥头跳车。

6.9.2 桥面板处理

1）施工准备。

（1）桥面板处理施工前的技术、机械、试验检测仪器及作业面准备，应按本标准相关章节执行。

（2）按不同的工艺配备相应的机械设备。喷砂抛丸工艺应配备喷砂抛丸机，精铣刨工艺应配备铣刨机、自卸车等。

（3）桥面板处理施工前应对水泥混凝土桥面进行检查与验收，如有脱空、破损、开裂等问题，应及时处理。

（4）正式施工前，应选择一段桥面进行试验段施工，确定相应的处理工艺。

2）施工要点。

（1）桥面板处理一般采用喷砂抛丸、精铣刨两种方式，并配合人工凿水泥浆疤，处理后应满足水泥混凝土桥面处理质量控制标准。如原桥面板提浆过多无法满足抛丸露骨率要求时，应采用精铣刨进行处理。

（2）抛丸施工。

① 抛丸机按照试验段确定的行走速度匀速行驶。

② 多台抛丸机作业采用并行直线连续抛丸方式，两台机械作业宽度重叠 1 ~ 5 cm，使搭接的部位保持平整。

③ 抛丸露骨率应不小于 20%，若达不到规定的露骨率时应进行二次抛丸。

④ 抛丸处置后的表面应有均匀的粗糙度和良好的清洁度。

⑤ 抛丸无法处置的边角等部位，可采用手推式打磨机补充处置。

⑥ 抛丸处置后，应尽快进行防水黏结层的施工，减少二次污染。

⑦ 桥面应平整，钢筋头突起物应凿除，以免影响抛丸设备出现漏砂等现象。

⑧ 油污、锈迹、杂物、尘土应清理、清扫干净，防止施工过程中污染。

⑨ 对抛丸处置后，桥面暴露出来的裂缝、孔洞等缺陷，应采用水泥浆或环氧树脂等修复，对浮浆、浆疤，必须采取人工彻底清除，见图 6.8。若桥面出现严重龟裂，应返工处理。

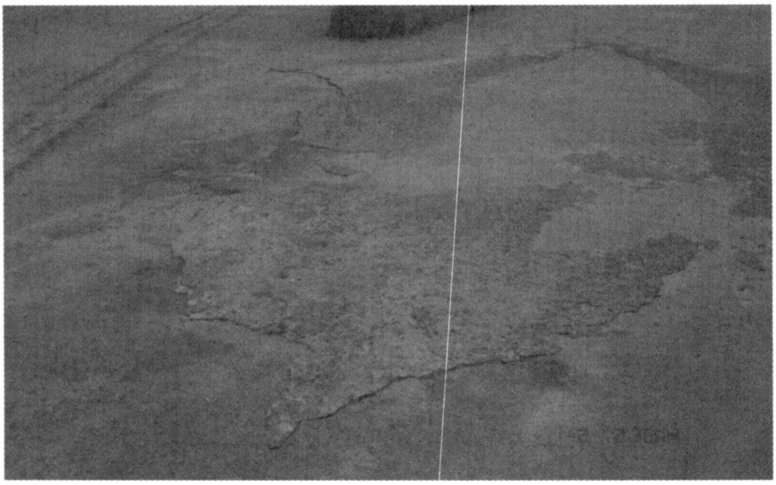

图 6.8　浮浆、浆疤

（3）精铣刨施工。

① 按照设备型号确定适宜的工作宽度，铣刨机行走速度按试验段确定的方案执行。

② 一般铣刨深度 3 ~ 5 mm，见图 6.9。

③ 作业面重叠宽度 10 ~ 20 cm，搭接部分应保持平整。

④ 由于桥面不平整造成露白部分宜采用窄幅铣刨机补铣刨，或用抛丸机进行处置。

⑤ 铣刨渣清扫，自卸车随铣刨机行驶，同步进行接料清理。待铣刨面干燥后，用小型清扫机和人工进行清扫，用空压机强风吹净，保证界面清洁、干净。

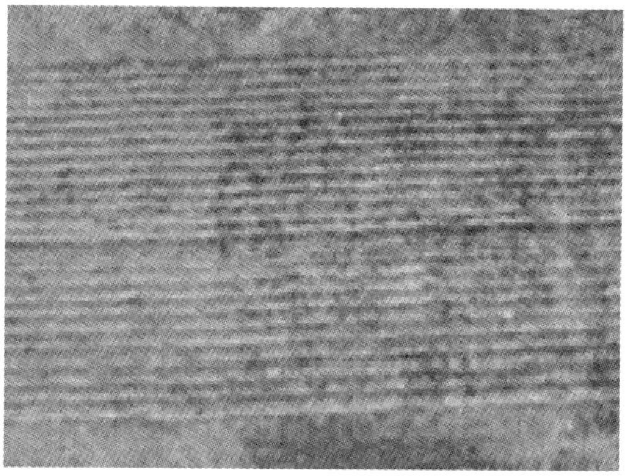

图 6.9　铣刨机及铣刨深度

⑥ 桥面应平整，突出物应凿除，不使铣刨机发生空刀。

⑦ 油污、锈迹、养护剂、尘土应清理干净，防止施工过程中二次污染。

⑧ 对铣刨处置后所暴露出来的裂缝、孔洞等缺陷，应采用水泥浆或环氧树脂等修复。若桥装出现严重龟裂，应返工处理。

3）质量控制。

经处理后的混凝土桥面应洁净、干燥并具有一定粗糙度，满足表 6.13 规定。

表 6.13　水泥混凝土桥面处理质量控制标准质量控制标准

检查项目	检查方法和频率	备　注
平整度/mm	没有明显突起或下凹，三米直尺最大间隙不大于 5、高程偏差不大于 15	需要时
清洁度	指触无明显灰尘	目测
露骨率（限抛丸）/%	大于 20	随机检测，露骨率采用标准板法

6.9.3　桥面防水黏结层施工

1）防水黏结材料。

防水黏结材料一般采用二阶反应因子、改性沥青、热沥青、橡胶沥青等。

2）施工准备。

（1）桥面防水黏结层施工前的技术准备、机械准备、试验检测仪器准备、料场与材料准备及作业面准备应按本标准相关章节执行。

（2）桥面板表面应平整，凹凸高差宜不大于 5 mm。

（3）桥面板表面应密实、无浮浆、干燥，不能有钢筋、骨料等尖锐突出物，桥面板处理符合规定。

（4）防水黏结层正式施工前，应做长度 20 ~ 50 m 的试铺段，检验总结施工机械性能、材料洒（撒）布方法、碾压方案和养生措施以及质量检查等内容。

3）施工要点。

（1）防水黏结层喷洒。

① 改性沥青、热沥青、橡胶沥青等直接采用沥青洒布车洒布。二阶反应因子等专用防水粘结材料应采用专用设备洒布，应喷洒在经过处理且干燥的桥面上，必须均匀一致，且达到要求的洒布厚度，喷洒数量应符合设计要求。

② 防水黏结材料喷洒前，应在桥面上放置固定面积的搪瓷盘；喷洒后，应称量盘中洒布数量，从而测定洒布量。测点处应做好补洒工作。

③ 雨天禁止施工，气温低于 5 °C 时不宜进行施工。

（2）管养。

桥面防水黏结层施工完毕后，应进行养护 2 ~ 4 h 以上，防水黏结层干燥后，方可进行沥青混合料铺装层的施工。在铺筑桥面沥青混凝土铺装层前，应封闭交通，严禁污染防水黏结层。

4）质量控制。

（1）施工过程中，应随时进行外观检查，发现不满足要求时应立即停止施工，查找原因、采取措施后再恢复施工，对不符合要求部分应及时修补。

（2）桥面防水黏结层施工过程中检查标准、试验方法及检查频率，应符合现行行业标准《公路工程质量检验评定细是》JGT/T F30 的规定。

6.9.4 桥面沥青铺装层施工

1）材料要求。

桥面沥青铺装层施工材料要求满足热拌沥青混合料相关规定。

2）施工准备。

桥面沥青铺装层施工前的技术、机械、试验检测仪器、料场与材料及作业面准备，应按本标准相关章节执行。

3）施工要点。

（1）桥面沥青铺装层施工工艺与同一路段沥青面层基本相同。为确保桥面沥青铺装层的压实度及密水效果，摊铺速度以正常路面段的 80% 为宜。

（2）桥面伸缩缝预留槽下部应采用碎石填塞、上部采用沥青混合料进行摊铺压实，高程应与桥面板一致。

（3）桥面铺装的复压宜采用轮胎压路机和振荡式钢轮压路机碾压。

（4）桥面沥青铺装层施工时，严禁运输车辆在桥面上掉头。除非特殊情况，应尽可能避免紧急制动，以避免破坏桥面防水黏结层。

4）质量控制。

（1）桥面沥青铺装层原材料、混合料、施工质量控制应按本标准相关章节执行。

（2）施工过程中应随时进行外观（色泽、油膜厚度、表面空隙等）检查，当发现铺装层局部渗水、严重离析时，必须采取补救措施。

（3）桥面沥青铺装层施工过程中如发现“油斑”或局部光面时，应检查油石比、矿料级配是否偏离设计，拌和是否均匀，有无纤维、矿粉结团和用量偏离设计等情况，严重者应予铲除，并调整配合比。

（4）应重点对桥面沥青铺装层压实度和渗水系数进行检查，其中渗水系数检测频率应为正常路面段的两倍。

（5）在铺筑桥面沥青铺装层过程中，应对桥面防水黏结层的效果进行评定，确认防水黏结层完整不透水，与桥面板黏结良好。

（6）桥面沥青铺装层与路面连接部位，应连接平顺。

6.10 隧道路面

6.10.1 一般规定

（1）本章隧道路面是指水泥混凝土隧道路面和复合式隧道路面的施工技术要求，包括铺底施工与面层施工两个阶段。

（2）在隧道内铺筑沥青路面时应充分考虑隧道沥青路面施工和维修养护工作困难，隧道内外光线变化显著，隧道有可能漏水、冒水，隧道防火安全等特点选择适宜的材料与结构。

（3）各种施工机械应符合隧道净空的要求，选用宽度较窄的摊铺机铺筑，运料车应能完全卸料，具有足够的行车通道。

（4）铺底施工应在拱墙混凝土及二衬施工前完成，宜保持超前 3 倍以上衬砌循环作业长度，以利于衬砌台车模筑混凝土施工。铺底施工与掌子面距离不超过 60 m。

（5）水泥混凝土路面正式施工前，应铺筑水泥混凝土试验段以确定施工工艺参数。水泥混凝土路面侧模必须采用新的槽钢进行施工。试验段长度宜为 150～200 m。在施工前对中央排水系统进行全面检查，发现存在淤堵的，必须进行处理，对于损坏的中央排水管进行更换。

（6）铺底混凝土应及时进行施工，可半幅浇筑，以改善洞内交通状况和施工环境，但接缝应平顺，并做好防水处理。

（7）隧道底部，超挖在允许范围内应采用与衬砌相同等级混凝土浇筑；超挖大于规定时，应按设计要求回填，不得用洞渣随意回填，严禁侵入衬砌断面（或仰拱断面）。

（8）隧道路面施工宜在排水系统施工完成后进行，施工工程应确保排水设施完好，排水通畅。隧道洞外转向车道水泥混凝土路面应和洞内统筹安排施工，同步完成。

（9）隧道路面施工过程中，隧道内必须保持良好通风，并应设置满足施工需要的照明系统。为保证洞内空气质量，路面施工进洞的各类施工机械与车辆，应配置带净化装置的柴油动力，汽油动力机械不宜进洞。

（10）水泥混凝土路面应根据施工组织设计连续浇筑；在浇筑工程中，应保证已铺设路面地段休整、防护、养生等作业正常进行。当水泥混凝土路面强度未达到设计要求时，不得开放交通。

（11）按照现行行业标准《公路水泥混凝土路面施工技术细则》JTG F30 要求，在高速公路隧道水泥混凝土路面应推广使用滑模摊铺工艺，对特大隧道和总长超过 3 000 m 的隧道群建议采用滑模施工。

6.10.2 水泥混凝土隧道路面

1）水泥混凝土隧道路面的施工准备、材料要求、配合比设计、试验段施工、质量控制等各项工作按本标准相关章节执行。

2）铺底施工要点。

（1）铺底施工前，应清除积水、杂物、虚渣等。

（2）铺底施工时，应按图纸要求预埋横向盲沟、拱脚纵横向排水管排水设施，并注意设置与二次衬砌贯通的变形缝。

（3）铺底混凝土应配比准确，必须使用模板、机械捣固密实。

（4）铺底施工过程中，应采取措施保证洞内临时交通通畅。可采用搭过梁或栈桥施工方案，设临时车辆通行平台保证不中断运输。

（5）铺底混凝土强度达到设计强度 100% 后，方可允许车辆通行。

（6）铺底混凝土施工工艺流程。洞身开挖→清底→立模，浇筑铺底混凝土→安装横向盲沟。

3）隧道水泥混凝土面层施工工艺流程如图 6.10 所示。

4）面层施工要点。

（1）基底处理。

路面施工前应对调平层专项报验，其几何尺寸、高程、纵横向坡等均应符合设计及规范要求。表面应冲洗干净、不积水，且排水系统良好。当调平层产生纵、横向断裂、挤碎、隆起、碾坏或大面积高程偏高而影响路面厚度时，应挖除修复。当调平层只是局部小面积高程偏高影响路面厚度时，应予以凿除处理，以确保面板刻度。

（2）模板安装。

① 路面施工模板应采用强度、刚度足够的槽钢，模板高度应与面板设计厚度一致，模板长度宜为 3 ~ 5 m。

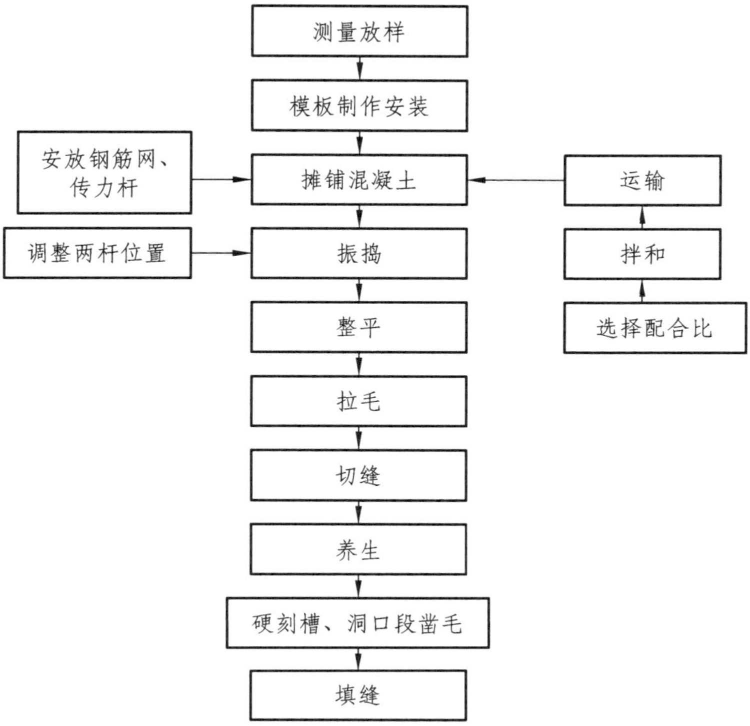

图 6.10　隧道水泥混凝土面层施工工艺流程

② 模板安装前，应按模板支立边线，将基层与模板的接触带整平，然后，沿立模边线将其贴立在基层顶面，对个别不平整处采取支持措施，并用砂浆填塞。模板之间采用螺栓连接，使接头连接紧密。模板侧面每米应埋设 1 处地锚牢固支撑，保证在浇筑混凝土时能经受冲击和振动。

③ 模板应安装稳固，接头紧密平顺，不得有离缝、前后错茬、高低错台等现象。禁止在基层上挖槽，嵌入安装模板。模板底部悬空处应采用砂浆封堵，模板接头和拉杆插入孔采用塑料薄膜等密封，以免漏浆。模板与混凝土的接触表面应涂隔离剂。

④ 模板安装完毕后，应对立模的平面位置、高程、横坡、相邻板高差、顶面接茬平整度等安装精确度进行全面检查。

（3）混凝土摊铺。

① 混凝土摊铺前，基层表面应清扫干净，并应洒水湿润，但不得积水。

② 应由专人指挥车辆均匀卸料。布料应与摊铺速度相适应，摊铺厚度应考虑振实预留高度（数据由铺筑混凝土试验段确定）。

（4）混凝土振捣。

布料长度大于 10 m 时，可开始振捣作业。当采用密排振捣棒组间歇插入振实时，每次移动距离不宜超过振捣棒有效作用半径的 1.5 倍，并不得大于 50 cm，振捣时间宜为 15 ~ 30 s。当采用排式振捣机连续拖行振实时，应匀速缓慢、连续不间断地振捣进行，作业速度应视作业效果确定（以拌和物表面不露粗集料，液化表面不再冒气泡并泛出水泥浆为准），但宜控制在 4 m/min 以内。同时应使用 2 根手持振捣棒，对靠近模板、钢筋位置等不宜振实部位辅以插入式振捣振实。

（5）整平。

① 混凝土经振捣机振实后，应立即用三辊轴进行提浆和整平。三辊轴滚压整平时，应有专人处理轴前料位的高低情况。过高时应辅以人工铲除；轴下有间隙时，应使用混凝土找补。

② 三辊轴整平后，表面宜采用横向通长的铝合金刮尺往返 2 ~ 3 遍进行精确刮平，使混凝土表面的平整度达到要求后进行清边整缝，清除粘浆，修补缺边、掉角。

③ 混凝土用直尺刮平后，待其表面泌水完毕后，及时进行精平，以保证路面表面平整度。

（6）拉毛。

精平完成后，必须再拉毛处理，以恢复细部抗滑构造。

（7）接缝施工。

① 纵缝施工

a. 为便于水泥混凝土路面标线，隧道路面纵缝应设置在中心线左侧 10 cm。

b. 在面板振实过程中，应随即安装纵缝拉杆。为使拉杆安装牢固、水平、居中、并与接缝垂直，应用手持振动棒边振捣边调整拉杆，使之符合要求。

c. 横向面板连接摊铺前，若有发现因跑模而引起纵向施工缝不顺直的，应弹线用切割机进行切割顺直。对模板底部漏浆混凝土也应凿除清理。侧边拉杆应校正扳直，若发现拉杆松脱或漏插，应钻孔重新植入。

d. 横向面板连接摊铺时，应在纵向施工缝上半部涂满沥青，然后硬切缝并填缝。

② 横向缩缝施工。

a. 路面横向缩缝一般有两种，一种为不设传力杆假缝型，一种为假缝加传力杆型，均应采用切缝法施工。有传力杆缩缝的切缝深度应为 1/3 ~ 1/4 板厚，最浅不得小于 70 mm；无传力杆缩缝的切缝深度为 1/4 ~ 1/5 板厚，最浅不得小于 60 mm。

b. 缩缝传力杆的施工方法应采用前置钢筋支架法，钢筋支架应具有足够的刚度，传力杆应准确定位。摊铺之前，应在基层表面放样，并用钢钎锚固，宜使用手持振捣棒先振实传力杆高度以下的混凝土，然后再摊铺上层混凝土。传力杆无防黏涂层一侧应焊机，有涂料一侧应绑扎。

③ 横向施工缝施工。

每天摊铺结束或摊铺中断时间超过 30 min 时，应设置横向施工缝，其位置宜与胀缝或缩缝重合。横向施工缝在缩缝处采用平缝加传力杆，施工缝传力施工法同缩缝传力杆，在胀缝处按普通胀缝处理即可。

④ 胀缝设置与施工。

a. 隧道进出口应按要求设置胀缝，洞内需要设置胀缝时，应结合洞内衬砌沉降缝设置。

b. 胀缝应采用前置钢筋支架法施工。前置法施工，应预先加工、安装和固定胀缝钢筋支架，并在使用手持振捣棒振实胀缝板两侧的混凝土后再摊铺。宜在混凝土未硬化时，剔除胀缝板上部混凝土，嵌入（20～25）mm×20 mm 的木条，整平表面。胀缝板应连续贯通整个路面板宽度。

⑤ 灌缝。

a. 水泥混凝土面板养生期满后，应及时灌缝。灌缝前，应先采用切缝机清除接缝中的杂物，再使用压力水和压力空气彻底清除接缝中的尘土及其他杂物，确保缝壁及内部清洁、干燥。

b. 根据设计图纸要求，接缝填缝料必须采用橡胶沥青类，胀缝接缝板采用沥青纤维类或橡胶泡沫板，其各项指标必须符合规范要求。填缝必须饱满、均匀、厚度一致并连续贯通，填缝料不得缺失、开裂和渗水。

⑥ 抗滑构造施工。

路面水泥混凝土抗压强度达到 40% 后，即可开始硬刻槽，并宜在两周内完成。刻槽深度应为 2～4 mm，宽度 3～5 mm，槽间距 15～25 mm。硬刻槽后应随即将路面冲洗干净，并恢复路面的养生。

⑦ 养生。

a. 一般在水泥混凝土路面拉毛 2 h、表面具有一定强度后，应立即覆盖土工布进行保湿养生，一般保湿养生天数宜为 14～21 天，高温天气不宜少于 14 天，低温天气不宜少于 21 天。

b. 养生期间，应封闭交通，禁止车辆和人员在其上行走。

6.10.3 复合式隧道路面

（1）复合式隧道路面的施工技术要求，包括铺底施工与面层施工两个阶段，其中，面层施工包括水泥混凝土面层与热拌沥青混合料面层。

（2）复合式隧道路面的铺底与水泥混凝土面层的施工技术要求按本指南相关章节执行。

（3）沥青混合料面层宜在水泥混凝土路面达到设计强度的 80%以后铺筑。

（4）水泥混凝土面层表面处理宜采用喷砂抛丸或精铣刨两种方式，有关要求按 6.9.2 条执行。

（5）沥青面层与水泥混凝土面层之间应设置防水黏结层，有关要求按 6.9.3 条执行。

（6）复合式隧道路面的沥青混合料面层施工，为防止有害气体对施工作业人员的伤害，应添加温拌剂即采用温拌沥青混合料，同时应增加移动通风装置，如图 6.11。对长隧道沥青混凝土铺装上面层，应添加阻燃剂，防止因交通事故等造成的火灾损伤沥青混凝土路面。

图 6.11　移动通风装置

（7）复合式隧道路面沥青混合料面层施工工艺流程如图 6.12 所示。

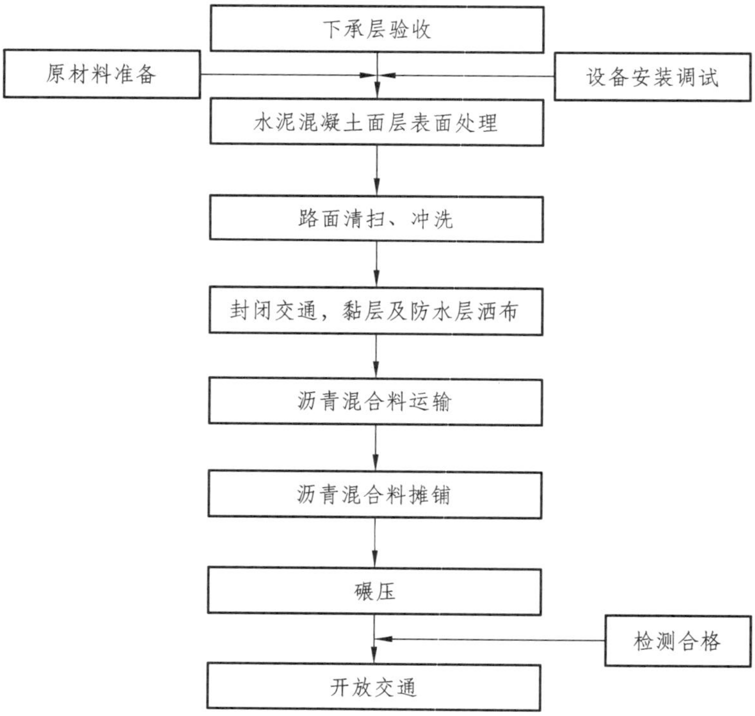

图 6.12　复合式隧道路面沥青混合料面层施工工艺流程

6.11　安全施工

6.11.1　参与路面施工与管理的单位，均应设置安全生产管理机构，并配备专职安全员。项目经理、副经理、项目总工及专职安全员须取得相应安全生产考核合格证书，持证上岗。

6.11.2 在施工准备过程中，应建立安全管理、文明施工制度，明确安全、文明施工管理措施和要求。

6.11.3 施工区域应封闭管理，在进出口处设置禁行标识，禁止与施工无关人员进入施工作业区。在挖方、取土坑、电力设备等危险区域，应设置危险警示标识，必要时采取围挡措施。

6.11.4 路面工程施工过程中，应采取措施，避免对已完成的桥梁、隧道等工程造成损坏，引发安全事故。

6.11.5 专职安全员应参与工程施工组织设计和重大方案的决策，应对施工各环节、安全措施进行验收和日常检查，建立健全安全管理档案。

6.11.6 路面施工应贯彻“安全第一、预防为主、综合治理”的方针。施工前应对各种安全危险源进行辨识和评估，并应在施工过程中有针对性地采取各种有效措施，预防事故发生，对危险性较大的工程应编制专项方案，对存在重大安全事故危险源的工程，应预先建立重大事故应急预案，开展应急预案的演练。

6.11.7 正式施工前，应对所有参与拌和、运输、摊铺、碾压、检测等施工作业人员，进行安全培训。每日须进行工前安全交底，使作业人员掌握安全操作规程。作业过程中，专职安全员应检查监督，严禁违规作业。

6.11.8 路面工程施工场地的规划和临时设施的设置应满足安全施工的要求，并应符合下列规定：

（1）拌和场地、临时驻地、临时道路等的选址，应避开容易发生自然灾害或易受施工影响诱发地质灾害的地点。

（2）在炸药库、燃料库、沥青储存罐等危险源附近，应按规定设置安全警告标识牌，并配备相应的灭火器材。

（3）施工区域内的临时道路应保持畅通，临时码头、栈桥和便桥的位置应按批准的设计选址，并应设置相应的交通安全标识。出入口处应有专人管理，并应设置相应的交通安全标识。边通车边施工的路段，应进行交通导流方案设计，并应设置交通防护、警示和引导的标识；必要时，应取得交警部门支持实施交通管制。

（4）专职安全员应按安全生产规定，对炸药、燃料等易燃易爆物品的存放和使用进行管理，并定期进行安全检查，并做好检查记录，确保施工安全。

6.11.9 施工现场的临时用电安全应符合下列规定：

（1）应编制临时用电施工组织设计，内容包括：确定电源进线、总配电箱、分配电箱的位置及线路定向，负荷计算，选择变压器容量和导线截面，制定安全用电技术措施和电气防火措施等。

（2）应严格按照临时用电施工组织设计与拌和场平面布置图进行电力线架设和管理，且动力和照明线必须分开架设。

（3）配电房（室）、变压器等固定电力设备均设置安全防护屏障或网栅围栏，高度不低于 2.5 m，应设置明显的禁止、警告标志。

（4）施工现场临时用电应符合现行行业标准《施工现场临时用电安全技术规范》JGJ 46 的规定。工程专用的电源中性点、直接接地的 220/380 V 低压电力系统等，必须采用 TN-S 接零保护系统，并做到三级配电两级保护和“一机一箱一闸一漏”。

（5）电力作业人员必须持证上岗，按规定正确穿戴、使用劳动防护用品。

（6）配电箱内多路配电应有标记，配电箱应有门、锁和防雨措施，铁壳开关箱必须接地。所有电器设备必须完整、无破损，性能良好。必须使用安装带有漏电保护器的插座。漏电保护器应定期试验，确保性能可靠。严禁使用铜丝、铁丝等金属代替保险丝。严禁在一个开关上连接多台电动设备。

（7）夜间施工时，现场应设有满足施工安全要求的照明设施，且照明设施应加设网罩防护。严禁使用简易碘钨灯。

（8）水泥罐、沥青罐、拌和楼等独立、突出设施应有避雷设施。

6.11.10 石灰消解、拌和作业的施工安全应符合下列规定：

（1）石灰场应选择远离居民区、农作物和易燃物的空旷场地，周围应设护栏，不得堆放在道路上，并应注意洒水防尘。

（2）消解石灰时，不得在浸水的同时投料、翻拌。从事石灰消解的作业人员必须穿戴规定的防护服装及设备。

（3）石灰消解和拌和时，作业人员应在上风向操作，并应采取防尘措施。

（4）拌和石灰时，应轻拌、轻翻，严禁扬撒。

6.11.11 混合料拌和作业时的施工安全应符合下列规定：

（1）拌和机的各种机电（包括微电脑控制进料）设备，在运转前均需由机工、电工、电脑操作人员进行全面检查。

（2）拌和机运行中，严禁进行保养和调试工作。拌和设备内需要清理时，必须停机。人员进入工作时，设备外应有专人监护。

（3）拌和机生产过程中，严禁人员靠近沥青及加热管道，或在料斗下工作、通行。

（4）油罐区应远离生活区，油罐区内禁止存放危险品、爆炸品和其他易燃物资。

6.11.12 运输作业时的施工安全应符合下列规定：

（1）运输车辆驾驶人员须持照上岗，并应通过相关运输作业培训。严禁驾驶人员疲劳作业。

（2）运输车辆进入施工现场前应检查其车况，尤其应对制动系统、自卸系统进行检查，保证车斗密封，后挡板牢固等。确保其在运输及卸料过程中不出现故障及漏油现象。

（3）运输过程中，车辆不得超载、超速行驶，应遵守交通法规。

6.11.13 混合料摊铺作业的施工安全应符合下列规定：

（1）摊铺机驾驶台及作业现场应视野开阔，清除一切有碍工作的障碍物。作业时，无关人员不得在驾驶台上停留。驾驶员不得擅离岗位。

（2）运料车向摊铺机卸料时，应有专人指挥协调，同步进行，防止互撞。

（3）驾驶应尽量平稳，不得急剧转向。弯道作业时，熨平装置的端头与路缘石的间距不得小于 10 cm，以免发生碰撞。

（4）用柴油清洗摊铺机时，不得接近明火。

6.11.14 路面碾压作业的施工安全应符合下列规定：

（1）压路机作业前，应检查所有操作部件、仪表、制动器及转向机构，确保一切正常后方可进行操作。压路机开动前，应确认压路机前后无障碍或人员后，方可启动。

（2）压路机在各种路段上作业时应与路基边缘保持一定的安全距离。

（3）碾压作业时，应严格按照安全操作规定执行，听从施工人员的统一指挥。

（4）压路机因故临时停车时，应立即将压路机置于制动状态。作业后，应集中停放在平坦坚实的地方，使压路机处于制动状态，不得停放在路边缘及斜坡上，也不应停放在妨碍交通的地方。

6.11.15 隧道路面施工作业的安全要求应符合下列规定：

（1）隧道内所有施工人员必须穿着安全警示服。

（2）沥青混合料面层施工时，应充分考虑温度高、烟雾多、噪声大、能见度低和空气流通困难等危险、危害因素，采取安保措施。

（3）施工工程中，应配备相应的消防设备，施工人员必须熟悉消防设备的性能和使用方法。凡进入隧道内的施工人员，不得吸烟，不得使用点火器材。

（4）施工单位应根据隧道内施工作业环境特点编制安全生产专项施工组织设计，并制订安全事故应急救援措施。

6.12 环境保护

6.12.1 一般规定

（1）有效控制，保证项目建设顺利进行，减轻项目建设可能带来的水土流失危害。

（2）通过采取有效的水土保持措施，使损坏的水土保持设施功能得到恢复，避免水土流失对工程建设造成危害。工程水土流失治理度达到 90% 以上。

（3）采取植物措施，为工程区生态环境的恢复创造良好的条件，或使工程区的生态环境得到改善。植被恢复系数达到 90% 以上。

6.12.2 组织管理机构

（1）成立环保小组，建立由项目经理参加的环境管理组织机构，制定环保措施，实行项目经理部、施工队分级管理，负责检查、监督各项环保工作的落实。明确各级、各部门在环境保护工作中的职责分工，并配专职管理人员，专门负责检查、督促各项环保工作。

（2）加强对施工人员的教育与管理，使人人心中都明确环境保护的重大意义，积极主动地参与环保工作，自觉遵守环境保护的各项规章制度。

6.12.3 环境保护原则

（1）在进行施工前应制订相关的可行性水土保持方案，并报业主及相关部门审批。方案应符合《中华人民共和国水土保持法》和相关配套法律法规对水土保持的总体要求。

（2）坚持“预防为主、全面规划、综合防治、因地制宜、加强管理、注重效益”的水土保持方针。并根据工程特点和当地的自然状况、社会经济、和水土流失现状，制订切合实际、操作性强的方案。

（3）坚持“生态效益优先”原则，在水土流失治理过程中，把控制水土流失，恢复植被和土地生产力，保护和改善工程区生态环境放在首位，力求水土保持的生态效益与基础、社会和经济效益相统一。

6.12.4 环境保护措施

1）水环境保护措施。

（1）施工废水污染防治措施：

① 工程承包合同中应明确筑路材料（如油料、化学品、粉煤灰、水泥、砂、石料等）的运输过程中防止洒漏条款，堆放场地不得设在水体的岸边或养殖塘附近，以免随雨水冲入水体造成污染。

② 施工材料如油料、化学品等有害物质堆放场地应设篷盖，以减少雨水冲刷造成污染。距河岸 200 m 范围内严禁设立料场、废弃物堆放场、施工营地等。

③ 跨水体桥梁施工时，施工废油、水、料不能直接排入水体。施工废水尽量循环回用，以有效控制施工废水超标排放造成当地的水质污染问题。

④ 混凝土拌和场及构件厂的生产废水不能直接排放，应设置沉淀地收集，经酸碱中和、沉淀、除渣等处理后再排放，施工结束后将沉淀池覆土掩埋。

⑤ 施工废水、生活污水按有关要求进行处理，不得直接排入农田、河流和渠道。废水排放严格执行各项排放标准，悬浮物（SS）严格执行现行国家标准《污水综合排放标准》GB8978 的二级标准 150 mg/L。

⑥ 在农田区施工时，对既有的排灌系统加以保护，必要时修建临时水渠、水管

等，保证排灌系统的完整性。

⑦ 来自生活区、办公区和施工区的污水，必须严格净化处理，并经检测符合环保标准后，方可排入河流。

⑧ 靠近生活水源的施工，用沟壕或堤坝同生活水源隔开，并避免污染生活水源。

（2）含油污水控制措施：

① 采用施工过程控制，清洁生产的方案进行含油污水的控制。

② 尽量选用先进的设备、机械，以有效地减少跑，冒、滴、漏的数量及机械维修次数，以减少含油污水的产生量。

③ 对渗漏到土场的油污应及时利用刮削装置收集封存，运至垃圾场集中处理。机械设备及运输车辆的维修保养，尽量集中于各路段处的维修点进行，以方便含油污水的收集。

④ 若不能集中进行处理，其含油污水的产生量小于 0.5 m^3/d，可全部用固体吸油材料吸收混合后封存外运。

⑤ 在施工场地及机械维修场所设平流式沉淀地，含油污水由沉淀地收集，应对酸碱中和、沉淀、隔油、除渣等进行处理，油类等其他污染物浓度达到标准排放要求，施工结束后将沉淀池覆土掩埋。

⑥ 对收集的浸油废料采取打包密封后同施工营地其他固体废物一起外运的处理措施，外运地点选择附近具备垃圾填埋或有垃圾处理能力的城镇。

⑦ 施工产生的含油废水区别不同情况，分别采用隔油池、气浮设备和二级生化处理设施进行处理。

⑧ 施工机械的废油废水，采用隔油池等有效措施加以处理，不得超标排放，造成河流和水源污染。

（3）生活污水控制措施：

① 施工人员的就餐和洗涤采用集中统一形式进行管理，如集中就餐、洗涤等，尽量减少生活污水量。

② 洗涤过程中控制洗涤剂的用量，采用热水或其他方法替代，以减少污水中洗涤剂的含量。在施工营地附近设化粪池收集粪便和餐饮洗涤污水，粪便用于肥田、餐饮洗涤污水经沉淀后可用于农灌，施工结束后将化粪池覆土掩埋。

③ 靠近生活水源的施工用沟壕或堤坝同生活水源隔开，避免污染生活水源。

④ 生活垃圾装入垃圾桶定时清运，或设垃圾坑发酵后用于肥田。垃圾坑施工结束后用土掩埋，破坏地表植被的，要恢复植被。

⑤ 在施工队生活区设化粪池等措施，对生活污水进行净化处理，经检查符合标准后方准排放。

⑥ 创建美好环境。工地施工现场、工区和生活区应设置足够的临时卫生设施，每天清扫处理，在生活区周围种植花草、树木，美化生活环境。

2）声环境保护措施。

（1）施工现场的噪声要力争达到《建筑施工场界噪声排放标准》GB12523 的规定，遵守当地有关部门对夜间施工的规定。

（2）必须选用符合国家有关标准的施工机具和运输车辆，尽量选用低噪声的施工机械和工艺。振动较大的固定机械设备应加装减振机座，同时应注意对设备的养护和正确操作，使筑路机械的噪声维持在最低声级水平。

（3）筑路机械施工的噪声具有突发、无规则、不连续、高强度等特点。据调查，施工现场噪声有时超出 4 类噪声标准，一般可采取施工方法变动措施加以缓解。施工期间的材料运输、敲击、人的喊叫等作为施工活动的声源，要求承包商通过文明施工、加强有效管理加以缓解。

① 机械车辆途经居住场所时应减速慢行，不鸣喇叭。

② 对使用的工程机械和运输车辆安装消声器并加强维修保养，降低噪音。

③ 在比较固定的机械设备附近，修建临时隔音屏障，减少噪音传播。

④ 合理安排施工作业时间，尽量降低夜间车辆出入频率，夜间施工不得安排噪音很大的机械。

⑤ 适当控制机械布置密度，条件允许时拉开一定距离，避免机械过于集中形成噪音叠加。

⑥ 对钢筋加工、混凝土拌和、构件预制等场地选择时，尽量远离居民区。

⑦ 应合理安排工作人员轮流操作机械，穿插安排低噪音工作，减少接触高噪音时间，并应带耳塞，同时注意机械保养，降低噪音的声级水平。

⑧ 合理安排施工作业时间，尽量避开夜间车辆出入频率，在夜间施工不得安排噪音很大的机械。

（4）施工便道远离学校、医院、居民集中区，不得穿越声环境敏感点。当施工便道两侧 50 m 内有成片居民时，禁止夜间在该便道上运输施工材料。

（5）拌和站、材料仓库、碎石和振动设备的位置远离居民区。

（6）对距离居民区 150 m 以内的工厂，承包人应根据施工实际情况，限定施工作业时间。

（7）按劳动卫生标准，控制施工人员的工作时间，对机械操作者及有关人员采取个人防护措施，如戴口罩、耳塞、头盔等。

3）大气环境保护措施。

（1）公路施工料场、拌和站的选址应保证其下风向 300 m 以内不得有居民区、医院和学校等敏感点。要求拌和机有良好的密封性、减振器和除尘装置。对从业人员采取劳动保健措施，如戴眼罩、口罩等劳保防护用品。

（2）易散失的筑路材料运输应采用湿法，并加盖篷布，防止扬灰对大气的污染。

（3）运输材料的道路、施工现场、稳定土拌和站，采取必要的洒水措施，防止扬尘。洒水时间主要在无雨的天气，每天洒水两次，上、下午各一次。

（4）施工道路、施工现场和拌和站等，应采取洒水措施，防止扬尘，防止对生产人员和其他人员造成危害，造成空气污染。

（5）在设备选型时选择低污染设备，并安装空气污染控制系统。

（6）在运输水泥等易飞扬物料时用篷布覆盖严密，并装量适中，不得超限运输。

（7）对汽油等易挥发品的存放要密闭，并尽量缩短开启时间。

4）社会环境影响减缓措施。

（1）通过有效途径对沿线人民进一步宣传本工程建设的重要意义和有关拆迁、安置政策、规定，以使当地群众更加支持本项目的建设。

（2）依靠当地政府做好征地工作。合理支付补偿费用，要维护群众的正当利益，确保被征用土地和需要拆迁安置的居民户控制在最低限度，保证他们的生活水平不低于本工程建设前水平。

（3）在施工营地设置化粪池和垃圾箱，由施工单位按时清除垃圾、清理化粪池，防止疾病传播；做好防疫工作，定期灭杀老鼠、苍蝇、蚊虫、蟑螂等有害生物。

（4）必须按劳保条例，给工人佩戴头盔、耳塞等，并定期检查身体。施工营地要有专职卫生员为工人提供医疗保障，并且卫生员要定期对施工人员进行卫生知识的宣传教育。工地上饮用水应满足国家饮用水卫生标准，从事餐饮工作人员必须取得卫生许可证，并定期进行体检。

（5）施工现场悬挂施工标牌，标明工程名称、工程负责人、施工许可证和投诉电话等内容，接受社会各界和当地居民的监督；施工单位应配备 1 ~ 2 名专职环保人员负责环境管理。

（6）为恢复沿线自然景观和突出现代化公路交通景观，当拟建工程完工之时，应及时拆除不必要的、影响景观环境的所有临时工程，清理料场、拌和场等施工现场，集中妥善处置施工废料、生活垃圾，被临时工程毁坏的植被，要力求恢复。施工便道若有保留价值，可与地方协商清理、修复后交付使用，同时要在路边绿化植树，恢复景观环境。利用地方道路兼做施工道路的路段，在施工过程中要经常维护路面整洁，被损坏的路段要及时修复。同时要管制、疏导交通，避免公路交通堵塞。

（7）为了保证道路的畅通，高速公路和其他现有公路相交处，必须设置施工便道。这种便道一般在原有道路的一侧，待立交桥梁开通后便道处再修建高速公路路基。

（8）在施工现场醒目标明环保投诉电话号码。对于投诉问题，由业主和承包商及时与当地环保部门取得联系，在 48 h 内解决环境纠纷。

（9）在施工中，若发现未勘探到的地下文物，则立即停止施工，由监理工程师保护现场，并派人通知当地文物部门前来处理。

5）筑路材料开采与运输的环境保护措施。

（1）采石场承包商必须遵守有关野外爆破的安全规定，确定引爆时间，应避开上班高峰期，切实保护工人人身安全。

（2）对采石场引起的水土流失，可采取强化管理制定开采方案，从而把对采石场的植被、水土流失控制在最小范围内。

（3）运输车辆应遵守当地的交通法规，切忌超载运输以免造成散装石料或其他筑路材料的散落和堵塞交通。由交通管理部门负责检查。

（4）试工便道应注意定期洒水。运输易散失筑路材料时要用篷布覆盖。

（5）承包商做好运输计划，避开在道路的高峰时运输材料。

（6）合理选择运输石料的道路，尽可能避开居民密集区和学校。昼间如果对便道附近的学校、居民区产生噪声干扰时，可采取设置移动声屏障来减缓噪声影响。

（7）加强噪声监测。对确实因运输材料而使施工便道或现有公路沿线居民点的声环境质量恶化，可考虑改变行驶路线或与当地居民达成协议、给予一定经济补偿等措施。

6）水土保护措施。

（1）取石场、弃渣场场址可能发生变化，新弃渣点要尽量选择在三面封闭的沟谷地带，这样对周边环境的影响最少，防护工程量小。

（2）弃渣场防护以“上截下拦”为大原则，弃渣要分层碾压，压实度至少为 80%，坡度要缓于 1∶1.5。弃土前，完成拦渣及截、排水工程设施。

（3）合理安排工期，尽量避开雨季弃渣。降雨时，对路基裸露坡面和弃渣场裸露坡面覆盖薄膜，避免雨水对坡面的直接冲刷。

（4）采取有效预防措施，防止施工用地包括临时用地，在施工过程中受雨水冲刷，防止施工中开挖的土石材料对河流、渠道等排灌系统产生淤积、堵塞。

（5）应有效地协调好土石方调配，使开挖的土石方尽可能利用，严禁任意倾倒，做到有土石方堆置就有防护。

（6）在清除坡面浮渣时，注意地表植被的保护。

（7）开挖、填筑等施工活动尽量避开雨日，避免裸露边坡处于无防护状态。

（8）路堑开挖严格控制炸药量，避免岩体过度爆破造成土石方滚坡现象，对路基下坡面的抛洒土石方，应及时清除，同时清理坡面松动和危险的沿土体，保持坡面稳定。

（9）在改沟、改河工程的新开挖沟渠、河道的过水能力应满足河道整治规划要求，并经水利部门批准，严格按设计要求施工，同时在施工开挖时，防止开挖土石方散落河道，做到文明施工，控制水土流失。

（10）根据设计要求，路基范围内的雨水主要通过路基两侧排水系统来排除的，并与周围沟渠、河道等沟通。路面排水采用自由漫流式，超高路段的雨水流入设置在中央分隔带的纵向流水槽，汇入每隔一定距离的集水井，然后通过排水管，急流槽流入路基纵向排水边沟。

（11）边坡开挖应严格按规范要求从上往下逐级开挖，并及时逐级按设计要求防护，开挖时及时做好排水沟排水以免雨水冲刷开挖面造成污染。

（12）边坡开挖的土不得随意乱弃，应及时用于路基回填或运往弃土场。

（13）边坡开挖时，应保护好原山体植被，山体开挖前就应先挖好截水沟，截水沟开挖弃土应及时清除不得影响原植被，施工通道也应该注意环保，用后应及时恢复原貌。

（14）路面施工时，掉渣或弃料应及时清扫运至指定的弃土场，不得随意弃至边沟中或洒至路面外污染环境。

（15）在施工中，按公路设计规范要求，采用工程措施和植物措施确保路堤、路堑边坡的稳定，道路建成后，采取植物措施防护，防止水土流失，美化环境。

（16）林木、植被、土地及地下水资源保护措施。

① 对施工人员加强保护自然资源及野生动植物的教育，在合同施工期内严禁偷猎和随意砍伐树木。

② 保护原有植被。对合同规定的施工界限内、外的植物、树木等尽力维持原状；砍除树木和其他经济植物时，应事先征得所有者和业主的批示同意，严禁超范围砍伐。

③ 永久用地范围内的裸露地表用植被加以覆盖。公路两旁的古树、名木和法定保护的树种，即使在公路范围内，也应尽量设法保护。

④ 临时用地范围内的耕地采取措施进行复耕，其他裸露地表植草或种树进行绿化。

⑤ 对路基工程的取土场，按设计实施工程防护；设计无防护的也应将边坡平整稳定，并尽量平整造田，不得向河流和设计范围外的场地弃土。

⑥ 营造良好环境。在施工现场和生活区设置足够的临时卫生设施，经常进行卫生清理，同时在生活区周围种植花草、树木，美化生活环境。

⑦ 及早施作防护工程、排水工程和裸露地表的植被覆盖，防止水土流失。

⑧ 路基石方开挖及石场自采石，进行石方爆破作业应采取控制爆破，防止飞石对附近林木、植物造成损害。

⑨ 对有害物质（如燃料、废料、垃圾等）要按当地要求环保部门同意的措施处理后运至监理工程师指定地点进行掩埋，防止对动、植物造成损害。

⑩ 弃渣场地在弃渣时由专人指挥、堆放整齐、边坡平整，工程弃渣尽量用于平整造田，杜绝向江河和设计的专用弃渣场以外的河渠倾倒弃渣。

7）固体废弃物。

（1）施工营地和施工现场的生活垃圾，应集中堆放。

① 施工和生活中的废弃物经当地环保部门同意后，运至指定地点。工地设置冲洗的厕所，派专门的人员清洗打扫，并定期对周围喷药消毒，以防蚊蝇滋生，病毒传播。

② 报废材料或施工中返工的挖除材料应立即运出现场并进行掩埋等处理。对施工中废弃的零碎配件、边角料、水泥袋、包装箱等及时收集清理并搞好现场卫生，以保护自然环境与景观不受破坏。

（2）废弃物处理方案

① 施工现场的生活垃圾和工程废弃物应集中堆放，经处理后，除部分用于农作物肥料外，其余均挖坑深埋并整平土地，做好排水设施，恢复植被。

② 锅炉渣可用于便道养护。

③ 油料贮应放在干燥、洁净的贮运仓库，现场用油米使用临时小型贮藏罐，应使用合格油罐，防止污染。

8）文物保护。

（1）施工前联系当地文物保护部门，并向当地居民了解调查当地的文物分布情况，及早采取保护措施。

（2）施工过程中一旦发现地下文物，应立即停止施工，通知监理工程师和业主及有关文物保护部门，并采取保护措施。

9）其他。

（1）施工过程中，因下雨或积水等会造成沿线的水土流失。应在施工现场内保持道路应平整、顺畅，在施工前做好截水沟、排水沟、集水井、渗沟等设施，全线有良好的排水系统。做好弃土场的防护与排水工作，防止水土的流失，保护环境。

（2）施工中产生的各类弃渣加强调配，不能利用的按设计要求或选择地势低洼、无地表径流、植被稀疏、适当远离线路的地方堆弃，不侵占河道、湖泊、湿地、自然保护区的核心区和缓冲区，不占用高寒植被发育的草地资源，较大的弃土场按设计要求对其坡脚进行挡护，渣顶进行平整、覆盖、设置排水设施。

（3）工程确需采砂、取土和在河滩上存放物料时，报经河道主管部门批准后方可实施。对施工中开挖的河岸边坡及时采取防护措施，防止河岸冲刷。

附录 A

表 A.0.1　驻地标识标牌标准

标识名称	建设单位及监理单位			施工单位			设置位置
	尺寸（长×宽）/cm	颜色字体	标识内容	尺寸（长×宽）/cm	颜色字体	标识内容	
项目名称牌	250×35（竖牌）	金底黑字	建设项目及单位名称	250×35（竖牌）	金底黑字	建设项目及单位名称	驻地大门
党工委名称牌	250×35（竖牌）	金底红字	—	250×35（竖牌）	金底红字	—	驻地大门
办公室门牌	28×10	金底红字	—	28×10	金底红字	—	办公室门墙上
宿舍门牌	18×10	金底红字	—	18×10	金底红字	—	各宿舍门墙上
项目管理制度牌（含职责牌）	80×60	白底黑字	岗位职责、管理制度，牌底有单位名称	80×60	白底黑字	岗位职责、管理制度，牌底有单位名称	办公室、会议室
廉政监督牌	200×150	白底黑字	廉政制度、领导小组、监督小组及监督电话	200×150	白底黑字	廉政制度、领导小组、监督小组及监督电话	会议室或驻地院内
工程简介牌	200×150	蓝底白字	—	200×150	蓝底白字	—	会议室或驻地院内
安全保障体系	200×150	蓝底白字	—	200×150	蓝底白字	—	会议室
质量保证体系	200×150	蓝底白字	—	200×150	蓝底白字	—	会议室
消防保卫牌	200×150	蓝底白字	底部有火警电话 119	200×150	蓝底白字	底部有火警电话 119	会议室或驻地院内
项目平面图	400×150	蓝底白字	—	400×150	蓝底白字	—	会议室或驻地院内
工程立体效果图	—	—	—	400×150	白底彩图	—	会议室或驻地院内
宣传栏	240×120（单窗）	—	可设置多窗	240×120（单窗）	—	可设置多窗	驻地院内

表 A.0.2　试验室标识标牌标准

标识名称	尺寸（长×宽）/cm	颜色字体	标识内容	设置位置
工地试验室标识牌	80×60（横牌）	金底黑字	母体试验检测机构名称；建设项目合同段名称；工地试验室	驻地大门
办公室门牌	28×10	金底红字	—	办公室门墙上
宿舍门牌	18×10	金底红字	—	各宿舍门墙上
管理制度牌（含职责牌）	80×60	白底黑字	岗位职责、管理制度，牌底有单位名称	办公室、会议室
试验操作规程牌	80×60	蓝底白字	—	各仪器设备上方
消防保卫牌	200×150	蓝底白字	底部有火警电话 119	会议室或驻地院内

附录 B

表 B　场站标识标牌设置

	标识名称	尺寸（长×宽）/cm	颜色字体	标识内容及要求	设置位置
拌和站	拌和站简介牌	200×150	蓝底白字	拌合的数量、供应主要构造物情况及质量、安全保障体系	场地入口处
	混凝土配合比牌	150×120	蓝底白字	—	拌合楼旁
	材料标识牌	60×50	蓝底白字	—	材料堆放处
	操作规程	80×60	蓝底白字	各机械设备操作要求	机械设备旁
	消防保卫牌	200×150	蓝底白字	底部有火警电话 119	场内
	安全警告警示牌	按国际制作	—	—	各作业点
钢筋加工场	加工场简介牌	200×150	蓝底白字	钢筋加工的数量、供应主要构造物情况及质量、安全保障体系	场地入口处
	钢筋大样图	60×50	蓝底白字	所加工钢筋的尺寸、型号及使用部位等	钢筋（半）成品旁
	材料标识牌	60×50	蓝底白字	—	材料堆放处
	操作规程	80×60	蓝底白字	各机械设备操作要求	机械设备旁
	消防保卫牌	200×150	蓝底白字	底部有火警电话 119	场内
	安全警告警示牌	按国际制作	—	—	各作业点
预制场	预制场简介牌	200×150	蓝底白字	预制梁板的数量、供应主要构造物情况及质量、安全保障体系	场地入口处
	施工平面布置图	80×60	蓝底白字	—	场内
	工艺流程图	80×60	蓝底白字	预制、张拉、压浆	操作处
	钢筋大样图	60×50	蓝底白字	所加工钢筋的尺寸、型号及使用部位等	钢筋（半）成品旁
	材料标识牌	60×50	蓝底白字	—	材料堆放处
	混凝土配合比牌	150×120	蓝底白字	—	拌和楼旁
	操作规程	80×60	蓝底白字	各机械设备操作要求	机械设备旁
	消防保卫牌	200×150	蓝底白字	底部有火警电话 119	场内
	安全警告警示牌	按国际制作	—	—	各作业点